日本商工会議所主催 簿記検定試験

検定
簿記講義

渡部裕亘
片山　覚 [編著]
北村敬子

2024年度版

1級

商業簿記・会計学 上巻

中央経済社

■検定簿記講義　編著者・執筆者一覧

巻編成		編者（太字は主編者）	執　筆　者	
1級	商業簿記・会計学 上巻	渡部　裕亘（中央大学名誉教授） 片山　　覚（早稲田大学名誉教授） **北村　敬子**（中央大学名誉教授）	北村　敬子	石川　鉄郎（中央大学名誉教授） 藤木　潤司（龍谷大学教授） 菅野　浩勢（早稲田大学准教授） 中村　英敏（中央大学准教授）
	商業簿記・会計学 下巻	渡部　裕亘（中央大学名誉教授） 片山　　覚（早稲田大学名誉教授） **北村　敬子**（中央大学名誉教授）	北村　敬子	石川　鉄郎（中央大学名誉教授） 小宮山　賢（早稲田大学教授） 持永　勇一（早稲田大学教授） 藤木　潤司（龍谷大学教授） 中村　英敏（中央大学准教授） 小阪　敬志（日本大学准教授）
	工業簿記・原価計算 上巻	**岡本　　清**（一橋大学名誉教授 東京国際大学名誉教授） 廣本　敏郎（一橋大学名誉教授）	廣本　敏郎	鳥居　宏史（明治学院大学名誉教授） 片岡　洋人（明治大学教授） 藤野　雅史（日本大学教授）
	工業簿記・原価計算 下巻	**岡本　　清**（一橋大学名誉教授 東京国際大学名誉教授） 廣本　敏郎（一橋大学名誉教授）	廣本　敏郎	尾畑　　裕（明治学院大学教授） 伊藤　克容（成蹊大学教授） 荒井　　耕（一橋大学大学院教授） 渡邊　章好（東京経済大学教授）
2級	商業簿記	**渡部　裕亘**（中央大学名誉教授） 片山　　覚（早稲田大学名誉教授） 北村　敬子（中央大学名誉教授）	渡部　裕亘	三浦　　敬（横浜市立大学教授） 増子　敦仁（東洋大学教授） 石山　　宏（山梨県立大学教授） 渡辺　竜介（関東学院大学教授） 可児島達夫（滋賀大学准教授）
	工業簿記	岡本　　清（一橋大学名誉教授 東京国際大学名誉教授） **廣本　敏郎**（一橋大学名誉教授）	廣本　敏郎	中村　博之（横浜国立大学教授） 簗本　智之（小樽商科大学教授） 挽　　文子（元一橋大学大学院教授） 諸藤　裕美（立教大学教授） 近藤　大輔（法政大学教授）
3級	商業簿記	渡部　裕亘（中央大学名誉教授） **片山　　覚**（早稲田大学名誉教授） 北村　敬子（中央大学名誉教授）	片山　　覚	森田　佳宏（駒澤大学教授） 川村　義則（早稲田大学教授） 山内　　暁（早稲田大学教授） 福島　　隆（明星大学教授） 清水　秀輝（羽生実業高等学校教諭）

ま　え　が　き

　本書は，主として日本商工会議所と各地商工会議所が主催する簿記検定試験（通称，日商簿記検定試験）向けの商業簿記・会計学・工業簿記および原価計算シリーズの１つとして企画され，出版されたものである。

　このシリーズは，すでに1956年以来，60年を超える長い歴史をもっており，とくに日商簿記検定試験などの優れた受験用参考書として定評のある簿記・会計学の学習参考書であるが，平成26年度版で，大幅に，その内容を書き改めた。

　従来，簿記と会計学はそれぞれ１冊ずつ刊行されていたが，平成26年度版からはその２科目を一緒にして内容を組み替えた上で，上巻・下巻の２分冊にした。これによって，これまで簿記と会計学を別々に学習せざるを得なかった読者が，同じ会計領域において，簿記と会計学を区別することなく同時に習得できるように編集した。

　もともと，簿記は，現金・預金の収支，商品の売買，売掛金や買掛金などの債権債務の発生とその決済，備品・建物などの取得・処分などの営業活動について記帳し，企業の財産および損益の状況（財政状態と経営成績）を明らかにすることを目的としている。そして，企業は，この簿記技術にもとづいて，毎年，貸借対照表や損益計算書などの財務諸表を作り，株主や債権者などに報告し，また納税申告を行っている。

　このような状況下において，簿記と会計は区別できるものではなくて，簿記の技術的処理の背景にある理論を取り扱う会計を，簿記とあわせて学ぶことこそが読者の理解をすすめる上において必要であると認識した。

　そのために上巻において，財務諸表作成までの一般的な会計分野を，下巻において金融商品，退職給付，企業結合等の特別な会計領域を取り上げた。

　また各巻では，日商簿記検定試験の受験者のために，最新の「商工会議所簿

記検定試験出題区分表」にもとづいて章節を編成し，さらに読者の方々がそれぞれの級別に効率的な学習ができるように，「学習のポイント」，「例題」，「解答へのアプローチ」，「例題解答」，「基本問題」，「応用問題」などの構成でわかりやすく記述している。さらに，専門用語を理解するのに役立つように，「基本word」と「応用word」を選択し，それについて解説している。巻末には，過去の日商簿記検定試験の問題を取り上げて，その解説を加え，模範解答なども掲載している。

　読者の方々が，本書によって，各段階の商業簿記や会計学を学び，そして実力テストや資格取得のために日商簿記検定試験に合格され，さらには税理士試験や公認会計士試験などに挑戦して，会計の立派な専門家になられることを，私たち執筆者は心から願っている。

　　2024年2月

編　著　者

1

第 **5** 章　純資産会計

第 **6** 章　損益会計

第 **7** 章　収益認識①：基本概念

第8章 収益認識②：個別論点

第9章 税効果会計

第10章 財務諸表

4

検定簿記講義１級 商業簿記・会計学 下巻 目次

当社ホームページに本書に関する情報も掲載しておりますので，
ご参照ください。

「簿記講義」で検索！

簿記講義　　　　　　　　　　　　検索

会計の意義と役割

1. 会計とは何か。

   会計とは，情報の利用者が意思決定を行うのに役立つ情報を記録・測定・報告する一連のプロセスをいう。

2. 会計はいかなる機能を負っているか。

   会計の機能としては，利害調整機能と意思決定有用性機能とをあげることができる。

3. 会計の領域は何か。

   会計は，外部情報利用者のための財務会計と，内部情報利用者のための管理会計とに区分することができる。

4. 制度としての会計とは何か。

   制度としての会計は，一般に制度会計と呼ばれており，これには，会社法会計，金融商品取引法会計，法人税法会計の3つがある。

1 会計の意義

　会計とは，特定の経済主体が営む経済活動を，主として貨幣額によって測定し，記録し，かつ報告する一連のプロセスである。

　経済活動を営む経済主体には，家庭，企業，それに官庁があるが，このうち営利を目的として活動している主体が，企業である。企業の中にも営利を目的としていない公企業もあるが，この1級で取り上げる主体は，主に私企業であり，利益獲得を目的として財や用役の生産・販売活動を行う経済主体を取り上げる。

私企業といっても，個人企業から，組合，さらには会社形態をとるものまでいろいろあるが，1級で取り上げる私企業の主たるものは，会社形態のなかでも特に株式会社形態をとるものである。株式会社といっても，その規模は大から小まで千差万別であるが，1級では，大会社と呼ばれる企業，例えばその企業の株式が証券取引所に上場されているような大きな企業を想定している。

　これら企業は，個人であれ，会社であれ，自らの経済活動を記録・測定し，その結果を利害関係者に対して報告する義務を有している。企業の規模が小さければ，利害関係者の数も限定され，報告の手段や手法はそれほど問題とはならないが，企業規模が大きくなると，利害関係者の数や範囲が増大し，彼ら利害関係者への報告も，法や慣習によっていろいろと規制を受けることになる。このため，会計を学習する場合には，いかなる法律により，規制を受けているのか，その際に，会計の慣習である会計基準は，法規制の中でいかに位置づけられているのかをみなければならない。

 基本 word

★**財と用役**：財と用役は，ともに企業が経済活動を行った場合に，消費したり，創出したりするものである。その違いは，財は形のある目に見えるものをいうのに対して，用役は目に見えないサービスを意味する。

2 会計の機能

　会計の機能としては，大きく2つをあげることができる。1つめは，経済活動を営む企業の利益の分配手段（**利害調整手段**）として，2つめは，意思決定のために有用な情報を提供する手段（**有用な意思決定手段**）としてである。

　前者は，各種利害関係者の利害を調整していくことを主たる目的とするものであり，後者は，昨今問題とされている会計の重要な機能であり，特に投資者の意思決定に資する会計情報の提供機能がこれである。会計は，この2つの機能を履行することが，その責務として課せられている。

❶ 利害調整機能

　株式会社を前提とした場合，資金提供者として，株主と債権者がおり，これらの者が提供した資金を会社経営者が運用し，企業利益を獲得する。この獲得した利益は，配当として株主に分配される。これに対して債権者は，貸し付けた資金に応じた利息を得ることを目的としている。これら株主と債権者という資金の提供者に対して，経営者はこれら委託された資金を適正に運用し，利益をあげるような経営活動を行う管理責任がある。ここにおいて会計は，分配されるべき利益を測定し，報告することにより，利害関係者の利害を調整する。

　よく会計責任という用語を耳にするが，利害調整機能を履行するということは，これにより会計に課せられた責任，すなわち，利害関係者への説明責任を履行していると考えることができる。

❷ 意思決定に有用な情報提供機能

　証券市場の発達により，証券取引を行っている投資者すなわち株主と社債権者が証券投資を行うために有用な情報の提供が，会計に課せられた機能として取り上げられるようになった。すなわち，これらの投資者は，株式や社債から生じるリターン（報酬）を期待して，自らの資金を投資する。資金を委託された企業は彼らの情報要求に応える義務がある。株主は，配当の高さと株式保有の結果得られるキャピタル・ゲインに関心をもつ。社債権者も，同様に，利息の受取りと社債の市場価額の変動に関心をもつ。これらの関心事は，結局のところ，企業の収益力に関する情報に集約できる。収益力に関する情報を提供するためには，企業は，収益力を生む元となっている企業の資産，負債，純資産に関する情報のみならず，それらを運用して得た収益，費用，利益に関する情報を提供しなければならない。また，それらの基礎であるキャッシュ・フローに関する情報も開示しなければならない。結局，会計は，投資者の意思決定に有用な情報の開示を行うという機能を履行することが要求される。

3

★**利害調整と意思決定**：利害調整と意思決定は，財務会計の2大機能として
把握することができる。利害調整機能を履行するためには，企業の分配可能
利益を測定し，その大きさを各種利害関係者に報告しなければならない。会
計における利害調整は，分配できる利益の大きさを利害関係者に報告すれば
よいのであって，それぞれの関係者に対して，例えば債権者に利息としていく
ら払うのか，従業員にいくらの給料を支払うのか，株主にいくらの配当を支払
うのか等，各利害関係者に支払う分配額を決定することを意味してはいない。
これらを決定するのは，経営の範疇に入るのであって，会計は，利息がいくら，
給料がいくら，これらを費用として差し引いた結果，利益がいくらになるの
かを測定し，この結果を報告すれば，それで利害調整が果たせたことになる。
　これに対して意思決定機能とは，おもに投資者の意思決定に資する会計情
報の開示が要求される。したがってそこにおいては，意思決定有用性が会計
情報として必要な属性として要求される。

❸ 会計責任（アカウンタビリティ）

　「❶利害調整機能」の説明で触れた会計責任とは，会計人が会計を行ってい
く上において課せられる責任のことをいう。会計責任といえば，まず第1に，
株主や債権者等の資金提供者に対する責任をあげることができ，これを受託
責任という。これら資金提供者は，企業すなわち経営者に対して自らの資金
を委託する。経営者は，これら委託された資金の管理・運用を行う義務すな
わち責任があり，また，その結果を彼等に報告する義務と責任を有している。
これらは直接的には経営責任であるが，この経営責任を履行するためには，
会計もまた同様の責任を有することになる。委託された資金の管理・運用責
任ならびにその結果の報告責任が会計に課せられる。これが受託責任である。
　主たる利害関係者の範囲が資金提供者に限定されていた時代においては，
会計責任といえばこの受託責任で事足りたが，企業の規模が大きくなり，利
害関係者の範囲も，消費者や地域住民等に拡大されるにつれて，受託責任だ
けではこれら拡大した利害関係者に対する会計責任を説明することが難しく
なり，ここで会計責任概念の拡大が行われることになった。今では，会計責
任といえば，資金提供者に対する受託責任をも含めて，すべての利害関係者

に対する説明責任として把握されるようになった。これがアカウンタビリティと呼ばれるものである。

3 企業会計の領域

　企業会計の領域は，企業の情報の受け手である利害関係者が，企業の内部者であるか，または企業の外部者であるかによって，**管理会計**と**財務会計**とに区分される。ここに企業の内部者とは，実際に企業の経営管理活動に携わる者すなわち経営管理者を意味しており，彼らの経営管理活動を支える会計が，管理会計である。それに対して，企業の外部者とは，株主や債権者等の資金提供者，仕入先，消費者，地域住民や国・地方公共団体，従業員等をいい，彼らに対して会計責任を履行するための会計，彼らの意思決定に有用な会計情報を提供する会計が，財務会計である。

　管理会計と財務会計は，当初は，会計の機能や役割と関連づけて理解されていた。しかし，財務会計を財務（資金の調達とその運用）のための会計と考えることができたのは，企業規模の小さかった時代においてであり，今日のように産業が発達し，企業規模の拡大した時代においては，管理と財務を明確に区分することは不可能となった。管理のための会計という機能は何も管理会計だけに関わるのではなくて，財務会計においても必要であり，また，会計責任の履行機能も，財務会計だけに必要とされるのではなくて，管理会計においても同様に必要な機能である。そこで現在では，会計情報の報告対象者が企業内部者か，それとも企業外部者なのかによって，前者を管理会計，後者を財務会計として捉えることとなった。そのため，管理会計は**内部報告会計**，財務会計は**外部報告会計**とも呼ばれている。

　ちなみに本書で取り上げる会計領域は，財務会計である。財務会計を研究する学問領域を財務会計論といい，これは外部利害関係者への会計情報の提供を中心とする会計であるため，そこでは外部利害関係者への報告書すなわち財務諸表が重要な論点となる。したがって，財務会計論のことを財務諸表論ともいう。

4 制度会計

　制度会計とは，法律制度の枠の中で行われる会計をいう。会計の中には，未だ法律では要求されていないが，理論の範疇で取り上げられている会計が種々存在する。その代表的なものが，人間資産会計である。これは，機械や備品などと同じように，資産として人的資源を計上しようとするものである。理論としては存在し得るが，現行の会計は，人的資源を測定してそれを貸借対照表に計上する会計までは要求していない。人間資産会計は，現在のところ，制度会計以外の会計領域ということになる。

　さて，法律制度の枠の中で行われる会計すなわち制度会計を見てみた場合，これには**会社法会計**，**金融商品取引法会計**さらには**法人税法会計**の3つが存在する。これらそれぞれは，規制の対象，保護する者の範囲，財務諸表（会社法上はこれを計算書類等という）の提出先等を異にする。会社法会計は，現在株主と債権者の保護を目的としており，すべての会社に適用される会計制度である。金融商品取引法会計は，有価証券の発行を公正ならしめ，その流通を円滑ならしめることを目的としており，投資者の保護を図ることをその目的としている。法人税法会計は，課税所得算定の基礎としての企業利益の計算を目的とする。そして，小さな企業であれば，会社法会計と法人税法会計とが適用され，金融商品取引法会計は適用されない。しかし，上場企業のような大きな企業は，これら3つの法規制を満たさなければならない。それぞれの法律には，それぞれ政令等（会社法では会社計算規則，金融商品取引法では財務諸表等規則，法人税法では法人税法施行令）があるため，法規制は，法令によって規定されている。

　これら3つの法規制のもとで，会計処理基準として共通しているのが，一般に公正妥当と認められる企業会計の基準であり，これが慣習としての会計基準である。

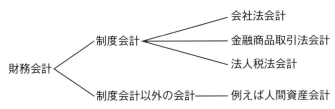

図表1−1 会社法会計・金融商品取引法会計・法人税法会計の違い

	会社法会計	金融商品取引法会計	法人税法会計
主な目的	現在株主と債権者の保護	有価証券の公正な発行と流通の円滑 投資者の保護	課税所得算定の基礎としての企業利益の計算
規制・適用対象	すべての会社	上場企業 一定額以上の有価証券を発行した企業等	すべての会社
主な関連政令	会社計算規則	財務諸表等規則	法人税法施行令
財務諸表の提出先等	株主 債権者も閲覧可	内閣総理大臣 実際には電子開示システム（EDINET）へ提出。ここから一般公開	税務署長（所管税務署）

応用 word

★**非財務情報**：企業が投資者等に対して開示する情報には，財務諸表など主に会計数値で示される**財務情報**の他に**非財務情報**もある。非財務情報とは財務情報以外の情報であり，企業のガバナンス，人的資本，知的財産に関する情報や環境・サステナビリティへの取り組みなどが含まれる。非財務情報は主として文章や貨幣額以外の数値により示されるため，ほとんどが本章の最初に示した会計のプロセスには含まれない。だが，企業価値の評価にあたっては財務情報だけでなく非財務情報も極めて重要であることや，近年ではサステナビリティが重視されるようになったことで，非財務情報の重要性も高まっている。金融商品取引法により作成が義務づけられている有価証券報告書や，法律制度の枠外で企業が自主的に作成する統合報告書などにおいて，財務情報とともに非財務情報も開示されている。

基本問題1−1

　会社法会計と金融商品取引法会計に区別して，それぞれ①規制の対象とする会社，②準拠すべき会計処理の基準，③財務諸表の表示の基準について，その概観を箇条書きにして述べなさい。

⇒ 解答は220ページ

基本問題 1-2

以下の用語は，①会社法会計，または②金融商品取引法会計のいずれに関連するのかを，記号で答えなさい。

a　財務諸表　　　b　計算書類　　　c　有価証券報告書

d　事業報告　　　e　会社計算規則　　f　財務諸表等規則

➡ 解答は220ページ

第2章
会計公準と会計基準

学習のポイント

1. 会計公準は，会計実務や会計基準が立脚する暗黙の前提である。通常，会計公準としては，企業実体の公準，継続企業の公準および貨幣的評価の公準の3つをあげることができる。

2. 会計基準とは，一般に公正妥当と認められた会計処理の基準および手続さらには表示の方法等を体系的に整理・要約したものであり，わが国で最初に制定された会計基準が，「企業会計原則」である。

3. 「企業会計原則」は，1949年に制定され，その後数次の修正がなされたが，1982年を最後に，それ以後は修正されておらず，以後の会計基準は，例えば研究開発費等に係る会計基準や国定資産の減損に係る会計基準のように個別問題ごとに制定されている。

4. 2001年からは，会計基準は，民間団体である財務会計基準機構の中の企業会計基準委員会（略称ASBJ）において作成されるようになった。

5. 利益観として，資産負債観と収益費用観の2つがあり，前者で計算される利益が包括利益，後者によって算定される利益が純利益である。包括利益から純利益を差し引いたものをその他の包括利益という。

1 会計公準

　会計公準とは，会計理論や実務の基礎をなす暗黙の諸前提をいう。言い換えれば，会計公準は，それがなかったならば，会計が成立しない。またそれは，一般的には帰納的アプローチによって導き出されるものであり，会計実務の根底に存在する慣習の中から暗黙のうちに認められている前提をいう。実務の根底にある前提であるから，会計公準は，社会の変化，経済の発展に従って変化するものであり，永久に変わらないものではない。会計基準すなわち一般に公正妥当と認められた会計処理の基準は，この会計公準に基づいて設定される。

　会計公準は，**企業実体の公準**，**継続企業の公準**，さらに**貨幣的評価の公準**の3つよりなる。

❶ 企業実体の公準

　企業実体の公準とは，会計が行われる場所的区分を意味しており，会計が行われる場，すなわち会計記録の対象となる企業自体の存在を意味するものである。つまり，企業会計は，企業の所有主から独立した企業自体（これを企業実体という）を前提として，その記録対象を把握する。この企業実体の公準が前提とされるからこそ，いわゆる「店と奥の分離」が可能となり，資本概念が成立することになる。こうして，企業実体は，まず各法人単位ごとの企業すなわち法的実体を前提とするが，いくつかの法的実体が集まって支配従属の関係を構築した場合には，これら企業集団を1つの経済的実体として捉え，これを前提として連結財務諸表が作成される。

❷ 継続企業の公準

　継続企業の公準とは，企業はいったん成立したならば，半永久的にその活動を持続するという前提である。現実には，企業の倒産や清算は存在するのであるが，企業会計は，そのようなことは前提とせず，企業の継続を前提とする。この継続企業の前提があるからこそ，それらの継続する企業活動を1年という長さに人為的に区切って，期間損益計算を行うのである。したがっ

て，会計期間の公準は，継続企業の公準から派生した公準であるといえる。

❸ 貨幣的評価の公準（または貨幣的測定の公準）

　企業活動を測定する場合，それぞれの物量，例えば面積や重さ等で測定することももちろん可能であるが，最終的に利益の計算をする場合には，物量ではなく，何らかの共通の単位が必要になる。これが貨幣額である。したがって，企業で発生した取引は，貨幣額という共通の尺度で測られ，帳簿に記入するときの単位となる。これが貨幣的評価の公準といわれるものである。貨幣額を共通の尺度とする以上，その貨幣額は安定していなければならない。すなわち，貨幣価値安定の公準は，貨幣的評価の公準に包含されることになる。では，世界的に，貨幣価値は安定しているのであろうか。経済が不安定になれば，現実には，貨幣価値の安定はのぞめない。しかし，共通の尺度として貨幣額以外に考えられない以上，貨幣的評価の公準に代わる公準は，現れてはいない。

 word

> ★**会計公準**：会計基準や会計実務が立脚する暗黙の前提であり，企業実体の公準，継続企業の公準，貨幣的評価の公準からなる。

例題2−1

　下の（　）の中に，適当な用語を記入しなさい。

　会計の場所を規定する単位を，（　a　）の公準といい，このうち（　b　）を基準として作成されるのが個別財務諸表であり，（　c　）を基礎にして作成される財務諸表が連結財務諸表である。

［解　答］………………………………………………………………………………
　a　企業実体　　b　法的実体　　c　経済的実体

2 会計基準

❶ 日本の会計基準の成り立ち

　会計基準は会計原則ともいい，制度会計において，一般に公正妥当と認められる企業会計の基準および手続をいう。わが国における会計基準の最初のものは，1949年に経済安定本部内に設置された企業会計制度対策調査会により公表された「**企業会計原則**」である。その後大蔵省の諮問機関である企業会計審議会において何回かの修正が行われ，最終的に修正されたものが1982年に公表されている。

　それ以後，会計ビッグバンの影響により，それまでの会計基準の修正が頻繁に行われるようになり，また，新しい会計基準作りも盛んに行われるに至り，「企業会計原則」を修正せずそのままにして，新しく修正または策定された会計基準は，個々の個別問題ごとに，ばらばらに公表されるようになった。例えば，連結キャッシュ・フロー計算書等の作成基準，研究開発費等に係る会計基準，退職給付に係る会計基準等がそれである。

　さらにわが国の会計基準作りは，国際会計基準審議会（IASB）の影響により，これまでのように金融庁，すなわち政府が関与した形ではなく，民間の財団（財務会計基準機構）を設立し，そのなかの企業会計基準委員会（略称ASBJ）により行われるようになった。ASBJは，IASBの作成した国際財務報告基準（IFRS）と調整を図って（これをコンバージェンスという），新しい基準を作るようになったわけである。ASBJの策定した会計基準は，最終的に，金融庁のチェックを経て一般に公正妥当と認められた会計基準となる。

　したがって，わが国の会計基準は，現在，「企業会計原則」からはじまる官庁主導の会計基準と，ASBJの策定した会計基準とからなる。しかし，このうち前者の「企業会計原則」からはじまる会計基準は，その後公表されているASBJの策定した会計基準により修正されている部分が多いため，いずれの部分が残っているのか，いずれの部分が修正されているのかを見極める必要性がある。特に，当初設定された「企業会計原則」は，もうほとんどが虫食い状態になっており，一般原則を除いては，残存する部分は僅かしかない。

❷ 各企業に適用される会計基準

　さきほど会計基準の沿革をみたが，すべての企業に対して企業会計審議会やASBJが作成した会計基準が適用されるわけではない。

　金融商品取引法会計が適用される企業や大会社（資本金5億円以上または負債総額200億円以上）が作成する財務諸表は，原則として企業会計審議会（現在も有効な部分に限る）やASBJが作成した会計基準に準拠する。そして，金融商品取引法が適用される企業の連結財務諸表については，IFRSを適用することも認められる。ASBJが公表する会計基準はコンバージェンスが進められているものの，まだIFRSとの差異も残っていることやIFRSそのものが改定されることもある。そのため，海外企業の財務諸表との比較可能性を高めて海外投資家を集めやすくする等の理由から，上場企業の中でも大規模な企業を中心にIFRSを適用して連結財務諸表を作成している。

　また，金融商品取引法が適用されず法定の会計監査も受けないような中小企業においては，ASBJが作成した会計基準ではなく，各会計団体や企業団体等が集まって作成された「中小企業の会計に関する指針」（中小会計指針）や「中小企業の会計に関する基本要領」（中小会計要領）などに準拠することもできる。ASBJが作成した会計基準では情報提供機能を意識して複雑な会計処理や詳細な開示（注記）が求められることが多い。ところが，上場していない中小企業では株式の売買がほとんど行われず，社債の発行も行われていない。そのため，財務諸表を利用する企業外部者が限られ，充実した財務諸表を作成することによるメリット（ベネフィット）よりも，財務諸表の作成にかかる企業のコストが上回ってしまう。このようなことから，中小企業の財務諸表に求められる情報と作成コストのバランスを考慮した「中小会計指針」や「中小会計要領」が公表された。

金融商品取引法会計		個別財務諸表	連結財務諸表
適用企業		ASBJ等の基準	ASBJ等の基準 IFRSも適用できる
非適用企業	大会社等 （法定監査を受ける企業）	ASBJ等の基準	作成義務なし
	上記以外	ASBJ等の基準のほか 中小会計指針 中小会計要領　など	

3 一般原則

　「企業会計原則」の中で残っているのが，一般原則である。これは，損益計算書と貸借対照表に関わる原則に共通するところを抜き出したものであり，現在でも，立派に生きている。一般原則は，全部で7つあり，これらすべてが当為すなわちこうでなければならないという表現になっている。

　以下，順次この7つの原則を説明するが，見出しのすぐ後に「　」書きで書いてある文章は，一般原則の規定を抜き出したものである。

❶ 真実性の原則

　「企業会計は，企業の財政状態及び経営成績に関して，真実な報告を提供するものでなければならない。」

　財務諸表は，記録と慣習と判断の総合的表現であるといわれる。すなわち，記録された事実と，会計上の慣習と，個人的判断を併せもっているのが財務諸表である。しかもこの会計上の慣習は，1つとは限らず，一般に認められた会計処理の原則および手続が2つ以上存在する場合があり，これら2つ以上の認められた方法の中からその企業にふさわしい1つの方法を選択することが認められている。これが経理自由の原則である。したがって，ある企業は，Aという方法を，他の企業は，Bという方法を採用することが認められており，いずれの企業の財務諸表も，真実である。これを相対的真実性という。会計においてはかつて絶対的真実性を追求した時代があった。それは，旧ドイツ貸借対照表上の真実性であり，貸借対照表能力としては実在するすべ

ての資産負債を計上し，貸借対照表評価としては真性価値の原則すなわち売却価値で計上されていたのである。しかし現代企業会計の追求する真実性は，絶対的真実性ではなく，相対的真実性であり，これは他の一般原則が守られて初めて達成し得るものである。つまり，真実性の原則は，他の一般原則を総括する原則である。

❷ 正規の簿記の原則

「企業会計は，すべての取引につき，正規の簿記の原則に従って，正確な会計帳簿を作成しなければならない。」

正規の簿記に基づいた会計帳簿の作成を要求する原則であり，これによって真実な財務諸表作成の基礎を形成することができる。正規の簿記の要件としては，記録の網羅性，記録の検証性，さらには記録の秩序性という3つの要件をあげることができる。

正規の簿記の原則をこのように記録に関する原則と考える以外に，それは処理に関する原則をも含んだものとして考える立場もある。それは，「企業会計原則」の第三の一「貸借対照表は，企業の財政状態を明らかにするため，貸借対照表日におけるすべての資産，負債及び資本を記載し，株主，債権者その他の利害関係者にこれを正しく表示するものでなければならない。ただし，正規の簿記の原則に従って処理された場合に生じた簿外資産及び簿外負債は，貸借対照表の記載外におくことができる。」とある。ここに，「正規の簿記の原則に従って処理された…」とあるように，簿外資産および簿外負債は，正規の簿記の原則に従った処理と考えられていることがわかる。すなわち，正規の簿記の原則は，経済性の原則に立脚した簡便な処理を含んだ処理を認めているのである。

❸ 剰余金区分の原則（資本取引・損益取引区分の原則）

「資本取引と損益取引とを明瞭に区別し，特に資本剰余金と利益剰余金とを混同してはならない。」

剰余金とは，株式資本のうち資本金を超過した部分をいい，資本剰余金と利益剰余金とからなる。この原則は，維持拘束性のある資本と処分性のある

利益の区分を要求しており，資本そのものの増減・修正取引によって生じた資本剰余金と，純資産の増減取引のうち，資本取引以外の原因によって生じた取引，すなわち損益取引の結果生じた利益剰余金との区分を要求するものである。この区分を明確にすることにより，企業の維持存続が可能となる。

❹ 明瞭性の原則

「企業会計は，財務諸表によって，利害関係者に対し必要な会計事実を明瞭に表示し，企業の状況に関する判断を誤らせないようにしなければならない。」

明瞭性の原則は，表示に関する原則であり，明瞭表示の原則と公開性の原則よりなる。明瞭表示の原則は，会計数値の明瞭性に関する原則であり，公開性の原則は，当該会計数値がいかなる処理原則によって導き出されたのかを記述することを要求する原則である。

❺ 継続性の原則

「企業会計は，その処理の原則及び手続を毎期継続して適用し，みだりにこれを変更してはならない。」

継続性の原則は，一般に公正妥当と認められる会計処理の原則および手続が2つ以上存在し，経理自由の原則によっていずれか1つを選択したときに，当該選択した会計処理の原則および手続を原則として継続的に適用しなければならないことを要求する原則である。

これにより，恣意的利益操作を排除し，期間比較可能性を確保することができ，もって相対的真実性を保証することができる。

会計処理の原則および手続は，正当な理由がある場合には，変更することが認められる。正当な理由による変更の可能性には，会計基準等の改廃のような企業外部の要因と，営業目的や営業内容変更等の企業内部の要因とがある。正当な理由によって会計処理の原則および手続きを変更した場合には，これを財務諸表に注記や，必要に応じて遡及適用しなければならない。

❻ 保守主義（安全性）の原則

「企業の財政に不利な影響を及ぼす可能性がある場合には，これに備えて

適当に健全な会計処理をしなければならない。」

保守主義の原則は，安全性の原則とも呼ばれ，２つ以上の認められた方法がある場合に健全なほうを採用することを要求する原則であり，固定資産の耐用年数の見積り等判断の介入する場合には，適切に健全な判断を行うことを要求する原則である。

❼ 単一性の原則

「株主総会提出のため，信用目的のため，租税目的のため等種々の目的のために異なる形式の財務諸表を作成する必要がある場合，それらの内容は，信頼しうる会計記録に基づいて作成されたものであって，政策の考慮のために事実の真実な表示をゆがめてはならない。」

実質内容の単一性を要求し，形式的には多元であってよいということを認める基準である。ここに実質内容の単一性とは，会計記録の単一性すなわち会計帳簿の単一性を要求する原則である。

例題２−２

重要性の原則について述べた以下の文章の（　）の中に，適当な用語を下から選んでその記号を記入しなさい。

重要性の原則は，重要な事項については，（　a　）を要請し，重要性の乏しい事項については，（　b　）を容認するものである。ここで，重要性の判断基準としては，（　c　）による量的重要性と，（　d　）による質的重要性の２つがある。重要性の原則は，処理に関しては（　e　）の中に，表示に関しては（　f　）の中に規定が置かれている。

① 金額　　② 科目　　③ 簡便な処理・表示　　④ 厳密な処理・表示

⑤ 正規の簿記の原則　　⑥ 継続性の原則　　⑦ 明瞭性の原則

⑧ 保守主義の原則

[解　答]……………………………………………………………………………

a ④　　b ③　　c ①　　d ②　　e ⑤　　f ⑦

4 2つの利益観

　会計が計算目的とする利益をどう見るかに関して，**収益費用観**と**資産負債観**という2つの利益観がある。収益費用観というのは，わが国の制度会計において損益法として従来採用されてきた利益観をいい，そこにおいては収益と費用の差額として純利益を計算する。したがって収益費用観のもとにおいては，会計の中心として収益と費用をおき，資産は当期に費用とならなかった将来の費用として，負債は，逆に当期に収益とならなかった将来の収益として定義づけられる。資産負債観は，資産と負債を会計の中心におき，将来のキャッシュ・インフローのあるものが資産で，将来のキャッシュ・アウトフローのあるものが負債であり，資産から負債を引いたものを純資産といい，この純資産の期首と期末の差額が包括利益と呼ばれるものである。

　わが国の制度会計は連結財務諸表で包括利益を示しつつも，その枠の中で収益費用観による純利益も積極的に算定しようとしている。それに対し，IFRSでも包括利益と純利益がともに示されるが，純利益が包括利益の内訳区分の1つとなっており，わが国と比べて収益費用観が重視されていない。具体的には，IFRSにおいて，一部の項目について組替調整が行われないところに，わが国との違いが生じている（組替調整は第6章**3**を参照）。

基本問題 **2-1**

　純利益と包括利益の違いを簡単に説明しなさい。

➡ **解答は220ページ**

18

第 **3** 章

資産会計

学習のポイント

1. 資産の意義，認識基準，測定基準を明確にする。

   資産の意義については，資産負債観と収益費用観の違いを理解する。

2. 資産の分類ならびにその分類基準を明らかにする。

   (1) 財務流動性との関連における分類

   　① 流動資産　　② 固定資産　　③ 繰延資産

   (2) 損益計算との関連における分類

   　① 貨幣性資産　　② 費用性資産

   (3) 事業目的や資産評価との関連における分類

   　① 金融資産　　② 事業用資産

3. 資産を流動資産，固定資産および繰延資産に分類した上で，それぞれの測定基準と費用配分の原則について明確にする。

4. 回収可能額基準，取得原価主義，費用配分の原則の要点を把握する。

5. 取得原価の意味とその決定を理解する。

6. 費用配分の原則の具体的適用例を資産の種類ごとに理解する。

1 資産の意義とその認識基準

❶ 資産の意義

　貸借対照表は，企業の財政状態を明らかにするために，決算日（貸借対照表日）におけるすべての**資産**，**負債**および**純資産**の有り高を1表にまとめた計算書である。勘定式の貸借対照表は，図表3－1に示すように，借方に資産を，貸方に負債と純資産を計上している。ここに負債と純資産は，資金の

19

調達源泉を示しており，資産は資金の具体的運用形態を表している。

図表3－1　財政状態の意味

貸借対照表

資　　　産	負　　　債
	純　資　産
（資金の具体的運用形態）	（資金の調達源泉）

　さて，資産の意義であるが，先に述べた資産負債観における資産と，収益費用観における資産とでは，その定義を異にする。まず資産負債観における資産とは，過去の取引または事象の結果として，報告主体が支配している経済的資源をいう。ここに支配とは，所有権の有無にかかわらず，報告主体が当該経済的資源を利用し，そこから便益を享受できる状態をいう。ここに便益とは経済的資源から得られる経済的便益をいい，これは，当該企業にとっての経済的役立ち，すなわち将来キャッシュ・フローを獲得し得るものをいう。これに対して，収益費用観における資産は，期間損益計算を行った結果，当期の費用とならなかった将来の費用をいい，用役潜在性のあるものをいう。これは期間損益計算の未解決項目を意味している。

　将来キャッシュ・フローを資産とみるか，将来費用を資産とみるかが，貸借対照表に計上する資産の範囲を決定する大きな要因となる。この違いの結果，後者においては，前者において資産として計上されない繰延資産が資産計上される。詳しくは，**6**参照のこと。

❷　認識基準

　次に認識基準として，蓋然性と測定可能性の2つをあげることができる。蓋然性とは発生可能性を意味し，測定可能性とは貨幣額によって測定できることを意味する。

　資産の定義を満たすが認識基準を満たさないものとして，自己創設のれん

をあげることができる。のれんは合併や連結の投資と資本の相殺消去を行ったときに差額として認識されるが，これは相手先企業の超過収益力を評価した結果であるとともに，対価を伴った取引の裏づけがある。しかし，仮に合併や連結などを伴わずに企業が自ら創り出した自己ののれんを認識しようとすると，そこには蓋然性や測定可能性について客観的な裏づけがない。そのため，のれんは有償取得（対価を伴う取引）の場合に限り認識することができ，自己創設のれんはたとえ将来キャッシュ・フローを獲得し得るものであっても認識することができない。

このように，ある項目が資産として貸借対照表に計上されるかどうかは，まず資産の定義に合致しているかが問題にされ，次に定義に合致していても認識基準を満たしているかが問題とされる。また，定義と認識基準の両方を満たして資産が貸借対照表の計上能力を有するかどうかは，資産性の有無ともいわれる。

基本 word

★**将来キャッシュ・フロー**：将来において企業に流入または流出するキャッシュの流れをいう。資産を将来キャッシュ・フローと定義づける場合には，イン・フローがアウト・フローを上回っていること，すなわち正味キャッシュ・インフローを意味している。ここにキャッシュとは，現金のみでなく，現金代替物も含む等種々の説明がなされているが，将来に注目した場合には，最終的には現金のことを意味すると考えてよいと思われる。

応用 word

★**資産の定義と認識基準**：「資産の定義」とは，資産とは何かということであり，「認識基準」とは資産として帳簿または貸借対照表に計上する能力があるか否かの判定基準のことをいう。したがって，資産の定義に合致するものであっても，認識基準に合致しなければ資産として帳簿または貸借対照表に計上されることはない。

例題3－1

(1)資産負債観に立った場合の資産の定義と，(2)収益費用観に立った場合の資

21

産の定義について簡潔に述べよ。

😊(解答へのアプローチ)

キーワードとなる言葉を選ぶことが重要である。

[解　答]……………………………………………………………………………………

(1)　資産とは，過去の取引または事象の結果として，報告主体が支配している
経済的資源をいう。経済的資源から，企業は将来において経済的便益を得る
ことができるため，資産とは将来キャッシュ・フローを獲得し得るものをい
う。

(2)　資産とは，期間損益計算を行った結果，当期の損益計算に算入されなかっ
た将来の費用すなわち将来収益獲得能力のあるものをいう。

2 資産の分類と測定

❶ 資産の分類

資産は，いくつかの観点からそれぞれ以下のように分類される。

① 流動資産，固定資産および繰延資産

この分類は，企業の支払能力または財務流動性に着目したものであり，わ
が国の制度会計が伝統的に採用してきた分類であって（「企業会計原則」第三
の四の（一），「同注解」［注16］），貸借対照表は現在でもこの分類基準によっ
ている。この分類基準によると，資産は流動資産，固定資産および繰延資産
に分類される（「企業会計原則」第三の二）。このうち，前二者は概ね支払能
力すなわち譲渡価値を有している資産であるのに対して，繰延資産はすでに
発生した費用であり，譲渡価値を持たない。したがって，ここではまず流動
資産と固定資産の区別の基準について述べることとする。繰延資産について
は，❻参照のこと。

流動資産とは，現金その他短期的に現金化される資産および短期的に費用
化される資産であり，**固定資産**とは，1年以内に現金化されない資産および
長期にわたり使用することを目的に保有する資産をいう。流動資産はさらに，
現金，預金，売掛金，受取手形，短期貸付金，売買目的の有価証券のような

当座資産と，商品，製品，原材料，消耗品のような棚卸資産，およびその他の流動資産に大別される。固定資産はさらに，**有形固定資産**，**無形固定資産**および**投資その他の資産**に区分される（「企業会計原則」第三の四の（一）B）。

　流動資産と固定資産の区分の基準としては，原則として，**正常営業循環基準**と**1年基準**（ワン・イヤー・ルール）とがある（「企業会計原則注解」[注16]）。ここに正常営業循環基準とは，図表3−2において示すように，現金から始まって，仕入，販売，代金の回収過程を経て，やがて現金を回収するという一連の正常な営業循環の過程内にある項目を流動資産とする基準である。したがって，商品を売って手形を受け取った場合，たとえその手形の満期日が1年や2年を超える長期のものであったとしても，そのような長期の手形を受け取ることが，正常な営業循環の範囲に入っていれば，それは流動資産となる。

図表3−2　正常営業循環過程

現金　→　仕入　→　販売　→　代金の回収　→　現金

　これに対して，1年基準は，正常な営業循環の過程に入らない項目について適用される基準であり，貸借対照表日（決算日）の翌日から起算して1年以内に期限の到来する債権ならびに1年以内に費用化される資産を流動資産，1年を超えるものを固定資産とする基準である。例えば貸付金は，正常営業循環の過程の中に入らないため，1年基準によって流動か固定に分類される。

　正常営業循環基準と1年基準の適用については，まず正常営業循環基準を適用し，その過程から外れたものについて1年基準を適用する。その理由は，1年という画一的な基準によって，流動と固定の分類を行うのではなくて，それぞれの業種の特殊性に配慮して，分類しようとするからにほかならない。

　また，流動と固定の分類基準としては，上記の正常営業循環基準と1年基準以外にもその他の基準が適用されるものがある。例えば，建物や備品等の資産は，そもそもが長期にわたり使用することを目的に所有する資産であり，これらは定義からみて固定資産である。したがって，残存耐用年数が1年未

満となってもそれらは固定資産である。また，繰延税金資産と繰延税金負債もすべて固定資産となる。

② 貨幣性資産と費用性資産

資産は，損益計算との関連を重視すると，貨幣性資産と費用性資産とに分類される。貨幣性資産とは，投下した資本のうち，回収済みのものまたは回収過程にあるものをいい，現金，預金，電子記録債権，および売掛金や受取手形等の金銭債権がその代表的なものである。これに対して，費用性資産とは，資本の投下過程にあって未回収の資本をいい，将来費用に転化する資産をいう。棚卸資産や有形固定資産，無形固定資産および繰延資産がこれに相当する。

③ 金融資産と事業用資産

金融資産とは，金融商品から生じる資産をいい，具体的には，現金預金，電子記録債権，受取手形，売掛金および貸付金等の金銭債権，株式その他の出資証券および公社債等の有価証券ならびに先物取引，先渡取引，オプション取引，スワップ取引およびこれらに類似する取引により生じる正味の債権等をいう（「金融商品に関する会計基準」第4項）。これに対して，事業用資産とは，売買を目的として所有する資産ではなくて，事業の用に供するために所有する資産をいう。金融資産と事業用資産の区分は，資産の保有目的を考慮した分類である。

★**金融商品**：一方の企業に金融資産を生じさせ，他の企業に金融負債を生じさ
せる契約または一方の企業に持分の請求権を生じさせ他の企業にこれに対す
る義務を生じさせる契約を，金融商品という。

❷ 資産の測定

　資産の測定とは，資産の価額を決定することであり，このうち貸借対照表
価額決定のことを評価という。したがって，測定は評価を含むより広義な概
念として理解することができる。まず資産を取得した場合，帳簿にその資産
をいくらで記入するのかその価額を決定しなければならない。これを資産の
入帳価額の決定という。資産の入帳価額は，当該資産を取得するために支払
った対価の額によって決定される。この価額を取得原価または歴史的原価と
いう。資産の取得原価は，契約書や請求書等の証拠に基づいた価額であるた
め，検証可能性を有する客観的な価額である。合理的な経済人を前提とした
場合，資産の取得原価は，その資産から将来得られる価額，すなわち将来キ
ャッシュ・フローの割引現在価値に等しい。したがって，取得原価は，取得
時における当該資産の公正価値すなわち時価に等しいということになる。

❸ 資産の評価

　資産の評価にあたっては，それぞれの資産の性質に応じて評価方法が使い
分けられている。入帳価額の決定に用いられる取得原価は，評価の場面にお
いても客観的な価額というメリットがある。しかし，取得原価を基礎とした
価額で貸借対照表価額を決定した場合，資産保有中の価額の変化が反映され
ないため，貸借対照表価額が当該資産の公正価値とかけ離れ経済的実態を表
さなくなってしまうことがある。そのため，主に費用性資産・事業用資産は
取得原価を基礎として評価（取得原価主義）されるが，金銭債権等の貨幣性
資産は現金預金の回収過程にあることから回収可能額基準により評価される。
また，金融資産は客観的な時価を把握することができることが多く，投資や
売却を通じて利益を得ることを目的として保有するものについては時価によ
り評価される。

基本 word

★**取得原価と取得原価主義**：取得原価とは，ある資産を取得したときに支払った対価の額をいう。資産を取得したとき，まず当該資産を帳簿に記入しなければならないが，その記帳価額のことを入帳価額といい，取得原価が入帳価額となる。これに対して取得原価主義とは，この入帳価額である取得原価を基礎として，それに費用配分の原則を適用して貸借対照表計上額を決定する評価基準である。

応用 word

★**測定対価主義**：資産を取得した場合に，それに対して支払った対価をもって取得した資産の価額とする考え方をいう。したがって，資産の取得原価は，この測定対価主義に依拠した測定基準である。
　資産の測定は，購入市場の価額を問題とするのか売却市場の価額を取り上げるのかで，以下のように区分することができる。

	過　去	現　在	将　来
購入市場	取得原価	再調達原価（カレントコスト）	－
売却市場	－	時価・正味実現可能価額	割引現在価値

　再調達原価（カレントコスト）とは，当該資産を貸借対照表日現在において再び取得したと仮定した場合の購入時価をいう。

基本 word

★**正味実現可能価額**（しょうみじつげんかのうかがく）：資産を売却したと仮定した場合の売却価額から売却のためのコストを差し引いた価額である。したがって，正味実現可能価額は出口価額であり，現在価値である。なお，正常利益は含まれる。

応用 word

★**割引現在価値**：将来発生すると予測されるキャッシュ・フローの見積額を割引率で割り引いて得られる現在価値をいう。

応用 word

★**時価（公正価値）**：算定日において市場参加者間で秩序ある取引が行われると想定した場合の，当該取引における資産の売却によって受け取る価格また

は負債の移転のために支払う価格をいう（企業会計基準第30号「時価の算定に関する会計基準」第5項）。

例題3−2

資産を以下のように分類した場合，その原則的な評価基準は何か。

① 貨幣性資産と費用性資産

② 金融資産と事業用資産

😊解答へのアプローチ

①と②では，その違いがどこにあるかを，明確にしておかなければならない。

[解　答]……………………………………………………………………………

① 貨幣性資産とは，現金や預金のように，すでに回収済みの資産，または売掛金，受取手形，貸付金のように回収過程にある資産をいう。現金や預金については，評価の問題は生じないが，その他の回収過程にある資産の評価は，回収可能額基準に基づき，決算日現在において回収可能な見込額によって評価される。費用性資産とは，投下過程にある資産をいい，将来費用に変わる資産である。費用性資産の評価基準は，原則として取得原価主義と費用配分の原則に基づく。費用配分の原則は，資産の種類に応じて，棚卸資産であれば，消費数量の計算に消費価格の計算が加味され，有形固定資産であれば減価償却が，無形固定資産や繰延資産については償却が行われる。

② 金融資産は，金融商品を取得することによって生じる資産をいう。これらは，投資目的・売買目的で所有されるため，金融資産の評価は，基本的には時価によって行われる。これに対して，事業用資産は，事業目的のために拘束された資金額であるから，その評価は，原則として取得原価主義と費用配分の原則による。

基本問題3−1

以下の各文章について，正しいものには○印を，正しくないものには×印をカッコ内に記入するとともに，×印のものについては，正しくない理由を簡単に述べなさい。

① （　　　） 前払費用や未収収益は，１年基準に基づき，流動資産と固定資産に分類される。

② （　　　） 不動産販売業者が，販売目的で保有する不動産は，正常営業循環基準によって流動資産である。

③ （　　　） 破産更生債権等は，１年基準に基づき，流動資産と固定資産に区分される。

➡ 解答は221ページ

基本問題 3-2

　以下の測定基準について，該当するものをａからｄの中から記号で答えなさい。

① 将来キャッシュ・フローに関係する測定基準

② 現在の売却市場での価額に関係する測定基準

③ 現在の購入市場での価額に関係する測定基準

④ 過去の購入市場での価額に関係する測定基準

⑤ 再調達原価という言葉で表される測定基準

　　ａ　取得原価　　　ｂ　カレントコスト　　　ｃ　正味実現可能価額

　　ｄ　割引現在価値

➡ 解答は221ページ

3 流動資産

❶ 流動資産の意義と分類

　流動資産とは，現金その他短期的に現金化，費用化される資産をいう。流動資産は，大きく，次の３つに区分される。

① 当座資産・・・現金，預金，売掛金，受取手形，短期貸付金，一時的に所有する有価証券等をいう。これらの大半のものは，『検定簿記講義１級商業簿記・会計学』下巻第１章「金融商品会計」で取り上げるため，ここではその説明を省略する。

② 棚卸資産・・・商品，製品，半製品，原材料および貯蔵品等，通常の営

業過程において販売を目的に保有または製造する財・用役をいう。

③　その他の流動資産・・・短期前払費用，未収収益等をいう。

❷ 棚卸資産の取得原価の決定

棚卸資産は，取得時には，その取得のために要した対価の額すなわち取得原価によって入帳価額が決定される。棚卸資産の取得原価の決定は，取得の形態によって次のように異なる（「連続意見書第四」第一の五）。

① 購入の場合

購入棚卸資産の取得原価は，購入代価に副費（付随費用）の一部または全部を加算することにより算定される。値引額や割戻額がある場合には，これらを取得原価から控除する。副費には引取運賃，購入手数料，関税等の外部副費と，購入事務費，保管費等の内部副費があり，これら全部を取得原価に算入してもよいし，外部副費だけを取得原価に算入してもよい。購入に要した負債利子や棚卸資産を取得してから処分するまでの間に生ずる資金の利息は，財務費用として処理することとし，取得原価には算入しない。現金割引額も，原則として支払利息と同じように財務収益として処理する。

② 製造の場合

棚卸資産を製造により取得した場合には，適正な原価計算の手続によって算定された価額をもって取得原価とする。

③ 贈与・交換等による場合

贈与・交換等によって取得した棚卸資産の取得原価は，適正な時価等の公正な評価額による。

基 本 word

★**資産の付随費用**：資産の取得時に発生した費用を付随費用といい，副費ともいう。引取運賃，購入手数料，関税等の，資産を企業の入口に運ぶためにかかった費用が外部副費であり，企業に到着してから選別，検収，保管等のために企業の内部でかかった費用を内部副費という。外部副費は，取得原価に算入するが，内部副費については，一般管理費と区別することが難しい場合があるため，取得原価に算入しないことも認められている。

❸ 棚卸資産の費用配分方法

　棚卸資産の取得原価は，費用配分の原則に基づき，ある期に費消された費消原価分と未費消原価分とに配分される。費消分は，そのまま当期の費用になるとは限らず，例えば，製造原価に算入された材料の費消分は当期中に販売されたものだけが売上原価という費用となり，未販売のものは製品の期末棚卸高として次期に繰り越される。棚卸資産の費用配分方法は，次の算式からわかるように，①数量（消費数量または棚卸数量）の計算と②単価（消費単価または棚卸単価）の計算とからなる。

$$棚卸資産の取得原価 ＝ ①数量 × ②単価$$

① 数量の計算

　棚卸資産の数量計算には，**継続記録法**と**棚卸計算法**の２つがある。継続記録法は帳簿棚卸法とも呼ばれ，入出庫のつど商品有高帳に継続的に記録し，常に棚卸資産の消費数量と棚卸数量を把握できるようにしておく方法である。これに対して，棚卸計算法は実地棚卸法とも呼ばれるように，期末に実地棚卸を行って棚卸数量を把握し，期首棚卸数量に当期仕入数量を加算した合計の数量からこれを差し引いて消費数量を計算する方法である。実際には，継続記録法と棚卸計算法を併用して，期末棚卸資産の帳簿棚卸数量と実地棚卸数量との差額を計算する。これが棚卸数量不足による**棚卸減耗損**である。

② 単価の計算

　棚卸資産の単価の計算は，以下の方法による。

　a　原価法　　口別法・・・・・個別法，先入先出法

　　　　　　　　平均法・・・・・移動平均法，総平均法

　　　　　　　　その他の方法・・最終仕入原価法，売価還元法

　b　予定価格法

　c　標準原価法

　上記の方法のうち予定価格や標準原価を用いて製造原価を算定することがあるが，これもまた適正な取得原価と認められる。これらについては工業簿記で取り扱われるので，その詳細を省略する。

　また，原価法のうち口別法と平均法については，『検定簿記講義２級商業簿

記』で説明されているので，ここではその他の方法を解説する。

③ その他の方法

a　最終仕入原価法

b　売価還元法

　その他の方法は，単価の計算ばかりではなく，その数量計算もあわせて行う方法である。このうち**最終仕入原価法**は，期末に近い時点で最後に取得した単価をもって期末棚卸資産の単価とする方法である。この方法によると，最後に取得したものの数量よりも期末棚卸数量が多い場合には，期末棚卸高が取得原価ではなくて時価に近い価額で評価されることになるため，理論的には，期末棚卸資産の大部分が最終の仕入価格で取得されている場合のように期間損益計算上弊害がないと考えられる場合や，重要性の乏しい場合においてのみ容認される方法である（「棚卸資産の評価に関する会計基準」第34－4項）。しかし税法上では，この方法が認められている。

　売価還元法は，商品のような棚卸資産に適用される方法で，取扱品目の多いデパートや卸売業において用いられている。決算時に個々の商品の取得原価を求めることが煩雑なことから，異なる商品を値入率の類似するグループに区分し，そのグループごとに期末商品の売価から原価を逆算し，この金額を用いて売上原価を算出するいわば簡便法として認められている方法である。したがってこの方法を採用した場合には，まず，実地棚卸に基づき，売価で期末商品棚卸高を把握する。その金額に下の算式による原価率を乗じれば，期末商品の原価による実地棚卸高を把握することができる。

$$原価率＝\frac{期首商品実地棚卸高（原価）＋当期仕入高（原価）}{期首商品実地棚卸高（売価）＋当期仕入高（売価）}$$

　ここに当期仕入高の売価は，以下のように計算される。

$$当期仕入高（売価）＝当期仕入原価＋原始値入額＋期中の正味値上額－期中の正味値下額$$

　原始値入額とは，原価に加算される当初の利益額であり，これに期中にお

いて値上げされたり，値下げされたりして，当期の仕入商品の売価が計算される。この原価率の計算において，分母から期中の正味値下額を除外して計算する方法を売価還元低価法という。すなわち，分母から期中の正味値下額を除外すると，分母の価額が大きくなり，原価率が小さくなる。ということは，期末商品実地棚卸高の原価が小さくなるため，低価法を採用しているのと同じ効果が生まれるからである。売価還元低価法によって計算した棚卸資産の金額は，かけ合わせる売価合計額に値下額等が適切に反映されていることを条件として収益性の低下に基づく簿価切下額（商品評価損）を反映したものとみなすことができる。

❹ 棚卸減耗損と商品評価損

　棚卸減耗損は，すでに❸①数量の計算で述べたように，期末棚卸資産の帳簿棚卸数量と実地棚卸数量との差額である。棚卸減耗損の金額は，期末現在保有する棚卸資産の棚卸数量不足の金額に期末棚卸資産の単価（原価）を乗じて計算する。これに対して，期末棚卸資産の単価すなわち正味売却価額が取得原価よりも下落している場合には，正味売却価額をもって貸借対照表評価額とする（「棚卸資産の評価に関する会計基準」第7項）。この場合，期末棚卸資産の単価すなわち原価から正味売却価額を差し引いた金額に実地棚卸数量を乗じた額が，商品評価損となる。またこの商品評価損の処理に関しては，切放し法と洗替え法とがあり，どちらを採用してもよいが，洗替え法を採用した場合には，評価益の生じる場合がある。

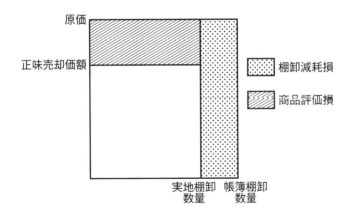

 word

> ★**正味売却価額**：売価から見積追加製造原価および見積販売直接経費を控除
> した額をいう（「棚卸資産の評価に関する会計基準」第5項）。

例題3-3

　以下の項目のうち，棚卸資産の取得原価に算入または取得原価から控除され
るものの記号を記しなさい。ただし，内部副費は，取得原価に算入しないもの
とする。

　　a　仕入値引　　　b　購入手数料　　　c　保管のための倉庫代

　　d　購入のために借りた資金の利息　　　e　関税　　　f　仕入割戻し

　　g　購入のための事務費　　　h　購入時に要した引取運賃

（☺）解答へのアプローチ

　内部副費は取得原価に算入しないという解答上の注意事項に気をつけること。

[解　答]...

　　a　　b　　e　　f　　h

例題3-4

　以下の資料に基づき，(1)売価還元原価法と，(2)売価還元低価法による場合の
期末商品評価額を計算しなさい。原価率（％）の計算においては，小数点第3

位を四捨五入のこと。

① 期首商品実地棚卸高　　原価　500,000円　　売価　800,000円

② 当期商品仕入原価　　　　　3,450,000円　　値入額　750,000円

③ 当期中値上額　　　　　　　　90,000円

④ 当期中値下額　　　　　　　　80,000円

⑤ 期末商品実地棚卸高　　売価　950,000円

😊 解答へのアプローチ

原価率の算定が鍵となる。

[解 答]……………………………………………………………………………………

(1) 748,980円　　(2) 737,200円

$$原価率 = \frac{500,000円 + 3,450,000円}{800,000円 + 3,450,000円 + 750,000円 + 90,000円 - 80,000円} = 78.84\%$$

950,000円 × 78.84％ = 748,980円

売価還元低価法によると，分母で値下額を考慮しないため，原価率は77.60％となる。

950,000円 × 77.60％ = 737,200円

基本問題 3−3

　以下の資料に基づき，(1)切放し法による場合と(2)洗替え法（前期の評価損にかかる当期の戻入は未処理）による場合に分けて，決算に際し必要な仕訳を示すとともに，棚卸減耗損と商品評価損（原価性あり）の損益計算書への計上区分を述べなさい。ただし，棚卸減耗損と商品評価損については，認められる表示区分が複数ある場合は，すべてを述べること。

　期首商品棚卸高　　A商品　200個　原価　@400円

　　　　なお，期首商品の前期末正味売却価額は，@390円である。

　期末商品棚卸高　　A商品　180個　原価　@405円

なお，期末商品の実地棚卸数量は170個であり，その期末正味売却価額は，下記を除いて@395円である。

期末商品のうち30個については品質低下が著しく，期末正味売却価額は，@205円である。

➡ 解答は221ページ

基本問題 3-4

以下の資料に基づき，①先入先出法，②移動平均法および③総平均法により，期末商品棚卸額と売上原価の金額を計算しなさい。棚卸減耗損ならびに商品評価損は売上原価に算入しない。なお，計算の過程で端数が生じた場合には，単価の計算において，そのつど円未満第3位で四捨五入することとし，端数の調整は払出価額で行うこと。

[資 料]

	数量	単価
前期繰越	20,000個	550円
第1回仕入	30,000個	580円
第1回売上	25,000個	800円
第2回仕入	18,000個	600円
第2回売上	17,000個	800円
第2回売上分の値引	17,000個	20円
期末商品		
実地棚卸高	25,000個	
正味売却価額		570円

➡ 解答は222ページ

応用問題 3-1

以下の資料に基づき，損益計算書（売上総利益まで）を作成しなさい。

[資 料]

期首商品棚卸高	850,000円
当期売上高	5,600,000円

当期仕入高　　　　　　　　4,600,000円

期末商品棚卸高

　　帳簿棚卸数量　　2,000個　　原価　@450円

　　実地棚卸数量　　1,960個　　正味売却価額　@430円

　　実地棚卸数量のうち50個については，店ざらしによる品質低下が

　あり，これについては@50円の評価損を計上するが，この評価損は

　原価性がある。さらに，実地棚卸のうち10個については損傷により，

　@200円の評価損を計上する。この評価損は臨時かつ過大である。

　原価性のある商品評価損は，売上原価に算入する。また棚卸減耗損も

売上原価に算入する。

➡ 解答は223ページ

応用問題 3-2

　以下の問に答えなさい。

　1．商品に関するデータ

	原　価	売　価
期首商品棚卸高	2,500,000円	2,700,000円
当期商品仕入高	22,700,000円	—
原 始 値 入 額	—	9,600,000円
値　　上　　額	—	1,200,000円
値 上 取 消 額	—	200,000円
値　　下　　額	—	1,300,000円
値 下 取 消 額	—	300,000円
期末商品帳簿棚卸高	？　円	3,500,000円
期末商品実地棚卸高	？　円	2,900,000円

　2．売価還元法により期末商品を評価する。

　3．棚卸減耗損は販売費とする。

［設問1］　売価還元原価法の原価率により期末商品の帳簿価額を求めた

　　　　　場合の損益計算書（営業利益まで）を作成しなさい。なお，期

末実地棚卸高の正味売却価額は2,000,000円である。

[設問2] 売価還元低価法の原価率により期末商品の帳簿価額を求めた場合の損益計算書（営業利益まで）を作成しなさい。なお，損益計算書上，商品評価損を計上する。

➡ 解答は223ページ

4 固定資産

❶ 固定資産の意義とその種類

　固定資産とは，建物や備品等のように長期にわたって使用することを目的に所有する資産と，決算日後1年を超えて現金化する貸付金等や決算日後1年を超えて費用化する長期前払費用，決算日後1年を超えて所有する目的の有価証券等をいう。

　固定資産は，貸借対照表上，さらに以下の3つに区分される。

　①　有形固定資産・・・形のある固定資産

　　建物，構築物，機械装置，船舶，車両運搬具，工具器具備品，土地，建設仮勘定等

　②　無形固定資産・・・形のない法律上の権利等

　　営業権，特許権，地上権，商標権等

　③　投資その他の資産

　　子会社株式その他投資目的の有価証券，出資金，長期貸付金，長期前払費用等

　このうち③の投資については，『検定簿記講義1級商業簿記・会計学』下巻第1章「金融商品会計」に譲ることとする。

❷ 有形固定資産の取得原価の決定

　有形固定資産の評価は，入帳価額である取得原価を基礎としてそれに費用配分の原則を適用することによって決定される。

　有形固定資産の取得原価は，その取得形態に応じて以下のように決定される（「連続意見書第三」の第一の四ならびに「資産除去債務に関する会計基

準」第4項および第7項）。

① 購入の場合

　購入代価に購入手数料，引取運賃，荷役費，据付費，試運転費等の直接付随費用を加え，値引きまたは割戻しを控除する。ただし，重要性の原則の適用によって，付随費用の一部または全部を取得原価に算入しなくともよい。

② 自家建設の場合

　有形固定資産を自家建設した場合には，適正な原価計算基準に則ってその取得原価を計算する。建設に要する借入金の利息は，原則として取得原価に算入しないが，当該有形固定資産の建設に必要な借入金の利息であって，稼働前の期間に属するものに限り，取得原価に算入することができる。その理由は，稼働前には収益が計上されないため，その部分の利息はいったん取得原価に算入し，稼働後収益が計上されたとき以降に減価償却を通して投下資金を回収しようとするものであり，いわゆる費用収益の対応を考慮してのことに他ならない。

③ 現物出資の場合

　出資者に対して交付された株式の発行価額をもって取得原価とする。ただし，株式の発行価額が受入資産の時価等に基づいて評価されていることを前提とする。

④ 交換の場合

　所有している固定資産や有価証券と交換に固定資産を取得した場合，受入資産の取得原価は以下の方法によって決定される。

(i) 同種同用途の交換である場合

　交換後も投資が継続しているため，交換はなかったものと考えることができる。したがって，提供した固定資産の簿価をもって取得原価とすることができる。ここに簿価とは，当該資産の時価に付け替えた簿価をいい，それは必ずしも帳簿価額であるとは限らない。

(ii) その他の場合

　(i)以外の場合には，交換によって取得した資産の公正な評価額をもって取得資産の取得原価とする。この考え方は，取得原価が取得時における当該取得資産の公正な評価額を意味するとの立場と一致している。

⑤ 受贈の場合

　無償取得資産の取得原価は，当該資産の公正な評価額とする。なお，国庫補助金や建設助成金等で資産を取得した場合には，その国庫補助金等に相当する額については，圧縮記帳の処理が認められる場合がある。

　圧縮記帳とは，法人税法の規定にしたがってその処理が認められているもので，国庫補助金等を受け入れた場合に，①補助金によって取得した資産の取得価額から補助金等の金額を直接減額する方式（直接減額方式）によったり，②固定資産圧縮積立金を設定することにより，当該補助金等の金額をその期の益金とせずに，次期以降の益金として配分する処理方式（積立金方式）によることにより，課税の繰延べを認める処理をいう。

⑥ 資産除去債務がある場合

　資産除去債務がある場合は，資産除去債務を見積り，当該金額を資産の付随費用とみなしてこれを資産の取得原価に算入する。詳しくは，第4章「負債会計」を参照のこと。

⑦ 資本的支出と収益的支出

　有形固定資産に関して行われる支出には，**資本的支出**と**収益的支出**とがある。資本的支出とは，固定資産の原価となる支出のことであり，当該支出が行われたことにより，資産の耐用年数が延長するか，または資産の価値増加が見られる支出がこれに該当する。これに対して，収益的支出とは，補修，修理，部品の交換等に該当する支出をいい，これらは費用として処理される。

 word

　★**資本的支出と収益的支出**：支出のうち，有形固定資産の取得原価に算入される支出が資本的支出であり，費用に計上する支出を収益的支出という。

❸ 有形固定資産の費用配分方法

　有形固定資産は，原則として，時の経過や使用に伴い価値を減ずるため，このような減価原因に対応して毎期一定の方法に従い，その取得原価の費消分を費用（後に述べるように，すべての金額が費用になるとは限らない）に配分する。費用配分の原則に基づく有形固定資産の具体的な費用配分手続を，

減価償却という。減価償却の目的は，減価償却の対象となる資産すなわち減価償却資産の費用配分を行うことによって，適正な期間損益計算を行うことにある。

❹ 正規の償却，特別償却，臨時損失

① 正規の償却

有形固定資産の費用配分方法である減価償却は，当該有形固定資産の使用または時の経過に基づく価値減少を見積もって耐用年数にわたり費用配分していく手続をいう。この場合，有形固定資産は，使用または時の経過に基づく価値減少といっても，数量的にその価値が減少するわけではなく，その価値減少はあくまでも見積りによって計上される性質のものである。したがって，減価償却に際しては，資産の耐用年数を見積り，耐用年数経過後のスクラップバリューを表す残存価額（近年税法ではこの残存価額をゼロとして計算している）をその取得原価から差し引いて，毎期規則的および計画的に費用配分していく。このような減価償却を**正規の償却**または**通常の償却**と呼んでいる。

② 特別償却

特別償却とは，租税特別措置法の規定により，国の産業政策や経済政策の観点から節税のために特別に認められた償却であり，これらは節税のための費用処理であって，会計上の費用配分の原則に立脚したものではなく，したがって減価償却ではない。

③ 臨時損失

臨時損失とは，災害や事故があった場合に行われる固定資産の評価替えによって生じた評価損，または投資の成果が得られなくなった場合に計上される減損をいい，これらは費用配分の原則に基づいて行われる減価償却ではなく，資産の価値評価に基づく評価損の計上を意味している。減損については，下巻第5章にて取り扱う。

 word

　★**正規の償却と特別償却**：両者ともに償却という名称が用いられているが，

会計上の用語の意味としては大きな違いがある。正規の償却は，物質的減価原因や機能的減価原因を予測して，それらの予測可能な減価原因に基づいて取得原価を費用配分する方法であるのに対して，特別償却は，会計上の費用配分の考え方によるものではなく，あくまでも税法の特別措置法の規定に従って行われる方法にすぎない。

❺ 減価原因

有形固定資産の価値減少の原因すなわち減価原因としては，予測可能な減価原因と予測不能な減価原因とが存する。前者には，使用や時の経過による減耗や老朽化を表す物質的な減価原因と，陳腐化や不適応化による機能的減価原因とがある。耐用年数は，これら予測可能な減価原因に基づき決定される。これに対して，事故等による物質的減価や，急激な陳腐化や予測し得ない不適応化に基づく機能的減価は，予測し得ない減価原因であり，これらの減価原因が生じたときは，減損等の臨時損失や会計上の見積りの変更として処理される。

基本 word

★**物質的減価と機能的減価**：物質的減価とは，使用や時の経過による減耗や老朽化を表す減価原因をいい，機能的減価とは，陳腐化や不適応化による減価原因をいう。

❻ 減価償却方法

減価償却方法には，定額法，定率法，200％定率法，級数法，生産高比例法等がある。定額法，定率法，生産高比例法については，『検定簿記講義2級商業簿記』を参照してもらうこととして，ここでは残り2つについて説明する。

① 200％定率法

以前の定率法が残存価額があるために償却率（$1 - \sqrt[n]{\dfrac{残存価額}{取得原価}}$）を計算できたのに対して，残存価額がゼロになった場合には，以前の定率法では償却率が1となってしまうために，200％定率法では，定額法による償却率の2倍（200％）の償却率を用いて，償却する方法である。200％定率法を用いた場合には，基本問題3－6に説明するように，償却保証率を用いなければならな

い場合があることに注意が必要である。

② 級数法

　この方法は，算術級数を用いて償却額を算定する方法であり，定率法や200％定率法と同じ加速償却法の一種である。

 word

> ★**200％定率法**：以前の定率法と同様に加速償却法の１つであり，定率法と同様に，取得原価から既償却額を控除した金額に償却率を乗じた金額が毎期の償却額となる。償却率は，定額法による償却率の２倍すなわち200％を乗じた償却率となる。

❼ 個別償却と総合償却

　固定資産１つ１つを個別に減価償却するのが**個別償却**であり，２つ以上の資産について一括して減価償却を行う方法が**総合償却**である。この総合償却には，耐用年数の等しい資産をまとめて償却する方法と，耐用年数の異なる資産，また種類の異なる資産をまとめて償却する方法とがある。後者の場合には，平均耐用年数を計算しなければならない。

 word

> ★**平均耐用年数**：耐用年数の異なる資産をまとめて償却する場合，すなわち総合償却を行う場合には，それぞれの資産の耐用年数を平均した耐用年数を計算しなければならない。これを平均耐用年数という。

❽ 減耗償却

　減耗償却は，鉱業権，森林等の減耗性資産（涸渇性資産）に適用される費用配分法である。減耗性資産とは，採掘，伐採等によりその資産の物量が涸渇していく資産のことをいい，その費用配分法は，生産高比例法による。

❾ 取替法

　取替法は，電線，枕木のように同種の資産が多数集まって１つの全体を構

成し，そのうちの老朽化した資産部分の取替えを行うことにより，全体としての資産の維持がなされるような資産すなわち取替資産に適用される償却法をいう。具体的には，取替えに要する費用をその期の費用として処理する（「企業会計原則注解」[注20]）。

基本 word

> ★**費用配分の原則**：適正な期間損益計算を行うために，費用性資産の取得原価を毎期一定の方法に従って，費消分と未費消分とに配分する会計思考をいう。この考え方のもとに，棚卸資産の消費数量および消費単価の決定方法や有形固定資産の減価償却方法が存在する。ただし，費消部分がそのまま期間費用になるとは限らず，製造業における仕掛品原価のように，再度費用配分が行われる場合もある。

応用 word

> ★**50%償却法**：取替法によって償却する場合に，最初から取替法によろうとすれば，取替えが行われるまで資産の取得原価は，取得時のままの形で繰り越されることになる。取替えが行われるようになると，新しい資産と古い資産とがまざって同種の資産を構成するようになるため，資産の価額が取得原価の50%になるまでは定額法による償却を行い，それ以後は取替法を用いる方法である。

例題3-5

以下の費用は，資本的支出として処理されるか，それとも収益的支出として処理されるか。資本的支出に該当するものにはAを，収益的支出として処理されるものにはBを，いずれとも判断できないものにはCを記入しなさい。

① 機械の試運転費
② 建物購入時の仲介手数料
③ 輸入した事務用机の関税費
④ 建物の修繕に要した費用
⑤ 購入時の引取運賃
⑥ 取得した土地の整地費
⑦ 金庫の据付費用
⑧ 製造機械建設のために借り入れた資金の利息で，稼働前の期間に属するもの
⑨ 購入した土地の上に存する立木の処分費用

⑩　店舗へ用途変更するための模様替費用

資産の価値の増加または耐用年数の延長にかかる費用は資本的支出である。

［解　答］⋯⋯⋯⋯⋯⋯⋯⋯⋯⋯⋯⋯⋯⋯⋯⋯⋯⋯⋯⋯⋯⋯⋯⋯⋯

①　A　②　A　③　A　④　C　⑤　A　⑥　A　⑦　A　⑧　C

⑨　A　⑩　A

例題3－6

減価償却の意義とその目的について述べなさい。

意義と目的の違いを明確にすること。

［解　答］⋯⋯⋯⋯⋯⋯⋯⋯⋯⋯⋯⋯⋯⋯⋯⋯⋯⋯⋯⋯⋯⋯⋯⋯⋯

　減価償却とは，費用配分の原則に基づき，有形固定資産の取得原価を，毎期一定の方法に従い，その費消分と未費消分とを切り離す手続をいう。その目的は，期間損益計算の適正化にあり，有形固定資産の取得原価の費消分を把握して，適正な価額を費用処理することにある。ここで1つ注意しなければならないことは，減価償却費として計算した額がそのまま当期の費用になるとは限らず，例えば機械の減価償却費のように製造原価を構成するものは，再度，資産に計上されるものがあるということである。

例題3－7

以下の問に答えなさい。

(1)　費用配分の原則とは何か。

(2)　棚卸資産の費用配分と有形固定資産の費用配分との違いを述べなさい。

　費用配分の原則のもつ意味を明らかにし，棚卸資産と有形固定資産の費用配分の特徴を認識しておく必要がある。

[解答]‥‥‥‥‥‥‥‥‥‥‥‥‥‥‥‥‥‥‥‥‥‥‥‥‥‥‥‥‥‥‥‥‥‥‥‥‥

(1) 費用配分の原則とは，適正な期間損益計算を行うために，費用性資産の取得原価を毎期一定の方法に従って，費消分と未費消分とに配分する会計思考をいう。この考え方のもとに，棚卸資産の消費数量や消費単価の決定方法や有形固定資産の減価償却方法が存在する。

(2) 棚卸資産の費用配分は，消費数量や消費単価の計算というような数量的・経験的な費用配分であるのに対して，有形固定資産の費用配分は，減価償却に代表されるように，耐用年数を見積り，先験的に行われる費用配分である点に，違いを見ることができる。

例題3−8

　自己所有のＡ土地（取得原価90,000千円，時価200,000千円）と交換にＢ土地（時価200,000千円）を取得した。Ｂ土地の取得原価を計算するとともに，その理由も併せて述べなさい。

😊 解答へのアプローチ

　場合分けをして解答するとよい。

[解答]‥‥‥‥‥‥‥‥‥‥‥‥‥‥‥‥‥‥‥‥‥‥‥‥‥‥‥‥‥‥‥‥‥‥‥‥‥

(1) 同種・同用途の交換である場合

　　土地と土地の交換であるから，同種の交換であるが，用途も同じ場合には，交換はなかったものとみることができる。この場合のＢ土地の取得原価は，90,000千円となる。

(2) 同用途の交換でない場合

　　同用途の交換でない場合には，Ｂ土地の取得原価は，その公正な評価額200,000千円となる。これは，資産の取得原価は，当該資産の公正な評価額であるとする考え方に等しい。

以下の取引の圧縮記帳に関連する仕訳を，積立金方式によって行いなさい。

(1) Ｘ１年度期首

国庫補助金5,000,000円を現金にて受け入れ，機械8,000,000円を現金を支払って取得した。

(2) Ｘ１年度決算

定額法により，減価償却（残存価額はゼロ，耐用年数は５年）を行う。国庫補助金については，圧縮記帳積立金を5,000,000円（税効果考慮前）設定することとして，税効果に関する処理を行う。法定実効税率は，40％とする。

☺ 解答へのアプローチ

圧縮記帳積立金を設定した場合には，課税所得計算上，積立額は損金算入となる。圧縮記帳積立金は，機械の耐用年数にわたり，毎期，取り崩されて，その取崩額が税法上益金となる。その意味において，圧縮記帳積立金の設定は，課税の繰延べとして考えることができる。

［解　答］

(1)	(借)	現　　　　　　金	5,000,000	(貸)	国庫補助金受贈益	5,000,000
	(借)	機　械　装　置	8,000,000	(貸)	現　　　　　　金	8,000,000
(2)	(借)	減　価　償　却　費	1,600,000	(貸)	減　価　償　却　累　計　額	1,600,000
	(借)	法　人　税　等　調　整　額	2,000,000	(貸)	繰　延　税　金　負　債	2,000,000
	(借)	繰　越　利　益　剰　余　金	3,000,000	(貸)	固　定　資　産　圧　縮　積　立　金	3,000,000
	(借)	固　定　資　産　圧　縮　積　立　金	600,000	(貸)	繰　越　利　益　剰　余　金	600,000
	(借)	繰　延　税　金　負　債	400,000	(貸)	法　人　税　等　調　整　額	400,000

基本問題 ３－５

減価償却と減耗償却の異同について述べなさい。

➡ 解答は225ページ

基本問題 3−6

以下の資料に基づき，当期の減価償却費の計上額（決算日X6年3月末日，決算は年1回）を資産の種類ごとに計算しなさい。残存価額は，いずれもゼロとする。

[資 料]‥‥‥‥‥‥‥‥‥‥‥‥‥‥‥‥‥‥‥‥‥‥‥‥‥‥‥‥‥‥

資産	取得原価	取得日	耐用年数	償却方法	保証率	改定償却率
建　物	8,000,000円	X2年4月	40年	定額法		
備品A	2,000,000円	X3年4月	5年	200％定率法	0.10800	0.5
備品B	3,000,000円	X1年10月	5年	200％定率法	0.10800	0.5

➡ 解答は225ページ

基本問題 3−7

X1年7月1日に，現金購入価額2,000,000円の備品を割賦にて購入した。代金は，3カ月ごとに期日の到来する（後払い）額面価額360,000円の約束手形6枚を振り出した。金利を区分する処理（級数法）を行うものとして，購入時と第1回支払日の仕訳を示しなさい。なお，決算日は3月31日とする。端数については円位未満を四捨五入とする。

➡ 解答は226ページ

応用問題 3−3

取替資産30,000,000円のうち，5分の1を7,000,000円で取り替え，取替資産の売却代金100,000円を差し引いた代金は，小切手を振り出して支払った。仕訳を示しなさい。

➡ 解答は226ページ

応用問題 3−4

以下の資料に基づき，総合償却を実施した場合の①1年目の決算時の仕訳，②4年目の初めにA建物を除却した場合の除却時の仕訳を示しなさい（円位未満切捨て）。なお，除却にあたって，除却費用10,000円は現

金で支払った。また，除却資産のスクラップバリューは，3,000円である。

[資　料]・・

	取得原価	耐用年数	残存価額
A建物	10,000,000円	5年	ゼロ
B建物	30,000,000円	6年	ゼロ
C建物	50,000,000円	10年	ゼロ

➡ 解答は226ページ

応用問題 3－5

　以下の資料に基づき，圧縮記帳を行った場合の仕訳を(1)直接減額方式によった場合と，(2)積立金方式によった場合とに分けて，示しなさい。税効果は無視する。

[資　料]・・

① 　国庫補助金30,000,000円を現金で受領し，機械50,000,000円を現金で取得した。

② 　1年後の決算に際し，必要な仕訳を行う。なお，当該機械の耐用年数は20年，残存価額はゼロ，定額法による。

➡ 解答は227ページ

5 無形固定資産

❶ 意義と種類

　無形固定資産は，具体的な形をもたない費用性資産であり，これには法律上の権利である特許権，実用新案権，商標権，意匠権，著作権や借地権のような無形の権利と，のれんに代表される経済上の優位性とからなる。これらの取得原価の決定は，有形固定資産に準ずる。

❷ 償　却

　無形固定資産の費用配分を償却といい，法律上の権利については法定の有効期間にわたって残存価額ゼロの定額法により行われる。ただし，借地権で

あってその減価のみられないものは償却を実施しない。

❸ のれんの償却

　のれんについては，償却を必要とする考え方と不要とする考え方がある。

　償却を必要とする考え方は，のれんもほかの無形固定資産と同様に，時間の経過とともに価値が減額することを論拠としている。価値が減額するならば，償却を通じて費用とすることにより，のれんへの投資も回収できているかを利益として示すことができる。それに対し，償却を不要とする考え方は，のれんの超過収益力が必ずしも時間の経過により消滅するとは限らないことを論拠としている。すなわち，企業活動を継続することでのれんの価値が維持されることや増加することもあるため，規則的な償却は適切ではなく価値が減少したときに減損処理を計上することにより対応すべきとも考えられる。

　いずれも有力な考え方であり，日本においては必要とする考え方を採用し，20年以内の期間にわたって定額法その他合理的な方法により規則的な償却を行う。

❹ 研究開発費・ソフトウェア

① 研究開発費の処理

　研究とは，「新しい知識の発見を目的とした計画的な調査及び探究」をいう。開発とは，「製品・サービス・生産方法についての計画若しくは設計又は既存の製品等を著しく改良するための計画若しくは設計として，研究の成果その他の知識を具体化すること」をいう（「研究開発費等に係る会計基準」一の1）。

　研究開発費を構成する原価要素には人件費，原材料費，固定資産の減価償却費，間接費配賦額等，研究開発のために消費されたすべての原価が含まれる。ただし，特定の研究開発のためにのみ使用される機械装置や特許権を取得した原価は，取得時の研究開発費とする。

　研究開発費は発生時の費用として会計処理する。

② ソフトウェアの処理

　ソフトウェアとは，コンピュータを機能させるようなプログラム等をいう。

ソフトウェア制作費は下記のとおり会計処理する。

(i) 研究開発目的のソフトウェア・・・研究開発費として処理

(ii) 研究開発目的以外のソフトウェア

 a 受注制作のソフトウェア・・・請負工事の会計処理

 b 市場販売目的のソフトウェア・・・製品マスターの制作費は，研究開発費に該当する部分を除き，無形固定資産に計上。

 c 自社利用のソフトウェア・・・将来の収益獲得または費用削減が確実である場合には，その制作費を無形固定資産に計上。

 市場販売目的のソフトウェアは見込販売数量に基づく償却方法その他合理的な方法により償却する。ただし，毎期の償却額は，残存有効期間に基づく均等配分額を下回ってはならない。

例題3-10

 鉱業権（50,000,000円）について生産高比例法により償却を行う場合の償却額を計算しなさい。この鉱山の推定埋蔵量は100,000トン，当期採掘量は8,000トンである。

[解　答]..

50,000,000円 × (8,000トン ÷ 100,000トン) = 4,000,000円

 word

★**研究開発費**：研究とは，「新しい知識の発見を目的とした計画的な調査及び探究」をいい，開発とは，「新しい製品等についての計画若しくは設計又は既存の製品等を著しく改良するための計画若しくは設計として，研究の成果その他の知識を具体化すること」をいう（「研究開発費等に係る会計基準」一の1）。これらにかかる費用が研究開発費である。

基本問題 3−8

　以下の資料に基づき，各年度のソフトウェアの償却額を，見込販売数量を基準に計算しなさい。

[資　料]‥‥‥‥‥‥‥‥‥‥‥‥‥‥‥‥‥‥‥‥‥‥‥‥‥‥‥‥‥‥‥‥‥

　1　X1年度期首に資産計上したソフトウェア制作費は12,000千円であり，その見込有効期間は3年である。

　2　見込販売数量（実際販売数量も見込みどおり）

X1年度	6,000個
X2年度	4,000個
X3年度	5,000個

⇒ 解答は227ページ

6 繰延資産

❶ 意　義

　繰延資産は，すでに役務の提供を受けたにもかかわらず，すなわち発生した費用であるにもかかわらず，その効果が将来において発現すると見込まれる場合に，費用収益対応の原則を根拠として次期以降に繰り延べられる発生費用をいう。将来における効果の発現が不確実であるところから，繰延資産の計上は任意である（「連続意見書第五」第一の一および二）。また，その計上は会社法の規定により限定されており，その償却も会社法で早期償却の規定がある。

　繰延資産は，その定義からわかるように，費用収益対応の原則を計上根拠としているため，資産負債観に立脚した場合に，繰延資産そのものが存在するか否かについては，疑問の残るところである。

❷ 種類と償却

　繰延資産に属するものとして，**株式交付費**，**社債発行費等**，**創立費**，**開業費**および**開発費**がある（実務対応報告第19号「繰延資産の会計処理に関する当面の取扱い」の2と3）。

51

① 株式交付費

株式交付費とは，新株の発行または自己株式の処分にかかる費用すなわち株式募集のための広告費，金融機関の取扱手数料，証券会社の取扱手数料，目論見書等の印刷費，変更登記の登録免許税，その他株式の交付等のために直接支出した費用である。これらは支出時に原則として営業外費用として処理するが，企業規模の拡大のために行う資金調達などの財務活動に係る株式交付費については，繰延資産に計上することが認められる。この場合には，株式交付のときから３年以内のその効果の及ぶ期間にわたって，定額法により償却をしなければならない。償却費は，営業外費用として処理される。

② 社債発行費等

社債発行費とは，社債募集のための広告費，金融機関の取扱手数料，証券会社の取扱手数料，目論見書・社債券等の印刷費，社債の登録免許税その他社債発行のために直接支出した費用をいう。これらは支出時に原則として営業外費用として処理するが，繰延資産に計上することも認められる。この場合には，社債の償還期間にわたり，利息法（継続適用を前提として定額法でもよい）により償却をしなければならない。

③ 創立費と開業費

創立費は，会社設立のために必要な費用をいい，定款作成費，株式募集の広告費，発起人への報酬および設立登記の登録税等からなる。開業費は，会社設立後営業を開始するまでの間に要する開業準備のための費用をいい，店舗の賃借料，広告宣伝費や従業員の給料等からなる。創立費および開業費は，そもそも費用として発生したものであるから，支出時に費用として処理するのが妥当であるが，その支出の効果が将来の期間に影響するため，繰延資産として計上することが認められているものである。繰延資産として計上した場合には，本来ならば将来の期間にわたって半永久的にその効果を発現するものであるため，その償却は不要であるとの考え方も成立するが，これらの資産は換金価値を有しないこと，その将来期間への効果の発現に必ずしも確実性を確保することが不明であるため，会社法の影響もあって，早期償却が望ましい。そのため，これらの費用を繰延資産として計上した場合には，創立費は会社成立のときから，開業費は開業のときから，５年内にその効果の

及ぶ期間にわたり定額法により償却しなければならない。償却費は，原則として営業外費用として処理される。

④ 開発費

開発費は，新技術または新経営組織の採用，新資源の開発，新市場の開発等のために，特別に支出した費用であり，研究開発費に属さないものをいう。開発費は，原則として，支出時に費用処理するが，繰延資産として計上することも認められる。この場合には，5年内に定額法その他の合理的な方法によって償却し，償却費は，売上原価，または販売費及び一般管理費として処理する。

応用 word

★**繰延資産の資産性**：繰延資産は，すでに発生した費用のうち将来の収益と対応関係をもつものを将来の費用とするために，いったん資産として繰り延べるものである。この考え方は，収益費用観に合致している。資産負債観に立脚した場合には，繰延資産が将来キャッシュ・フローを獲得し得るものであるかを検討しなければならない。そして，繰延資産はすでに発生した費用，すなわち財・用役の消費がすでに行われたものである。財・用役として存在しないものを，独立した資産として将来キャッシュ・フローを獲得すると説明するのは難しい。そのため，資産負債観においては，繰延資産の多くは当期の費用として処理される。

❸ 臨時巨額の損失の繰延べ

「企業会計原則」によると，以下の要件すべてに該当する臨時巨額の損失は，これを貸借対照表の資産の部に記載して，繰延経理することを認めている（「企業会計原則注解」注15）。

その要件とは，①天災等により固定資産または企業の営業活動に必須の資産の上に生じた損失であること，②その期の純利益や過去の繰越利益がカバーできないほど巨額であること，③特に法令によって繰延経理が認められていることである。これらに該当する臨時巨額の損失の繰延の根拠は，会計理論で説明できるものではなく，あくまでも法令の規定により，企業が債務超過に陥るのを防ぐという政策上の例外的措置である。

例題3−11

以下の取引の仕訳を示しなさい。資産計上が認められている場合は，そのように処理すること。

① 期首に，新株50,000,000円を発行し，全額の払込みを受け，これを当座預金とした。また，発行のための費用1,200,000円を現金で支払った。資本金とする金額は会社法規定の最低額とする。

② 期末に，上記の新株発行のための費用を会社法規定の最低額償却した。

③ 新技術採用のため，実験用機械30,000,000円を購入し，代金は小切手を振り出して支払った。当該機械の耐用年数は5年，残存価額ゼロ，定額法により償却を行う。なお，この機械は，当該実験のためにのみ使用する。

解答へのアプローチ

資産計上ができるかどうかに気をつけること。

[解　答]

① (借)当 座 預 金　50,000,000　(貸)資　　本　　金　25,000,000
　　　　　　　　　　　　　　　　　　　　(貸)株式払込剰余金　25,000,000
　(借)株 式 交 付 費　1,200,000　(貸)現　　　　　金　1,200,000
② (借)株式交付費償却　　400,000　(貸)株 式 交 付 費　　400,000
③ (借)開　　発　　費　30,000,000　(貸)当 座 預 金　30,000,000
　(借)開 発 費 償 却　6,000,000　(貸)開　　発　　費　6,000,000

第4章

負債会計

学習のポイント

1. 本章では負債全般について学習する。負債会計の中で特に重要な論点は，引当金，社債，資産除去債務，リース債務および退職給付であり，このうちはじめの3つを本章で取り扱う。

2. 企業会計における負債とは，経済的資源を放棄もしくは引き渡す義務のことを指す。

3. 貸借対照表での分類にあたっては，資産と同様に正常営業循環基準と1年基準が適用される。

4. 引当金は4つの計上要件が定められており，すべて満たした場合は計上しなければならないが，1つでも要件を満たさない場合は計上してはならない。

5. 社債には資産として保有する債券と同様に償却原価法が適用される。

6. 資産除去債務は割引計算により算定した金額を発生時に負債として計上するとともに，同額だけ関連する有形固定資産の帳簿価額を増額する。資産除去債務の計上後は，資産計上した額を原則として減価償却を通じて費用処理する。また，期首の資産除去債務に対して割引計算で用いた割引率を掛け合わせた金額を，時の経過による調整額（利息費用）として費用処理する。

1 負債の意義・分類・評価基準

❶ 負債の意義

　負債とは，「過去の取引または事象の結果として，報告主体が支配している経済的資源を放棄もしくは引き渡す義務，またはその同等物をいう」とされている（「財務会計の概念フレームワーク」第3章5項）。この「報告主体が支配している経済的資源」とは資産を指すため，負債は現金やその他の資産を引き渡す義務またはその同等物と言い換えることができる。

❷ 負債の分類

　負債の分類は，主に貸借対照表の表示上の分類と属性による分類の2つがある。

① 貸借対照表の表示上の分類

　貸借対照表において，負債は**流動負債**と**固定負債**に分けて表示される。この分類は，資産と同様に**正常営業循環基準**と**1年基準**（p.24基本word参照）によって行われる。よって，商品等の仕入に伴って生じる買掛金，支払手形や電子記録債務は，弁済期間の長短に関係なく正常営業循環基準により流動負債に分類される。また，借入金や社債といった正常営業循環過程にない負債は，原則として1年内に返済または解消予定か否かにより流動負債と固定負債に分類される。なお，退職給付引当金（退職給付に係る負債）など，長短に関係なくすべて固定負債とするものもある。

図表4−1 　負債の流動・固定分類

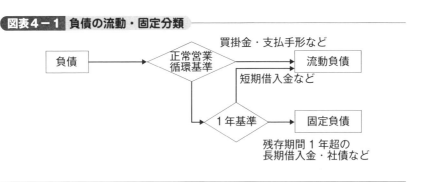

② 属性による分類

　貸借対照表に計上される負債は，その属性に応じて**債務たる負債**と**債務でない負債（会計的負債）**に分類される。債務たる負債とは，法律や契約等に起因して生じた負債のことをいう。債務たる負債は，さらに確定債務と条件付債務に分類されることがある。

　債務でない負債とは，法律や契約等に起因せず負債として計上されるものをいう。したがって，債務でない負債に該当する一部の引当金は企業にとって義務またはその同等物ではないため，厳密にはさきほどの負債の定義にはあてはまらない。しかし，従来から存在する引当金の考え方に従って，現在のわが国の会計においても負債として計上される。

❸ 負債の評価基準

　負債は，基本的に企業が返済等を免れることができないものであり，一般的に時価による決済も困難である。よって，デリバティブ取引により生じる正味の債務等を除けば時価評価は行われず，債務額や償却原価法など負債の性質に応じた評価額で貸借対照表に計上される。

例題4－1

　次の負債について，流動負債と固定負債のいずれに該当するか答えなさい。

① 弁済期日まで残り15カ月の買掛金

② 弁済期日まで残り15カ月の借入金

③ 弁済期日まで残り３カ月の借入金

④ 退職給付引当金のうち，３カ月後に支払予定の部分

😊 解答へのアプローチ

　負債の流動・固定分類は，資産と同様にはじめに正常営業循環基準で判断し，循環過程にない場合は１年基準で判断する。ただし，退職給付引当金は，固定負債とする。

[解　答]………………………………………………………………………

① 流動負債　　② 固定負債　　③ 流動負債　　④ 固定負債

---

2 金銭債務の会計処理

❶ 金銭債務の意義

　金銭債務とは，契約等に基づき，将来の一定の期日に金銭を支払わなければならない義務のことをいう。これには，支払手形，買掛金，借入金，社債等が含まれる。このうち，支払手形，買掛金，借入金は債務額で評価され，特に会計上問題となる論点はない。そこで，以下では社債の会計処理について取り扱う。

❷ 社債の意義

　社債とは，会社が負債による資金調達を行うにあたり発行した証券のことをいう。借入金と社債は，あらかじめ定められた条件により利息を支払い，満期には元本を返済しなければならない点は同じである。それに対し相違点としては，借入金は銀行など特定の者との契約によって資金を調達する方法であるのに対し，社債は特定の者に限定せず，広く投資家から資金を調達することができる方法であることがあげられる。会社が資金調達を行うにあたっては，借入金と社債のうち利息等の条件を勘案して有利な方を選択することになる。

応 用 word

　★**社債格付**：一般的に社債を発行するためには，専門の評価機関（格付会社）から元利金が確実に支払われるかどうかに関する評価として社債格付を受ける必要がある。そのため，社債を発行して広く投資家から資金調達を行えるのは，信用力の高い大企業に限られる。中小企業が社債を発行するのは，取引銀行や保証機関からの保証を受けて，特定の少数の投資家に対して発行する場合など限定的である。

❸ 社債の基本的な処理

　社債を発行した会社の基本的な会計処理は，勘定科目を除き借入金と同様に行う。すなわち，発行時には調達額（発行価額）により「社債」勘定を負債として計上する。そして，利息の計上時は「社債利息」勘定を費用として

計上する。また，返済時には「社債」勘定を減少させる。ただし，借入金と異なり社債は特殊な発行・償還方法があるため，それらについて❹以降で説明する。

図表4－2 社債の基本的な処理

発 行 時	(借)現 金 な ど	×××	(貸)社	債	×××
利 払 時	(借)社 債 利 息	×××	(貸)現 金 な ど		×××
期末経過利息計上時	(借)社 債 利 息	×××	(貸)未 払 社 債 利 息		×××
償 還 時	(借)社 債	×××	(貸)現 金 な ど		×××

❹ 社債の発行と期末評価

　社債の発行にあたっては，額面と同額で発行する**平価発行**だけではなく，額面金額よりも低い価額で発行する**割引発行**と高い価額で発行する**打歩発行**がある。これら割引発行や打歩発行の場合でも，発行時の社債勘定は発行価額により記帳する。

　割引発行や打歩発行によって生じた額面金額と発行価額の差額は金利の調整とみなされる。そのため，期末評価にあたり社債は**償却原価法**によって評価する。ただし，実際に発行される社債のほとんどは平価発行であり，割引発行されることは少ない。さらに，打歩発行されるケースは極めてまれである。

　償却原価法には，資産として保有する有価証券と同様に定額法と利息法の２つがある。原則として利息法による償却を行うが，継続適用を条件として簡便法である定額法も採用できる。定額法の場合は毎決算および償還時に償却原価法の仕訳を行うことが多いが，利息法の場合はこれに加えて利払日にも償却原価法の仕訳が必要である。

| (借) 社 債 利 息 | (A) | (貸) 現 金 な ど | (B) |
| | | 社 債 | (C) |

(A)…社債帳簿価額×実効利子率（期間を考慮）
(B)…社債額面金額×クーポン利子率（期間を考慮），決算では未払社債利息
(C)…差額

 word

★**社債の額面金額・発行価額・帳簿価額**：額面金額とは，社債の償還時に支払わなければならない金額のことである。券面金額ということもある。それに対し，発行価額とは発行時に受け取る金額のことである。また，帳簿価額とは社債の帳簿上の残高のことである。

　平価発行の場合は，額面金額，発行価額および帳簿価額はすべて一致する。しかし，割引発行や打歩発行の場合は額面金額と発行価額が異なる。また，割引・打歩発行をした際の発行時の発行価額と帳簿価額は一致するが，その後の償却原価法の処理によって帳簿価額が増減する。

　なお，社債権者に支払う社債利息および未払社債利息の計算にあたっては，常に額面金額に対して利率を掛け合わせるので，注意が必要である。

基本 word

★**償却原価法**：金融資産または金融負債を債権額または債務額と異なる金額で計上した場合において，当該差額に相当する金額を弁済期または償還期に至るまで毎期一定の方法で取得価額に加減する方法。

応用 word

★**金利の調整**：仮にA社が年利率１％で期間３年の社債の発行を考えていたときに，A社と財政状態が同じB社が年利率４％で期間３年の社債を発行していたならば，投資家はみなB社の社債を買い，A社の社債は買わない。ここで，A社が社債を買ってもらえるようにするには，額面金額よりも安い@91.67円で発行し，B社の社債と同様に投資家が年利率１％＋値下分３％の合計４％の利益を得られるようにすればよい。よって，この場合のA社の社債は年利率１％とB社の利率４％の差を調整するために割引発行されたも

のと考え，発行差額である8.33円を実質的な利息の上乗せとみなして償却原価法を適用する。

応用 word

★**利息法における実効利子率**：有価証券や社債の利息法で用いられる実効利子率とは，利息の支払額（受取額）および元本の返済額（受取額）を割引計算した合計額と，発行価額（取得価額）が一致するときの割引率をいう。実効利子率の計算方法は工業簿記・原価計算で用いられる内部利益率（IRR）と同じであり，上記のA社の社債では次のように計算できる。

$91.67 = 1 \div (1+r) + 1 \div (1+r)^2 + 101 \div (1+r)^3$

$r = 4\%$（年利率１％＋値下分の１年当たりの利回り３％）

この実効利子率４％は補間法を用いて近似値を算定する方法もあるが，実務上はパソコンの表計算ソフト等を用いて簡単で正確に計算することができる。

❺ 社債の償還

社債の償還には，あらかじめ定めた期日に額面金額を償還する**満期償還**が一般的であるが，利払日などあらかじめ定めた一定期日ごとに段階的に償還する**定時償還**と，満期日よりも前に市場からの買入等を通じて償還する**臨時償還**などがある。このうち，定時償還は公募の社債ではほとんどみられない。また，社債の買入償還は実務上の手続き等が煩雑なため，臨時償還の代替手段としてデット・アサンプションがとられることもある。

なお，企業が自社の社債を買い入れたが消却せずに保有し続けている場合には，「自己社債」として金融資産の有価証券に準じて取り扱う（ただし満期保有目的の債券には分類できない）。このとき，貸借対照表において「自己社債」と負債計上している社債を相殺表示することができる。

応用 word

★**デット・アサンプション**：自社が発行した社債の元利金の支払いを第三者に引き受けてもらうかわりに，元利金の支払いに必要な現金等を一括して事前に支払う取引のことである。法的には自社が社債権者に対して元利金を支

61

払う義務が消滅したわけではないが，経過措置として一定の要件を満たした場合には償還と同様の会計処理をすることが認められている。

図表4－4 デット・アサンプションの関係（利息年4円,残存期間3年の場合）

本来の法的な債権・債務関係

自社 ⟷ 社債権者

事前に112円一括払い

第三者

毎年利息4円支払い
満期に元本100円支払い

❻ 社債発行費の処理

社債発行費は原則として支出時の費用とする。ただし，繰延資産として計上し，社債の償還までの期間にわたり償却することも認められる。このときの償却方法は原則として利息法を採用するが，簡便法として定額法も認められる。

例題4－2

次の一連の取引の仕訳について，償却原価法で利息法を採用した場合と定額法を採用した場合の両方の仕訳を示しなさい。なお，入出金はすべて当座預金で行う。また，円未満が生じた場合には，四捨五入して円単位で示すこと。

① 20X1年期首に，額面2,000,000円の社債を発行価額：1,914,320円，期間：3年，年利率：1％，利払日：毎期末の条件で発行した。

② 20X1年期末に，償却原価法と利息の支払いの処理を行った。なお，償却原価法の適用にあたり利息法を用いる場合には，実効利子率を2.5％とする。

③ 20X3年期末に，償却原価法と利息の支払いの処理を行った。また，社債を満期償還した。

😊解答へのアプローチ

　利息法では，複利計算によって会計上の利息を計算する。具体的な計算について，例えば②は額面金額2,000,000円に対して実効利子率2.5％を掛け合わせるのではなく，発行価額1,914,320円に対して実効利子率分の利息が実質的に発生したと考える。そして，そのうち実際に支払う利息20,000円を差し引いた金額だけ社債の帳簿価額を増やす。2年目以降は，社債の帳簿価額に対して実効利子率を掛け合わせる。

　3年間の償却原価法に関する計算を示すと，下図のとおりである（単位：円）。

	1年目	2年目	3年目

実効利子率2.5％

利息 47,858 ／ 払った利息 20,000 ／ 償却原価法による増分 27,858 ／ 発行価額 1,914,320

2.5％ → 48,554 ／ 20,000 ／ 28,554 ／ 1,942,178

2.5％ → 49,268 ／ 20,000 ／ 29,268 ／ 1,970,732 ／ 償還額 2,000,000

[解　答]

利息法の場合

①	（借）当 座 預 金	1,914,320	（貸）社　　　　債	1,914,320
②	（借）社 債 利 息	47,858	（貸）当 座 預 金	20,000
			社　　　　債	27,858
③	（借）社 債 利 息	49,268	（貸）当 座 預 金	20,000
			社　　　　債	29,268
	（借）社　　　　債	2,000,000	（貸）当 座 預 金	2,000,000

定額法の場合

①	（借）当 座 預 金	1,914,320	（貸）社　　　　債	1,914,320
②	（借）社 債 利 息	20,000	（貸）当 座 預 金	20,000
	（借）社 債 利 息	28,560	（貸）社　　　　債	28,560
③	（借）社 債 利 息	20,000	（貸）当 座 預 金	20,000
	（借）社 債 利 息	28,560	（貸）社　　　　債	28,560
	（借）社　　　　債	2,000,000	（貸）当 座 預 金	2,000,000

償却原価法の利息法による計算は解答へのアプローチで示したとおりである。定額法の場合の1年当たりの償却額は（2,000,000円−1,914,320円）÷3年＝28,560円である。

最終年度③では，定額法と利息法のいずれの方法も最終的に社債の帳簿価額が2,000,000円で一致する。

基本問題 4−1

次の一連の取引の仕訳を示しなさい。なお，入出金はすべて当座預金で行う。また，①〜③で生じた円未満の金額は四捨五入し，最後に残った端数は④の償却原価法の処理で調整する。

①　20X1年期首に，額面1,000,000円の社債を発行価額：@97円，期間：3年，年利率：2％，利払日：毎期末の条件で発行した。

②　20X1年期末に，償却原価法と利息の支払いの処理を行った。なお，償却原価法の適用にあたっては，利息法（実効利子率3.06％）を採用する。

③　20X2年期末に，償却原価法と利息の支払いの処理を行った。また，額面500,000円相当を@101円で買入償還した。

④　20X3年期末に，償却原価法と利息の支払いの処理を行った。また，残った社債を満期償還した。

➡ 解答は228ページ

❼ 特殊な社債

社債の中には，新株予約権を組み込んだ**新株予約権付社債**がある。新株予約権とは，一定の価額（行使価額）の金銭を会社に払い込むことにより，その会社の株式を取得できる権利のことをいう。そして，新株予約権付社債の場合には，社債権者が金銭ではなく社債部分を代用払い込みすることで株式を取得することができる。反対に，新株予約権付社債を発行した会社側は，社債利息をゼロもしくは低く抑えられることや，権利行使を受けた場合に株式を交付しなければならない代わりに社債の額面の償還が不要になるというメリットがある。

　また，社債には，満期前の一定期日に発行会社があらかじめ定めた価額により社債を償還する権利を有する条項が付されることもある（期限前償還条項，早期償還条項，コール・オプション条項，もしくは取得条項とよばれる）。買入等による臨時償還の場合には，発行会社が望む価額で社債を買い取れるとは限らないが，期限前償還条項を定めておけばあらかじめ定めた価額で買い取りができる。このような条項は，新株予約権付社債に組み込まれている場合や，社債利息が相対的に高くなった際に発行会社が社債を償還できるようにすることで利息負担を避けるために付されることがある。

　期限前償還条項が付された社債については，特殊な償還条項でない限り一般的に普通の社債と同様の処理を行うことになる。また，新株予約権付社債の処理については，新株予約権の処理ならびに社債権者の処理も併せて理解する必要があるため，本書第5章および下巻第1章にて取り扱う。

例題4−3

　次の一連の取引について仕訳を示しなさい。なお，入出金はすべて当座預金で行う。また，利息の計算はすべて月割で行う。

① 20X1年11月1日に額面1,000,000円の社債を期間：3年，年利率：3％，利払日：4月末日および10月末日の条件で平価発行した。

② 20X2年3月末に決算をむかえた。

③ 20X2年4月末に社債の利息を支払った。

④ 20X4年10月末に社債の利息の支払いおよび社債元本の満期償還を行った。

😊 解答へのアプローチ

　勘定科目が変わることを除けば，2級までに学習した借入金と同様の会計処理となる。

[解　答]‥‥‥‥‥‥‥‥‥‥‥‥‥‥‥‥‥‥‥‥‥‥‥‥‥‥‥‥‥‥‥‥‥‥‥‥‥

①	(借)当 座 預 金	1,000,000	(貸)社　　　　債	1,000,000
②	(借)社 債 利 息	12,500	(貸)未払社債利息	12,500
③	(借)社 債 利 息	15,000	(貸)当 座 預 金	15,000

| ④ （借)社 債 利 息 | 15,000 | （貸)当 座 預 金 | 1,015,000 |
| 社 債 | 1,000,000 | | |

3 引当金と偶発債務

❶ 引当金の意義

引当金とは，次の要件をすべて満たした場合に当期の負担に属する金額を費用計上した際の貸方項目をいう。

① 将来の特定の費用または損失

② その発生が当期以前の事象に起因

③ 発生の可能性が高い

④ 金額を合理的に見積ることができる

①の要件からたとえ支出等が生じるのが将来であっても，②の要件を満たしているならば，その原因は当期以前に発生しているとみることができる。そのため，一部の引当金を除き，当期に獲得した収益に関連付けて①および②に該当する費用を当期に計上することが合理的である。そこで，発生主義や費用収益対応の原則に基づき，このような費用を計上した際の貸方項目として引当金が計上される。したがって，必ずしも費用計上を伴って計上されるわけではない負債（確定債務，資産除去債務，退職給付に係る負債等）は，引当金に該当しない。

❷ 引当金の分類

引当金は，属性に応じて図表4-5のように分類される。

このうち，貸倒引当金は金銭や資産を引き渡す義務ではなく，計上対象となっている金銭債権からの収入の減少を意味している。よって，貸倒引当金は負債ではなく，資産の控除項目である評価性引当金に分類される。また，修繕引当金および特別修繕引当金は，たとえ修繕を行う合理的な必要性があったとしても，修繕対象資産の利用を停止するなどにより企業の判断で修繕を回避することができる。よって，将来の修繕が企業の義務とはいえないため，この2つの引当金は債務ではない引当金であり，負債の定義に合致しな

図表4-5 引当金の分類

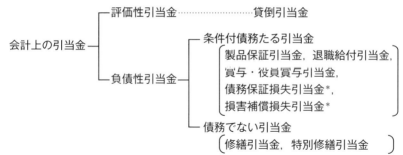

```
                 ┌─評価性引当金………………貸倒引当金
                 │
会計上の引当金─┤              ┌─条件付債務たる引当金
                 │              │  ┌─────────────────────┐
                 │              │  │製品保証引当金，退職給付引当金，│
                 └─負債性引当金─┤  │賞与・役員賞与引当金，          │
                                │  │債務保証損失引当金*，          │
                                │  │損害補償損失引当金*            │
                                │  └─────────────────────┘
                                └─債務でない引当金
                                   ┌──────────────────────┐
                                   │修繕引当金，特別修繕引当金      │
                                   └──────────────────────┘
```

＊債務保証損失引当金と損害補償損失引当金は，条件付債務たる引当金とする
　考え方と債務ではない引当金とする考え方がある。

い。ただし，先ほど述べたように，発生主義や費用収益対応の原則の考え方から引当金として計上し，貸借対照表では負債に計上される（会計的負債）。

　図表4-5にて示した引当金以外でも，計上要件を満たした項目は引当金として計上しなければならない。そのような例として，工事損失引当金などがある。

　なお，従来は計上されていた返品調整引当金と売上割戻引当金は，企業会計基準第29号「収益認識に関する会計基準」等により計上されなくなった。

❸ 引当金の会計処理

　引当金は，金額が確定していない将来の資産の減少に関連するものであるから，企業が見積りによって計上する。この見積りは，過去の実績等をもとにして行う。特に見積りの計算が複雑な貸倒引当金と退職給付引当金は，それぞれ別の章にて取り扱う。

❹ 偶発債務

　偶発債務とは，現実に発生していない債務で，将来において事業の負担となる可能性のあるものをいう。手形の割引や裏書による遡求義務，債務保証や係争事件に係る賠償義務等のうち，いまだ債務として確定していないものが該当する。

このうち，手形に関する遡求義務は金融負債として取り扱い，割引または裏書をした際に「保証債務」を時価で負債計上する。遡求義務が実際に発生する可能性は時価に反映されるため，引当金とは異なりたとえ発生可能性が低い場合であっても相対的に少ない金額で「保証債務」を計上する必要がある。

これに対し，債務保証契約や賠償義務については，引当金の計上要件にあてはまる場合のみ負債として計上する。そして，これらの偶発債務は，引当金の4つの要件のうち，特に❶③の発生可能性と④の合理的な見積りの可能性を満たすか否かが問題となる。債務保証の場合は，原債務者の財政状態の悪化等によって自社が代わりに債務を弁済しなければならない可能性が高く，かつ弁済による損害を合理的に見積ることができる場合のみ債務保証損失引当金を負債計上する。また，損害賠償義務も同様に，被害を受けた相手との交渉や裁判の状況等に応じて，自社が賠償責任を負う可能性が高く，かつその金額を合理的に見積ることができる場合のみ損害補償損失引当金を負債に計上する。そして，③や④の要件を満たさず負債として計上されない場合であっても，偶発債務の存在は企業の利害関係者にとって重要な情報であるため，金額や内容等の注記が必要である。

④ 資産除去債務

❶ 資産除去債務の意義

資産除去債務とは，「有形固定資産の取得，建設，開発又は通常の使用によって生じ，当該有形固定資産の除去に関して法令又は契約で要求される法律上の義務及びそれに準ずるもの」をいう（「資産除去債務に関する会計基準」第3項(1)）。例えば，一定期間の賃借契約を結んだ土地に建物を建設した場合には，退去時に更地へ戻す義務が生じる。また，工場の操業によって生じた土壌汚染を法律や契約によって浄化しなければならない義務も該当する。

❷ 資産除去債務の会計処理
① 発生時の処理

資産除去債務は，有形固定資産の取得，建設，開発や通常の使用によって

発生したときに負債として計上し，同額を関連する有形固定資産の帳簿価額に加算する。このときの資産除去債務の金額は，当該有形固定資産の除去に要する割引前の将来キャッシュ・フローを，貨幣の時間価値を反映した無リスクの利率で割り引いて求める。

② 発生後の各期の処理

有形固定資産の帳簿価額に加算した額は，原則として当該有形固定資産の残存耐用年数にわたり減価償却を通じて費用処理する。ただし，資産除去債務が使用のつど発生する場合には，資産計上額と同額をその期の費用として処理することも容認される。例えば，建物を更地に戻す義務は，建物の建設と同時に発生するため，原則の方法によって処理する。これに対し，工場の操業によって生じた土壌汚染を浄化しなければならない義務は，建設時ではなく工場の建物や機械の使用のつど発生するものと考えられるため，原則の方法の他に容認される方法も適用できる。

また，資産除去債務の期首残高に対して，割引計算で用いた割引率を掛け合わせた額を時の経過による資産除去債務の調整額（利息費用）として毎期費用処理するとともに，資産除去債務に加算する。

資産除去債務の発生から最後の履行時までの仕訳を示すと図表4－6のとおりである。

図表4－6　資産除去債務の仕訳

発生時	(借)有形固定資産	×××	(貸)現　金　な　ど	×××
	有形固定資産	(A)	資産除去債務	(A)
期　　末	(借)減　価　償　却　費	(B)	(貸)減価償却累計額	(B)
	利　息　費　用	(C)	資産除去債務	(C)
履行時	(借)減価償却累計額	×××	(貸)有形固定資産	×××
	資産除去債務	×××	現　金　な　ど	×××
	資産除去債務履行差額	(D)		

(A)…除去に要する将来キャッシュ・フローを割引計算

(B)…資産自体の取得原価にAの金額も含めて減価償却した金額

(C)…期首の資産除去債務の帳簿価額×割引率（「利息費用」は「減価償却費」に含めることもある）

(D)…貸借差額で資産除去債務履行差額を計算する（収益になることもある）

図表4−7のうち，減価償却費の合計額と利息費用の合計額は，除去に要する割引前キャッシュ・フローの見積額と一致する。したがって，除去に要する金額はいずれかの期間で必ず費用として処理されることになる。

図表4−7 **資産除去債務の処理の流れ**

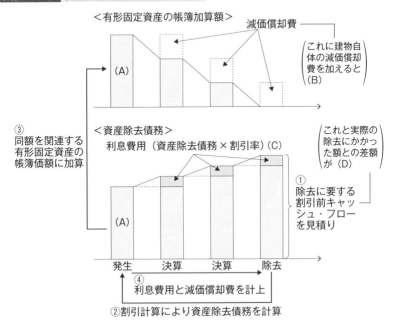

③ 財務諸表における表示区分

(i) 貸借対照表の表示

　負債として計上した資産除去債務はすでに説明したとおり他の負債と同様に1年基準を適用し，貸借対照表日後1年以内に履行が見込まれる場合を除き，固定負債として表示する。1年以内に履行が見込まれる場合は，流動負債として表示する。

(ii) 損益計算書の表示

　時の経過による資産除去債務の調整額（利息費用）は，当該資産除去債務に関連する有形固定資産の減価償却費と同じ区分に含めて表示する。例えば本社ビルや店舗等にかかる資産除去債務から生じた利息費用については，減

価償却費と同様に販売費及び一般管理費に含めることになる。

　また，資産除去債務の履行時に生じた決済額と負債計上している資産除去債務の残高との差額は，原則として利息費用と同様に関連する有形固定資産の減価償却費と同じ区分に含めて表示する。ただし，当初の除去予定時期よりも著しく早期に除去することになった場合など異常な原因で生じた差額は，特別損益で表示することになる。

(iii)　キャッシュ・フロー計算書の表示

　資産除去債務を履行した際の支出額は，キャッシュ・フロー計算書において投資活動によるキャッシュ・フローの区分で表示する。

④　資産除去債務の見積りの変更

　資産除去債務は見積りであることから，いったん計上した後に将来キャッシュ・フローの見積りに重要な変更が生じることがある。また，法令等の改正によって新たに資産除去債務が発生することもある。

　これら重要な見積りの変更や法令等の改正によって新たに発生した場合は，資産除去債務および関連する有形固定資産の帳簿価額を修正する。具体的には，見積りの変更による資産除去債務の増減額を先に求め，同額を関連する有形固定資産の帳簿価額を増減させる。よって，見積りの変更による影響は，変更の発生時ではなく，将来の期間の損益に影響させる（プロスペクティブ・アプローチ）。なお，将来キャッシュ・フローの見積りが減少する場合は，既存の資産除去債務の減少と考えられるため，修正額は当該負債計上時の割引率を用いて計算する。それに対し，将来キャッシュ・フローの見積りが増加する場合には，新たな負債計上と考えられるため，その時点の無リスクの利率を割引率として用いて修正額を計算する。

⑤　資産除去債務を合理的に見積ることができない場合

　資産除去債務は，将来の除去費用を取得または使用時に見積ることになるため，見積りが困難で合理的に行うことができない場合がある。このような場合は，資産除去債務の計上を行わずに，見積りが可能になった時点で見積りの修正に準拠して計上する。

　次の一連の取引の仕訳を示しなさい。なお，入出金はすべて当座預金で行うとともに，税効果は無視する。また，小数点以下は四捨五入すること。

① 　20X1年期首に賃借している土地の上に建設会社に依頼して店舗（建物）を1,000,000円で建設し，引き渡しを受けると同時に代金の全額を支払った。土地は３年後に更地に戻して返却する契約であり，建物の撤去等にかかる支出は100,000円と見積られる。また，引渡しを受けたときの無リスク利子率は２％である。

② 　20X1年期末の決算整理仕訳を行う。建物の減価償却は，耐用年数３年，残存価額０円（便宜上，最終年度に備忘価額は残さない）の定額法により行う。

③ 　20X3年期末に建物の撤去を行い，撤去の代金として業者に100,000円支払った。

解答へのアプローチ

　最初の①では撤去にかかる支出額（割引前キャッシュ・フロー）を２％で割引計算し，建物の帳簿価額の増額と資産除去債務を計上すればよい。②と③では減価償却と利息費用の計上を行うとともに，③の最後で除去の処理を行う。

[解　答]……………………………………………………………………………………

①	(借)建　　　　物	1,000,000	(貸)当　座　預　金	1,000,000
	(借)建　　　　物	94,232	(貸)資産除去債務	94,232
②	(借)減 価 償 却 費	364,744	(貸)減価償却累計額	364,744
	(借)利　息　費　用	1,885	(貸)資産除去債務	1,885
③	(借)減 価 償 却 費	364,744	(貸)減価償却累計額	364,744
	(借)利　息　費　用	1,961	(貸)資産除去債務	1,961
	(借)減価償却累計額	1,094,232	(貸)建　　　　物	1,094,232
	(借)資産除去債務	100,000	(貸)当　座　預　金	100,000

① 　１年目の資産除去債務は100,000円÷$(1+0.02)^3$＝94,232円と計算できる。

② 　利息費用は１年目の資産除去債務94,232円×２％＝1,885円となる。

③ 　②と③の間には以下に示した２年目の決算整理仕訳が行われていることを考慮する必要がある。

（借）減 価 償 却 費	364,744	（貸）減価償却累計額	364,744
（借）利 息 費 用	1,922	（貸）資産除去債務	1,922

　これを踏まえて3年目も同じように利息費用の計上を行うと，資産除去債務の残高が当初の見積り額である100,000円と一致する。そこで，除去に際して履行差額が生じない。

基本問題 4−2

　次の一連の取引の仕訳を示しなさい。なお，入出金はすべて当座預金で行う。また，円未満の金額は四捨五入し，円単位で答えること。

① 20X1年期首に，耐用年数3年の機械装置1,500,000円を取得し，代金の全額を支払った。この機械装置は3年後に撤去する義務があり，撤去にかかる金額の見積りは100,000円，取得時の無リスク利子率は3％である。

② 20X1年期末に決算整理仕訳を行った。なお，機械装置の減価償却は定率法（償却率0.667，改定償却率1.000，保証率0.11089，ただし最終年度は備忘価額を残さない）により行う。

③ 20X2年期末に撤去にかかる金額の見積りを90,000円に変更した。そこで，見積りの変更とその他必要な処理を行う。

④ 20X3年期末に耐用年数を迎え，機械装置の撤去を専門業者が行い，その代金として85,000円を支払った。

➡ 解答は228ページ

第 5 章

純資産会計

学習のポイント

1. 純資産とは，資産と負債の差額である。純資産は，株主資本と株主
   資本以外の純資産項目に区分される。

2. 株主資本とは，株主に帰属する資本のことである。株主資本は，資
   本金，資本剰余金，利益剰余金に区分される。さらに，資本剰余金
   は資本準備金とその他資本剰余金に，また，利益剰余金は利益準備
   金とその他利益剰余金（任意積立金と繰越利益剰余金）に区分され
   る。一方，株主資本以外の純資産項目には，評価・換算差額等，株
   式引受権，新株予約権がある。

3. 株式会社の資本金とは，会社の債権者を保護するために会社が維持
   すべき株主資本の最低限度額として会社法が特に定める金額のこと
   である。

4. 実質的増資には，①通常の新株発行による増資，②新株予約権の行
   使による増資，③吸収型再編による増資がある。また，形式的増資
   には，①準備金の資本組入れによる増資，②剰余金の資本組入れに
   よる増資がある。

5. 実質的減資は事業規模の縮小を主な目的として行われるものであり，
   その典型に株式の買入消却による減資がある。また，形式的減資は
   欠損の塡補を主な目的として行われるものであり，その典型に株式
   の併合による減資がある。

6. 自己株式処分差益はその他資本剰余金に計上し，自己株式処分差損
   はその他資本剰余金から減額する。自己株式を消却したときも，当
   該自己株式の帳簿価額をその他資本剰余金から減額する。決算日に

保有する自己株式は，株主資本に対する控除項目として，株主資本の区分の末尾に記載する。

7. 株式会社は，分配可能額の範囲内で，剰余金の配当を行うことができる。剰余金の配当には，払込資本の払戻しを表すその他資本剰余金の配当と，稼得資本の分配（利益配当）を表すその他利益剰余金の配当がある。なお，その他資本剰余金の配当を行うときは，同時に一定の要領でその他資本剰余金から資本準備金を計上する必要があり，また，その他利益剰余金の配当を行うときは，同時に一定の要領でその他利益剰余金から利益準備金を計上する必要がある。

8. 評価・換算差額等とは，資産や負債を時価評価（または換算）することによって生ずる評価差額（または換算差額）などで，損益計算書における純損益の計算には算入されず，貸借対照表の純資産の部に直接計上される項目のことである。評価・換算差額等に該当する項目には，①その他有価証券評価差額金，②繰延ヘッジ損益，③土地再評価差額金がある。

9. 新株予約権とは，株式会社に対して行使することにより，当該会社の株式の交付を受けることができる権利のことである。権利の行使が行われておらず，また失効もしていない新株予約権が決算日にある場合には，純資産の部の末尾にその帳簿価額で記載される。

10. 株主資本等変動計算書は，株主資本の各項目を中心に，純資産の部の一会計期間における変動額を明らかにするために作成される財務諸表である。

1 純資産の意義と分類

❶ 純資産の意義

　純資産とは，資産と負債の差額のことである。貸借対照表では，純資産は，資産および負債とは区別し，純資産の部として記載される。

❷ 株主資本と株主資本以外の純資産項目

貸借対照表の純資産の部に属する項目は，株主資本と株主資本以外の純資産項目に大別される。

株主資本とは，株式会社の所有主である株主に帰属する資本のことである。株主資本は，資本金，資本剰余金，利益剰余金の3つに区分される。さらに，資本剰余金は資本準備金とその他資本剰余金に，また，利益剰余金は利益準備金とその他利益剰余金に区分される。

一方，株主資本以外の純資産項目には，評価・換算差額等，株式引受権，新株予約権がある。

 word

★**払込資本と稼得資本**：株主資本は，その源泉の取引に着目すると，払込資本と稼得資本に分けることができる。**払込資本**とは，資本取引から生じ，株主による直接的な出資額を表す株主資本のことである。一方，**稼得資本**とは，損益取引から生じ，会社内部に留保された利益額を表す株主資本のことである。資本金は払込資本を表している。また，株主資本のうち資本金を超える剰余部分である剰余金については，払込資本を表す資本剰余金と稼得資本を表す利益剰余金が区分できる。

 word

★**資本金，法定準備金，その他剰余金**：株主資本は，会社法の定めによる維持拘束性ないし分配可能性に着目すると，維持拘束性の最も高い資本金，剰余金のうち配当不能な部分を表す法定準備金（会社法上の準備金），剰余金のうち配当可能な部分を表すその他剰余金に分けることができる。なお，法定準備金には，払込資本を表す資本準備金と稼得資本を表す利益準備金があり，また，その他剰余金には，払込資本を表すその他資本剰余金と稼得資本を表すその他利益剰余金がある。

❸ 純資産の部の表示

貸借対照表の純資産の部は，図表5−1のように区分して表示される。

貸借対照表における純資産の部の表示

```
純資産の部
  Ⅰ  株主資本
   1  資本金
   2  新株式申込証拠金
   3  資本剰余金
   (1) 資本準備金
   (2) その他資本剰余金
                資本剰余金合計
   4  利益剰余金
   (1) 利益準備金
   (2) その他利益剰余金
       ×××積立金
       繰越利益剰余金
            利益剰余金合計
   5  自己株式
   6  自己株式申込証拠金
            株主資本合計
  Ⅱ  評価・換算差額等
   1  その他有価証券評価差額金
   2  繰延ヘッジ損益
   3  土地再評価差額金
            評価・換算差額等合計
  Ⅲ  株式引受権
  Ⅳ  新株予約権
            純資産合計
```

2 資本金

❶ 資本金の意義

　株式会社の資本金とは，会社の債権者を保護するために会社が維持すべき株主資本の最低限度額として会社法が特に定める金額のことであり，法定資本とも呼ばれる。

❷ 会社設立時の資本金

　会社設立時の資本金については，設立にあたって株主となる者が当該会社に対して払い込んだ金銭の額（現物出資のときは，給付をした財産の額）の

全額を資本金とするのが原則である。ただし，払込額（または給付額）の2分の1の金額までは，資本金とせず，資本準備金とすることが認められる。

なお，新設型再編（新設合併，新設分割，株式移転）により会社を設立する場合には，合併契約などの中で資本金の額が別途，定められる。

❸ 増　資

会社の設立後に新たに資本金の額を増やすことを**増資**という。増資には，会社の株主資本の総額も同時に増加する**実質的増資**（または有償増資）と，株主資本の構成内容が変わるだけで，その総額には変化が生じない**形式的増資**（または無償増資）がある。

① 実質的増資

実質的増資には，①通常の新株発行（募集株式の発行）による増資，②新株予約権の行使による増資，③吸収型再編（吸収合併，吸収分割，株式交換）による増資がある。

 word

> **★通常の新株発行による増資**：会社は，定款に定めた発行可能株式総数の範囲内で株式を新たに発行し，追加の資本の払込みを受けることができる。これを**通常の新株発行**による増資という。会社法では，募集に応じて株式の引受けの申込みをした者に割り当てる株式のことを募集株式という。そのため，通常の新株発行による増資は，**募集株式の発行**による増資とも呼ばれる。

通常の新株発行（募集株式の発行）による増資の場合には，募集株式を引き受ける者が当該会社に払い込んだ金銭の額（または給付をした財産の額）の全額を資本金とするのが原則である。ただし，設立時の株式発行の場合と同様，払込額（または給付額）の2分の1の金額までは，資本金とせず，資本準備金とすることが認められる。

なお，募集株式の発行にあたって申込証拠金の払込みを受けたときは，**新株式申込証拠金**として処理し，株式の払込期日に資本金に振り替える。また，決算日に申込期日経過後の新株式申込証拠金がある場合には，資本金の次に記載する。

新株予約権の行使による増資の場合にも，金銭等の払込額（新株予約権の帳簿価額と行使時の払込額または給付額の合計）の全額を資本金とするのが原則である。ただし，この場合も，払込額（または給付額）の2分の1の金額までは，資本金とせず，資本準備金とすることが認められる。

　一方，吸収型再編による増資の場合には，合併契約などの中で資本金の額が別途，定められる。

② 形式的増資

　形式的増資には，①準備金（資本準備金，利益準備金）の資本組入れによる増資，②剰余金（その他資本剰余金，その他利益剰余金）の資本組入れによる増資がある。

応用 word

★**準備金の資本組入れによる増資**：株主総会の決議により，法定準備金（資本準備金，利益準備金）の額を減少させ，その全部または一部を資本金に組み入れて増資すること。

応用 word

★**剰余金の資本組入れによる増資**：株主総会の決議により，その他剰余金（その他資本剰余金，その他利益剰余金）の額を減少させ，それを資本金に組み入れて増資すること。

例題5－1

　次の各取引の仕訳を示しなさい。

(1)　株主総会の決議により，資本準備金2,000,000円を減少させ，資本金に組み入れた。

(2)　株主総会の決議により，その他資本剰余金1,000,000円を減少させ，資本金に組み入れた。

❹ 減　資

　資本金の額を減少させることを**減資**という。減資を行うためには，株主総
会の特別決議や債権者の保護手続など特に厳格な手続が要求される。

　減資にも，会社の株主資本の総額が同時に減少する**実質的減資**（または有
償減資）と，株主資本の構成内容が変わるだけで，その総額には変化が生じ
ない**形式的減資**（または無償減資）がある。

① 実質的減資

　実質的減資は事業規模の縮小を主な目的として行われるものであり，その
典型に株式の買入消却による減資がある。

応用 word

★株式の買入消却による減資：事業規模を縮小することを目的に，証券市場
を通じて株式を買入消却し，それに見合う資本金を減少させること。

例題５−２

　次の一連の取引について，仕訳を示しなさい。

(1) 株式の買入消却による減資を行うために，発行済株式の総数40,000株（資
  本金の総額20,000,000円）のうち4,000株を１株当たり480円の価額で買
  い入れ，代金は小切手を振り出して支払った。

(2) 上記で買い入れた株式を消却し，それに見合う資本金を減少させた。なお，
  資本金の減少額はその他資本剰余金として処理する。

(1) 自社発行の株式を買い入れたときは，自己株式勘定を用いて仕訳する。

[解答]・・

(1) (借)自　己　株　式　　1,920,000　(貸)当　座　預　金　　1,920,000

(2) (借)資　　　　　金　　2,000,000　(貸)その他資本剰余金　　2,000,000

　　(借)その他資本剰余金　1,920,000　(貸)自　己　株　式　　1,920,000

資本金の減少額（減資額）＝20,000,000円×（4,000株÷40,000株）＝2,000,000円

※（別解）なお，(2)については，次のように仕訳することもできる。

(2) (借)資　　　　　金　　2,000,000　(貸)自　己　株　式　　1,920,000

　　　　　　　　　　　　　　　　　　　　その他資本剰余金　　　80,000

② 形式的減資

　形式的減資は欠損の塡補を主な目的として行われるものであり，その典型に株式の併合による減資がある。

応 用 word

　★**株式の併合による減資**：会社の欠損を塡補することを目的に，発行済株式のすべてについて，たとえば2株を1株にするというように，一律に数個の株式を併合して発行済株式数を減少させ，それに見合う資本金を減少させること。

例題5−3

　次の取引について仕訳を示しなさい。

　発行済株式の総数40,000株（資本金の総額20,000,000円）について，4株を3株に併合して発行済株式数を減少させるとともに，それに見合う減資を行い，繰越利益剰余金の借方残高（繰越損失の金額）4,900,000円を塡補した。なお，資本金の減少額はその他資本剰余金として処理する。

　株式併合後の発行済株式数は，40,000株×（3株÷4株）＝30,000株となる。

（借)資　　本　　金　　5,000,000　（貸)その他資本剰余金　　5,000,000

（借)その他資本剰余金　4,900,000　（貸)繰越利益剰余金　　　4,900,000

資本金の減少額（減資額）=20,000,000円×（10,000株÷40,000株）=5,000,000円

※（別解)なお，次のように仕訳することもできる。

（借)資　　本　　金　　5,000,000　（貸)繰越利益剰余金　　　4,900,000

その他資本剰余金　　100,000

3 資本剰余金

資本剰余金は，資本取引から生じた剰余金である。資本剰余金は，資本準備金とその他資本剰余金に区分される。

❶ 資本準備金

資本準備金とは，資本取引によって生じた払込資本の中から計上される法定準備金のことである。

資本準備金が増加するのは，①株式の発行において，払込額のうち，その2分の1までの金額を資本金としなかった場合，②その他資本剰余金の配当に伴い，会社法が定める一定額を計上する場合，③資本金またはその他資本剰余金の額を減少させ，それを資本準備金に振り替える場合などである。

一方，資本準備金の額は，一定の手続により，減少させることができる。この場合，準備金の資本組入れとして，減少する資本準備金の額を資本金に組み入れることもできる。

❷ その他資本剰余金

その他資本剰余金とは，資本準備金以外の資本剰余金のことである。

その他資本剰余金が増加するのは，①自己株式処分差益（正の自己株式処分差額）が生ずる場合，②資本金または資本準備金の額を減少させ，その他資本剰余金に振り替える場合などである。

一方，その他資本剰余金が減少するのは，①自己株式処分差損（負の自己

株式処分差額）が生ずる場合，②自己株式を消却した場合，③剰余金の配当として，その他資本剰余金を配当した場合，④その他資本剰余金の配当に伴い，その他資本剰余金から資本準備金を計上する場合，⑤剰余金の資本組入れとして，その他資本剰余金の額を減少させ，資本金に組み入れる場合，⑥その他資本剰余金の額を減少させ，資本準備金に振り替える場合などである。

❸ その他資本剰余金の配当に伴う資本準備金の計上要件

　株式会社は，剰余金の配当として，その他資本剰余金を配当することができるが，その場合には，次の要領でその他資本剰余金から資本準備金を計上しなければならない。

① 　剰余金の配当日における準備金総額（資本準備金と利益準備金の合計額）が当該日における基準資本金額（資本金の４分の１の額）以上である場合は，資本準備金を計上する必要はない。

② 　剰余金の配当日において「準備金総額＜基準資本金額」の場合は，準備金計上限度額（準備金総額が基準資本金額を下回る額）とその他資本剰余金の配当額の10分の１の額のうち，いずれか少ないほうの額を資本準備金として計上しなければならない。

例題5-4

　次の各場合において，必要となる資本準備金の計上額を答えなさい。

(1) 　資本金10,000,000円，資本準備金1,800,000円，利益準備金700,000円のときに，その他資本剰余金の配当500,000円を行う場合

(2) 　資本金10,000,000円，資本準備金1,700,000円，利益準備金720,000円のときに，その他資本剰余金の配当500,000円を行う場合

(3) 　資本金10,000,000円，資本準備金1,650,000円，利益準備金820,000円のときに，その他資本剰余金の配当500,000円を行う場合

(1) 基準資本金額は2,500,000円，準備金総額は2,500,000円であり，「準備金総額
　　≧基準資本金額」であるので，資本準備金の計上は必要ない。

(2) 基準資本金額は2,500,000円，準備金総額は2,420,000円であり，「準備金総額
　　＜基準資本金額」である。また，準備金計上限度額は80,000円，その他資本
　　剰余金の配当額の10分の1は50,000円であるので，少ないほうの50,000円が
　　資本準備金の計上額となる。

(3) 基準資本金額は2,500,000円，準備金総額は2,470,000円であり，「準備金総額
　　＜基準資本金額」である。また，準備金計上限度額は30,000円，その他資本
　　剰余金の配当額の10分の1は50,000円であるので，少ないほうの30,000円が
　　資本準備金の計上額となる。

［解　答］……………………………………………………………………………………

(1)　0円　　(2)　50,000円　　(3)　30,000円

4 利益剰余金

利益剰余金は，損益取引から生じた剰余金である。利益剰余金は，利益準
備金とその他利益剰余金に区分される。

❶ 利益準備金

利益準備金とは，損益取引によって生じた稼得資本の中から計上される法
定準備金のことである。

利益準備金が増加するのは，①その他利益剰余金（繰越利益剰余金）の配
当に伴い，会社法が定める一定額を計上する場合，②その他利益剰余金の額
を減少させ，利益準備金に振り替える場合などである。

一方，利益準備金の額は，一定の手続により，減少させることができる。こ
の場合，準備金の資本組入れとして，減少する利益準備金の額を資本金に組
み入れることもできる。

❷ その他利益剰余金

その他利益剰余金とは，利益準備金以外の利益剰余金のことであり，任意積立金および繰越利益剰余金の2つの項目から構成される。

① 任意積立金

任意積立金とは，稼得資本のうち，会社の任意で（すなわち，意思決定機関としての株主総会などの決議に基づいて）積立金として計上されたもののことである。任意積立金には，特定の目的のために計上されたもの（目的のある任意積立金）と目的を特定しないで計上されたもの（目的のない任意積立金）がある。

② 繰越利益剰余金

繰越利益剰余金とは，稼得資本のうち，未処分のまま繰り越している金額のことである。なお，繰越利益剰余金が負の残高（借方残高）の場合には，未処理のまま繰り越している損失の金額を表している。

繰越利益剰余金が増加するのは，①当期純利益が生じた場合，②利益準備金の額を減少させて，繰越利益剰余金に振り替える場合，③任意積立金を減少させて，繰越利益剰余金に戻し入れる場合などである。

一方，繰越利益剰余金が減少するのは，①当期純損失が生じた場合，②自己株式処分差損（負の自己株式処分差額）または自己株式の消却額で，その他資本剰余金から減額しきれない場合，③剰余金の配当として，その他利益剰余金（繰越利益剰余金）を配当した場合，④その他利益剰余金の配当に伴い，繰越利益剰余金から利益準備金を計上する場合，⑤剰余金の資本組入れとして，繰越利益剰余金の額を減少させ，資本金に組み入れる場合，⑥繰越利益剰余金の額を減少させ，利益準備金に振り替える場合，⑦繰越利益剰余金の額を減少させ，任意積立金を計上する場合などである。

❸ その他利益剰余金の配当に伴う利益準備金の計上要件

剰余金の配当として，その他利益剰余金（繰越利益剰余金）を配当したときは，次の要領でその他利益剰余金（繰越利益剰余金）から利益準備金を計上しなければならない。

① 剰余金の配当日において「準備金総額≧基準資本金額」の場合は，利

益準備金を計上する必要はない。

② 剰余金の配当日において「準備金の総額＜基準資本金額」の場合は，準備金計上限度額とその他利益剰余金の配当額の10分の1の額のうち，いずれか少ないほうの額を利益準備金として計上しなければならない。

例題 5 − 5

次の各場合において，必要となる利益準備金の計上額を答えなさい。

(1) 資本金20,000,000円，資本準備金3,950,000円，利益準備金1,100,000円のときに，その他利益剰余金の配当800,000円を行う場合

(2) 資本金20,000,000円，資本準備金4,100,000円，利益準備金840,000円のときに，その他利益剰余金の配当800,000円を行う場合

(3) 資本金20,000,000円，資本準備金4,150,000円，利益準備金750,000円のときに，その他利益剰余金の配当800,000円を行う場合

☺ 解答へのアプローチ

(1) 基準資本金額は5,000,000円，準備金総額は5,050,000円であり，「準備金総額≧基準資本金額」であるので，利益準備金の計上は必要ない。

(2) 基準資本金額は5,000,000円，準備金総額は4,940,000円であり，「準備金総額＜基準資本金額」である。また，準備金計上限度額は60,000円，その他利益剰余金の配当額の10分の1は80,000円であるので，少ないほうの60,000円が利益準備金の計上額となる。

(3) 基準資本金額は5,000,000円，準備金総額は4,900,000円であり，「準備金総額＜基準資本金額」である。また，準備金計上限度額は100,000円，その他利益剰余金の配当額の10分の1は80,000円であるので，少ないほうの80,000円が利益準備金の計上額となる。

［解 答］……………………………………………………………………………

(1) 0円　(2) 60,000円　(3) 80,000円

|基|本|問|題| 5－1|

次の取引について，仕訳を示しなさい。

株式会社Ａ社（資本金15,000,000円，資本準備金2,300,000円，その他資本剰余金450,000円，利益準備金1,350,000円，繰越利益剰余金850,000円）は，株主に対して総額800,000円の配当を行うことを決定した。なお，配当の内訳は，その他資本剰余金の配当200,000円，その他利益剰余金（繰越利益剰余金）の配当600,000円である。

➡ 解答は229ページ

5 自己株式

株式会社は，一定の場合に，自社の株式を取得することができるが，これを**自己株式**（または金庫株）という。自己株式の有償取得は，後述する分配可能額の範囲内で行わなければならない。

❶ 取得時の会計処理

自己株式は，取得原価で評価し，株主資本に対する控除項目として処理する。なお，自己株式の取得原価には，付随費用は含めない。

❷ 処分時の会計処理

自己株式処分差益が生じたときは，その他資本剰余金に計上し，自己株式処分差損が生じたときは，その他資本剰余金から減額する。

また，自己株式処分差損が生じたことにより，その他資本剰余金の残高が負の値（借方残高）となったときは，決算日に，その他資本剰余金の負の残高を繰越利益剰余金から減額し，その他資本剰余金の残高をゼロとする。

なお，自己株式の処分にあたって申込証拠金の払込みを受けたときは，**自己株式申込証拠金**として処理し，その後，自己株式の処分の対価に充当する処理を行う。

❸ 自己株式の消却

　自己株式を消却した場合は，消却手続が完了したときに，消却の対象とな
った自己株式の帳簿価額をその他資本剰余金から減額する。また，自己株式
の消却により，その他資本剰余金の残高が負の値（借方残高）となったとき
も，決算日に，その他資本剰余金の負の残高を繰越利益剰余金から減額し，
その他資本剰余金の残高をゼロとする。

❹ 付随費用の処理

　自己株式の取得，処分，消却に関する付随費用は，原則として，損益計算
書に営業外費用として計上する。

❺ 自己株式の表示

　決算日に保有する自己株式は，純資産の部における株主資本の区分の末尾
（利益剰余金の次）に，自己株式という科目で株主資本に対する控除項目とし
て記載する。また，決算日に申込期日経過後の自己株式申込証拠金がある場
合には，自己株式の次に記載する。

例題 5-6

次の一連の取引について，仕訳を示しなさい。

(1) 自社発行の株式2,000株を1株当たり300円の価額で取得し，買入手数料80,000円とともに，小切手を振り出して支払った。

(2) 上記の株式のうち1,500株を1株当たり350円の価額で処分し，代金は当座預金とした。

(3) 上記の株式の残り500株を1株当たり280円の価額で処分し，代金は当座預金とした。

😊**解答へのアプローチ**

(1) 自己株式の取得原価には，買入手数料などの付随費用は含めない。

(2) 帳簿価額（@300円）よりも高い価額（@350円）で処分しているので，自己株式処分差益が生じており，その他資本剰余金として計上する。

(3) 帳簿価額（@300円）よりも低い価額（@280円）で処分しているので，自己株式処分差損が生じており，その他資本剰余金から減額する。

[解　答]

(1) (借) 自 己 株 式 　　600,000 (貸) 当 座 預 金 　　680,000
　　　　支 払 手 数 料 　　80,000

(2) (借) 当 座 預 金 　　525,000 (貸) 自 己 株 式 　　450,000
　　　　　　　　　　　　　　　　　　その他資本剰余金 　　75,000

(3) (借) 当 座 預 金 　　140,000 (貸) 自 己 株 式 　　150,000
　　　その他資本剰余金 　　10,000

89

基本問題 5-2

次の一連の取引について，仕訳を示しなさい。

(1) 自社発行の株式4,000株を1株当たり200円の価額で取得し，買入手数料30,000円とともに，小切手を振り出して支払った。

(2) 上記の株式のうち3,000株を1株当たり190円の価額で処分し，代金は当座預金とした。

(3) 上記の株式の残り1,000株を消却した。

(4) 決算となり，必要な会計処理を行う。なお，その他資本剰余金の期首残高は160,000円であり，当期中に上記(2)および(3)の取引を除いて，その他資本剰余金に増減をもたらす取引は生じていない。

⇒ 解答は230ページ

6 剰余金の配当と分配可能額

❶ 剰余金の配当

　株式会社は，当該会社自身を除く株主に対して剰余金の配当を行うことができる。ただし，純資産額が300万円未満の株式会社は，剰余金の配当を行うことはできない。

　剰余金の配当における剰余金とは，その他資本剰余金とその他利益剰余金の合計額を意味している。したがって，剰余金の配当には，①その他資本剰余金の配当と②その他利益剰余金（繰越利益剰余金）の配当がある。その他資本剰余金の配当は，株主に対する払込資本の払戻しを表す配当であるのに対して，その他利益剰余金（繰越利益剰余金）の配当は，株主に対する稼得資本（留保利益）の分配（すなわち，利益配当）を表している。

　なお，剰余金の配当は金銭の支払いによって行うのが通常であるが，金銭以外の財産を配当財産とすること（現物配当）も認められる。

❷ 分配可能額

　剰余金の配当は，自己株式の有償取得とともに，それが行われる日（効力が生ずる日）における分配可能額の範囲内でのみ行うことができる。

分配可能額は，その時点における剰余金の額（その他資本剰余金とその他利益剰余金の合計額）から一定額を減算（あるいはそこに一定額を加算）することにより計算される。

分配可能額は，最も基本的で単純なケースでは，次のように計算される。

> 分配可能額＝ 配当日における剰余金の額
> 　　　　　　－配当日における自己株式の帳簿価額
> 　　　　　　－直前の決算日後に自己株式を処分したときは，
> 　　　　　　　その自己株式の処分価額
> 　　　　　　－直前の決算日において，のれん等調整額が資本等金額を
> 　　　　　　　上回っている場合の一定額
> 　　　　　　－直前の決算日におけるその他有価証券評価差額金の負の
> 　　　　　　　残高(借方残高)
> 　　　　　　－直前の決算日における土地再評価差額金の負の残高
> 　　　　　　　（借方残高）

分配可能額の計算にあたっては，上記のほか，臨時計算書類を作成している場合の加減額，連結配当規制適用会社であるときの減算額，純資産額が300万円未満のときは剰余金の配当は禁止されるという規定に抵触しないための減算額などが定められている。

応用 word

★のれん等調整額と資本等金額：分配可能額の計算において，のれん等調整額とは，資産の部に計上したのれんの額の２分の１と繰延資産の額の合計額のことである。また，資本等金額とは，資本金と準備金（資本準備金と利益準備金）の合計額のことである。直前の決算日において「のれん等調整額＞資本等金額」の場合，直前の決算日におけるその他資本剰余金の額を考慮に入れ，分配可能額の計算にあたって，次の額を減算しなければならない。

① 「のれん等調整額≦（資本等金額＋その他資本剰余金の額）」のとき
　　のれん等調整額が資本等金額を上回る超過額が減算額となる。

② 「のれん等調整額＞（資本等金額＋その他資本剰余金の額）」のとき
　　(a) 「のれんの額の２分の１≦（資本等金額＋その他資本剰余金の額）」の
　　　　場合には，のれん等調整額が資本等金額を上回る超過額が減算額となる。

(b) 「のれんの額の２分の１＞（資本等金額＋その他資本剰余金の額）」の場合には，その他資本剰余金の額と繰延資産の額の合計額が減算額となる。

例題５－７

東京商事株式会社の決算日における純資産総額は10,880,000円であり，その内訳は次のとおりであった。決算日時点の分配可能額を計算しなさい。

資本金10,000,000円　資本準備金60,000円　その他資本剰余金150,000円

利益準備金 80,000円　任意積立金340,000円　繰越利益剰余金280,000円

自己株式 △30,000円

😊解答へのアプローチ

本問では，その他資本剰余金とその他利益剰余金（任意積立金と繰越利益剰余金）の合計額から自己株式の帳簿価額を控除した額が分配可能額となる。

［解　答］‥‥‥‥‥‥‥‥‥‥‥‥‥‥‥‥‥‥‥‥‥‥‥‥‥‥‥‥‥‥‥‥‥‥‥

740,000円 ＝ 150,000円 ＋（340,000円 ＋ 280,000円）－ 30,000円

基本問題 ５－３

次の資料により，下記の問いに答えなさい。

株式会社Ａ社の決算日における純資産総額は11,200,000円であり，その内訳は次のとおりであった。なお，Ａ社は，のれん20,000,000円と繰延資産300,000円を資産計上している。

資本金 10,000,000円　資本準備金 80,000円　その他資本剰余金210,000円

利益準備金60,000円　任意積立金580,000円　繰越利益剰余金340,000円

自己株式△70,000円

問１　(1)のれん等調整額と(2)資本等金額を計算しなさい。

問２　分配可能額の計算にあたって控除すべき，のれん等調整額にかかわる減算額を計算しなさい。

問３　決算日時点の分配可能額を計算しなさい。

➡ 解答は230ページ

7 評価・換算差額等

評価・換算差額等とは，資産や負債を時価評価（または換算）することによって生ずる評価差額（または換算差額）などで，まだ稼得されてはいないという理由で，損益計算書における純損益の計算には算入されず，貸借対照表の純資産の部に直接計上される項目のことである。

評価・換算差額等に該当する項目には，①その他有価証券評価差額金，②繰延ヘッジ損益，③土地再評価差額金がある。これらについては，それぞれの科目をもって，税効果会計を適用した後の金額で，貸借対照表の純資産の部に記載される。

8 新株予約権

❶ 新株予約権の意義

新株予約権とは，株式会社に対して行使することにより，当該会社の株式の交付（新株の発行または自己株式の処分による株式の交付）を受けることができる権利のことである。

なお，新株予約権は，単独で発行するだけでなく，社債に付して発行することもできる。新株予約権を付した社債を**新株予約権付社債**という。新株予約権付社債には転換社債型とそれ以外のタイプがあり，転換社債型の新株予約権付社債は一括法または区分法によって，また，それ以外の新株予約権付社債は区分法によって処理する。新株予約権付社債の会計処理の詳細については，下巻の第1章「金融商品会計」を参照。

❷ 新株予約権の会計処理
① 新株予約権の発行または付与

新株予約権を発行したときは，その発行に伴う払込金額によって新株予約権を計上する。また，新株予約権をストック・オプションとして付与したときは，ストック・オプションの付与日（割当日）から権利確定日までの期間（対象勤務期間）にわたって，付与日におけるストック・オプションの公正な

評価額に基づき，新株予約権を相手科目として，ストック・オプションにかかわる費用（株式報酬費用）が計上される。

 word

★**ストック・オプション**：従業員等に対して報酬として付与される新株予約権のこと。新株予約権をストック・オプションとして付与する場合には，その権利の確定につき条件（権利確定条件）が付されている場合が多い。ストック・オプションに付される権利確定条件には，従業員等の一定期間の勤務や業務執行に基づく条件（勤務条件）や株価などの一定の業績の達成または不達成に基づく条件（業績条件）がある。

② 新株予約権の行使

新株予約権が行使され，新株が発行されたときは，権利行使された新株予約権の帳簿価額と権利行使に伴う払込金額の合計額を新株発行に際して当該会社に払い込まれた金銭の額として，それを資本金に振り替える処理を行う。

ただし，新株発行に際して会社に払い込まれた金銭の額（権利行使された新株予約権の帳簿価額と権利行使に伴う払込金額の合計額）の2分の1の金額までは資本金とせず，資本準備金とすることも認められる。

また，新株予約権が行使され，自己株式の処分を行うときは，権利行使された新株予約権の帳簿価額と権利行使に伴う払込金額の合計額を自己株式の処分価額として，自己株式の処分の会計処理を行う。

③ 新株予約権の失効

権利が行使されず，新株予約権が失効したときは，その帳簿価額を新株予約権戻入益として，特別利益を表す新株予約権戻入益勘定に振り替える処理を行う。

例題5−8

次の一連の取引について，仕訳を示しなさい。

(1) 新株予約権を発行し，払込金1,500,000円は当座預金とした。

(2) 上記の新株予約権のうち帳簿価額1,000,000円について権利が行使されたので，新株を発行して割当てを行った。また，権利行使に伴う払込金

2,500,000円については当座預金とした。なお，会社法が認める最低額を資本金とする。

(3) 残りの新株予約権（帳簿価額500,000円）については権利が行使されず，失効したので，適切な会計処理を行う。

😊 解答へのアプローチ

(2) 会社法では，新株発行に際して会社に払い込まれた金銭の額（権利行使された新株予約権の帳簿価額と権利行使に伴う払込金額の合計額）の2分の1の金額までは資本金とせず，資本準備金とすることを認めている。

(3) 権利行使されず，失効した新株予約権については，その帳簿価額を新株予約権戻入益として処理する。

[解　答]……………………………………………………………………………

(1) (借)当　座　預　金	1,500,000	(貸)新 株 予 約 権	1,500,000
(2) (借)新 株 予 約 権	1,000,000	(貸)資　　本　　金	1,750,000
当　座　預　金	2,500,000	資 本 準 備 金	1,750,000
(3) (借)新 株 予 約 権	500,000	(貸)新株予約権戻入益	500,000

基本問題 5−4

　次の一連の取引について，仕訳を示しなさい。なお，会計期間は1年，決算日は3月31日である。

(1) X1年6月25日，株主総会を開催し，従業員5名に対して，1人当たり100個，合計500個のストック・オプションを付与することを決定した。ストック・オプションの行使により与えられる株式の数は合計500株である。なお，付与日はX1年7月1日，権利確定日はX2年6月30日，権利行使期間はX2年7月1日〜X3年6月30日，行使価格は1個当たり14,000円である。また，付与日におけるストック・オプションの公正な評価額は，1個当たり2,000円である。

(2) X2年3月31日，決算にあたり，ストック・オプションにかかわる当期の費用を計上する。

(3) X2年6月30日，権利確定日となり，従業員5名に対して付与された

ストック・オプションの権利が確定したので，ストック・オプション
にかかわる当期の費用を計上する。

(4) X3年3月1日，従業員2名が権利を行使したので，新株200株を発
行し，権利行使に伴う払込金は当座預金とした。なお，会社法が認め
る最低額を資本金とする。

(5) X3年5月1日，従業員2名が権利を行使したので，自己株式200株
（帳簿価額は1株当たり13,000円）を処分し，権利行使に伴う払込金は
当座預金とした。

(6) X3年6月30日，権利行使期間の満了日となり，従業員1名について
は権利が行使されず，失効したので，適切な会計処理を行う。

❸ 新株予約権の表示

権利の行使が行われておらず，また失効もしていない新株予約権が決算日
にある場合には，貸借対照表の純資産の部の末尾に新株予約権の区分を設け
て，その帳簿価額が記載される。

応用 word

★**株式引受権：** 上場会社が会社法の規定に従って取締役や執行役の報酬等と
して自社の株式を無償で交付する取引を行った場合，株式引受権という純資
産項目を計上することがある。すなわち，取締役や執行役の報酬等として株
式を無償交付する取引には事前交付型と事後交付型の2つのタイプがある
が，このうち事後交付型の取引に関する契約を締結した場合，株式の交付
（新株の発行または自己株式の処分）が行われるまでの間，企業が取締役等
から取得するサービスを費用に計上するとともに，それに対応する金額を株
式引受権として貸方に計上する会計処理が行われる。株式引受権は，貸借対
照表の純資産の部に，株主資本以外の純資産項目として表示される（図表5
−1を参照）。

9 株主資本等変動計算書

❶ 株主資本等変動計算書の意義

株主資本等変動計算書とは，貸借対照表の純資産の部の一会計期間における変動額を明らかにするための財務諸表であり，その力点は，主として，株主に帰属する部分である株主資本の各項目の変動事由を報告することにある。

❷ 株主資本等変動計算書の表示区分

株主資本等変動計算書では，貸借対照表の純資産の部の表示区分に従い，純資産を構成する各項目の変動額が表示される。

第 6 章

損益会計

学習のポイント

1. 収益および費用の意義について学習する。

2. 純利益と包括利益の意義および計算方法について学習する。

3. わが国の会計基準で採用されている収益および費用の認識基準に関する3つの基本原則（発生主義の原則，実現主義の原則，費用収益対応の原則）について学習する。

4. わが国の会計基準で採用されている損益計算書の表示基準に関する3つの基本原則（包括主義の原則，総額主義の原則，費用収益対応の原則）について学習する。

5. 個別財務諸表における損益計算書の区分表示について学習する。

1 はじめに

　企業の経営活動は，典型的には，次のようにして行われる。まず，株主や債権者から調達した資金を用いて設備，原材料，労働といったさまざまな財やサービスを購入する。そして，それらの財やサービスを消費して，より大きな価値をもつ新たな財やサービスを生産する。最後に，それらの財やサービスを企業外部の顧客に提供し，その対価として貨幣性資産を獲得する。

　このような企業の一連の経営活動の投入要素として消費された財やサービスの測定値が費用であり，新たに生産された財やサービスの測定値が収益である。そして，一会計期間に認識された収益の合計と費用の合計の差額として計算される，企業の経営活動の正味の成果の測定値が利益である。

　現代の企業会計では，収益，費用および利益の状況を記載した**損益計算書**

を財務諸表の1つとして作成し，これにより一会計期間における企業の経営成績を外部の利害関係者に報告している。本章のテーマである**損益会計**の課題は，収益および費用をどのようなタイミングで認識し，それらを損益計算書等でどのように表示するかである。

2 収益と費用

本節では，収益および費用の意義について学習する。なお，収益と費用をあわせて**損益**と呼ぶこともある。

❶ 収　益

収益とは，特定期間における純資産の増加を生じさせる資産の増加または負債の減少（資本取引によるものを除く）をいう。**資本取引**とは，当該企業の純資産に対する持分所有者との直接的な取引をいう。当該企業の純資産に対する持分所有者には，当該企業の株主のほか当該企業の発行する新株予約権の所有者が含まれる（連結財務諸表においては，さらに当該企業の子会社の非支配株主も含まれる）。新株の発行や自己株式の処分は株主との直接的な取引（資本取引）であるから，これらによる資産の増加や負債の減少は収益に該当しない。

収益はしばしば企業の経営活動の成果を表す会計数値として解釈されるが，企業の経常的な経営活動とは無関係に臨時的に発生したものであっても，上記の定義に該当する限り，それは収益である。なお，このような臨時的に発生した収益を特に**利得**と呼ぶこともある。

❷ 費　用

費用とは，特定期間における純資産の減少を生じさせる資産の減少または負債の増加（資本取引によるものを除く）をいう。剰余金の配当や自己株式の取得は株主との直接的な取引（資本取引）であるから，これらによる資産の減少や負債の増加は費用に該当しない。

費用はしばしば企業の経営活動に費やされた努力を表す会計数値として解

釈されるが，企業の経常的な経営活動とは無関係に臨時的に発生したもので
あっても，上記の定義に該当する限り，それは費用である。なお，このよう
な臨時的に発生した費用を特に**損失**と呼ぶこともある。

3 純利益と包括利益

利益とは，企業の経営活動の正味の成果の測定値であり，財務報告によっ
て提供される会計情報のうち最も重要なものの1つである。本節では，現代
の財務会計で利用される代表的な利益概念である純利益と包括利益の意義お
よび計算方法について学習する。

❶ 純利益の意義および計算方法

純利益とは，特定期間の期末までに生じた純資産の変動額（資本取引によ
る部分を除く）のうち，その期間中に投資のリスクから解放された部分をい
う。わが国の会計基準では，純利益は，個別財務諸表と連結財務諸表のいず
れにおいても，損益計算書等に当期純利益または当期利益という名称で表示
されている。

純利益は，損益計算書等において，特定期間に計上された収益の合計から
費用の合計を控除した差額として計算される。ただし，この場合の収益およ
び費用は，投資のリスクからの解放に基づいて認識されたものによる。

純利益＝収益合計－費用合計

応用 word

★**投資のリスクからの解放**：わが国のASBJの討議資料では，収益および費
用の認識基準に関する基本原則として，**投資のリスクからの解放**の考え方が
示されている。投資のリスクから解放されるというのは，投資にあたって期
待された成果が事実として確定することをいうとされる。
この考え方によれば，企業が行う資産への投資は，その性質に応じて，事

業投資と金融投資のいずれかに分類される。そして，これらの投資の成果は，投資のリスクから解放されたときに，収益や費用として認識され，純利益に計上されることとなる。まず，**事業投資**については，事業のリスクに拘束されない独立の資産を獲得したとみなすことができるときに，投資のリスクから解放される。他方で，事業の目的に拘束されず，保有資産の値上がりを期待した**金融投資**に生じる価値の変動は，そのまま期待に見合う事実として，リスクから解放された成果に該当する。

　この考え方は，伝統的な実現主義の原則では説明できなかった，わが国の会計基準における有価証券の時価評価損益の会計処理を説明するために利用されている。この考え方によれば，金融投資に分類される売買目的有価証券の時価評価損益は，発生時に投資のリスクから解放されたとみなし，純利益に計上すべきこととなる。また，事業投資に分類されるその他有価証券の時価評価損益（その他有価証券評価差額金）は，発生時には投資のリスクから解放されたとはみなされず，その他の包括利益に計上し，その後の当該有価証券の売却時に投資のリスクから解放されたとみなして純利益に組替調整すべきこととなる。

❷ 包括利益の意義および計算方法

　包括利益とは，特定期間における純資産の変動額（資本取引による部分を除く）をいう。近年，わが国の会計基準では連結財務諸表における包括利益の表示が導入されたが，個別財務諸表における導入は当面の間見送ることとされている。

　包括利益は，包括利益計算書等において，純利益にその他の包括利益の内訳項目を加減した額として計算される。

> 包括利益＝純利益±その他の包括利益

　その他の包括利益とは，包括利益のうち当期純利益に含まれない部分をいう。その他の包括利益の内訳項目には，その他有価証券評価差額金，繰延ヘッジ損益，為替換算調整勘定，退職給付に係る調整額等がある。

❸ その他の包括利益の内訳項目の分解

　その他の包括利益の各内訳項目は，さらに当期発生額と組替調整額に分解することができ，これらの明細は注記で開示される。

　その他の包括利益の当期発生額とは，当期に包括利益に計上された収益や費用のうち，その計上時点では投資のリスクから解放されておらず，当期純利益に含められなかった部分をいう。

　その他の包括利益の組替調整額とは，当期または過去の期間にその他の包括利益に計上された収益や費用のうち，当期中に投資のリスクから解放され，当期純利益に含められた部分をいう。なお，その他の包括利益を組替調整する会計処理は，過去にその他の包括利益に一度計上された収益や費用を，純利益に再度計上することになることから，**リサイクル**または**リサイクリング**ともいう。

例題6－1

　次の資料に基づき，当期の(1)純利益および(2)包括利益の額を計算しなさい。なお，税効果は考慮しないこととする。

[資料]

　　① 収益合計　60,000千円

　　② 費用合計　52,000千円

　　③ その他有価証券評価差額金の当期発生額（評価差益）　5,000千円

　　④ 投資有価証券（その他有価証券）の売却益　3,000千円

　😊**解答へのアプローチ**

　最初に収益合計から費用合計を控除することにより純利益を計算してから，純利益と包括利益の関係に基づき，包括利益を計算する。なお，④投資有価証券（その他有価証券）の売却益は，当期の純利益へのリサイクルに伴い，包括利益の計算上は，その他の包括利益の組替調整額として控除される。

[解　答]……………………………………………………………………………………

　(1)　純利益　　8,000千円＝①60,000千円－②52,000千円

　(2)　包括利益　10,000千円＝純利益8,000千円＋③5,000千円－④3,000千円

---

4 収益および費用の認識基準に関する基本原則

　収益および費用の認識基準とは，収益および費用を財務諸表（通常は損益計算書）に計上するために，それらを会計帳簿に記録する時点を決定するための基準である。本節では，わが国の会計基準で採用されている収益および費用の認識基準に関する3つの基本原則（発生主義の原則，実現主義の原則，費用収益対応の原則）について学習する。

❶ 発生主義の原則

　発生主義とは，費用や収益はその発生の事実に基づいて認識しなければならないとする考え方をいう。

① 費用の認識に対する適用

　企業が自ら保有する財や他者から提供されたサービスを消費すると，資産の減少や負債の増加が生じ，それに伴って費用が発生する。したがって，発生主義では，通常，企業が財やサービスを消費した時に費用を認識することになる。支払利息や支払家賃などの継続的役務提供契約による費用の認識や，固定資産の減価償却費の計上は，費用に対する発生主義の適用例である。

　また，企業が財やサービスを消費しなくても，企業外部の環境要因によって資産の減少や負債の増加が生じ，それに伴って費用が発生する場合がある。たとえば，資産の市場価格の下落，経営環境の悪化による資産の収益性の低下，災害や事故による資産の減失などによっても費用は発生する。このような場合にも，発生主義では費用を認識することになる。有価証券の評価損，固定資産の減損損失や災害損失の計上は，費用に対する発生主義の適用例である。

② 収益の認識に対する適用

　企業が自ら保有する財や他者から提供されたサービスを消費すると，その結果として，より大きな価値をもつ新たな財やサービスが創出され，資産の増加が生じ，それに伴って収益が発生する。したがって，発生主義では，通常，企業が財やサービスを消費したときに収益を認識することになる。受取利息や受取家賃などの継続的役務提供契約による収益の認識は，収益に対す

る発生主義の適用例である。

　また，企業が財やサービスを消費しなくても，企業外部の環境要因によって資産の増加や負債の減少が生じ，それに伴って収益が発生する場合がある。例えば，資産の市場価格の上昇，経営環境の改善による資産の収益性の向上，債権者からの債務の免除などによっても収益は発生する。このような場合にも，発生主義では収益を認識することになる。有価証券の評価益や債務免除益の計上は，収益に対する発生主義の適用例である。

❷ 実現主義の原則

　実現主義とは，収益はその実現の事実に基づいて認識しなければならないとする考え方をいう。ここで，**実現**とは，次の2つの要件を満たすことをいう。

　① 　財やサービスの提供
　② 　対価としての貨幣性資産の受領

　①の要件は，企業が自ら保有する財やサービスを企業外部の他者に提供しなければならないことを意味する。実現主義では，この要件により，本店，支店，事業部等の企業内部における独立した会計単位相互間の内部取引から生ずる**内部利益**（連結財務諸表では，連結会社間の未実現利益を含む）や資産の時価評価益などの経営者の主観的な見積りのみに基づく利益の計上は排除される。

　②の要件は，財やサービスの提供の対価として受け取る資産は貨幣性資産でなければならないことを意味する。ここで，**貨幣性資産**とは，現金，預金，売掛金や受取手形などの換金性の高い資産をいう。実現主義では，この要件により，資金的な裏付けのない利益の計上を排除し，分配可能利益の算定を適切に行うことができる。

　なお，資産の時価評価益の計上を禁止する実現主義は，資産の評価基準としての**取得原価主義**と表裏一体の関係にあるといわれてきた。ただし，最近は，資産の時価評価損益を純資産の部に直入したり，その他の包括利益に計上する実務が浸透し，両者の関係は薄れつつある。

★現金主義：収益や費用は現金の収入や支出の事実に基づいて認識しなければならないとする考え方をいう。現金の収入時に収益を計上し，現金の支出時に費用を計上する。

現金主義には，未実現利益の計上を排除することができるという長所があるが，商品等の売上収益を販売時ではなく代金回収時に計上することになることや，固定資産の購入時にその支出額を全額費用計上することになることから，適正な期間損益計算の観点からは明らかに不合理である。そのため，信用取引が発達し，企業が多額の固定資産を保有するようになった現代の企業会計では，現金主義はほとんど採用されず，発生主義や実現主義に取って代わられている。

★権利・義務確定主義（半発生主義）：収益や費用は，現金の収入や支出の事実に加えて，将来現金を受け取ることのできる債権（売掛金，受取手形，未収金など）や将来現金を支払わなければならない債務（買掛金，支払手形，未払金など）の発生の事実に基づいて認識しなければならないとする考え方をいう。

現金主義から発生主義に移行するまでの過渡期に採用されていた考え方であり，適正な期間損益計算の観点からは，商品等の売上収益を販売時に計上する点で改善が見られるが，固定資産の購入時にその購入額を全額費用計上するなどの問題がある。

★実現可能：ある資産が既知の金額の貨幣性資産に容易に転換できるようになった時点で，当該資産に係る価値の増加を収益として認識すべきとする考え方をいう。この考え方では，活発な市場において取引されている資産については，通常，その保有目的等にかかわらず，時価評価益を収益として認識することになる。

6 損益会計

例題6−2

保守主義の原則と収益および費用の認識基準の関係に関する以下の文章のカッコ内に当てはまる語句を語群から選びなさい。

保守主義の原則とは，「企業の財政に不利な影響を及ぼす可能性がある場合には，これに備えて適当に健全な会計処理をしなければならない。」とする考え方をいう。会計上の利益は，法人税等の課税標準となる（　①　）や，剰余金の配当等に関する（　②　）の計算の基礎となるため，会計上の利益を過大

計上してしまうと会社財産の過度な流出をもたらし，企業の財政に不利な影響を及ぼす可能性がある。そこで，保守主義の原則は，会計上の利益を控え目に計上することになるような健全な会計処理を適当に行うことを要請している。

この保守主義の原則に基づき，会計上の利益を控え目に計上するためには，利益に加算される収益は（　③　）に計上すべきこととなるのに対して，利益から控除される費用は逆に（　④　）に計上すべきこととなる。そのため，わが国の会計基準では，収益の認識基準に関する基本原則としては，未実現利益の計上を排除する（　⑤　）の原則が採用されている一方で，費用の認識基準に関する基本原則としては，未実現であっても発生時に即時認識を要求する（　⑥　）の原則が採用されている。

【語群】

課税所得，準備金，分配可能額，積極的，消極的，慎重，発生主義，実現主義，費用収益対応

［解　答］⋯⋯⋯⋯⋯⋯⋯⋯⋯⋯⋯⋯⋯⋯⋯⋯⋯⋯⋯⋯⋯⋯⋯⋯⋯⋯⋯⋯⋯⋯⋯
①課税所得　②分配可能額　③慎重　④積極的　⑤実現主義　⑥発生主義

基本問題 6-1

「実現（実現主義の原則）」，「実現可能」および「投資のリスクからの解放」のそれぞれの考え方によった場合について，「売買目的有価証券」および「その他有価証券（上場しているもの）」の時価評価益がその発生時に収益の認識基準を満たしているか検討し，満たしていると考えられるものについては，下記の表の該当する欄に○印を記入せよ。

	売買目的有価証券の時価評価益	その他有価証券（上場しているもの）の時価評価益
実現(実現主義の原則)		
実現可能		
投資のリスクからの解放		

⇒ 解答は232ページ

106

★**顧客との取引による収益**：わが国では，企業会計原則の損益計算書原則に，「売上高は，実現主義の原則に従い，商品等の販売又は役務の給付によって実現したものに限る。」とされているものの，収益認識に関する包括的な会計基準はこれまで開発されていなかった。他方で，国際会計基準審議会（IASB）は，米国財務会計基準審議会（FASB）と共同して収益認識に関する包括的な会計基準の開発を行い，2014年5月にIFRS第15号「顧客との契約に基づく収益」を公表している。

　これらの状況を踏まえ，わが国においてもIFRS第15号を踏まえた収益認識に関する包括的な会計基準の開発が行われ，2018年3月に企業会計基準第29号「収益認識に関する会計基準」（以下，「新基準」）が公表された。新基準は，原則として，2021年4月1日以後開始する連結会計年度および事業年度の期首から適用されている。

　新基準の基本となる原則は，約束した財またはサービスの顧客への移転を当該財またはサービスと交換に企業が権利を得ると見込む対価の額で描写するように，収益を認識することである。なお，新基準の詳しい内容については，第7章および第8章で学習する。

❸ 費用収益対応の原則

　費用収益対応の原則には，収益および費用の認識基準に関する基本原則としてと，損益計算書の表示基準に関する基本原則としての2通りの意味がある。ここでは，前者の意味について説明する。

　費用収益対応の原則とは，適正な期間損益計算を行うために，対応関係にある収益と費用とは同一の会計期間に認識しなければならないという原則である。

① 対応関係の識別

　収益と費用の対応関係は，個別的対応（プロダクト的対応）と期間的対応（ピリオド的対応）という2通りの形態をとる。

　個別的対応（プロダクト的対応）とは，個々の財やサービスを媒介として識別される収益と費用の対応関係をいう。例えば，売上収益と売上原価との間には，個々の商製品を媒介とした個別的対応関係を見出すことができる。

　期間的対応（ピリオド的対応）とは，会計期間を媒介として識別される収

益と費用の対応関係をいう。例えば，同一の会計期間に認識された売上収益と販売費及び一般管理費との間には，その会計期間を媒介とした期間的対応関係を見出すことができる。

ただし，すべての収益や費用に他の費用や収益との間の対応関係があるとは限らず，また，何らかの対応関係があったとしても，それを個別的対応という形で明確に識別することは困難であることが多い。そのため，ほとんどの収益および費用は，それぞれ原則的な認識基準により認識され，便宜的に，同じ会計期間に認識された費用や収益との間で期間的に対応しているとみなされているのが実情である。

② **特殊な会計処理**

前述のとおり，原則として，収益は実現主義により認識し，費用は発生主義により認識されるため，対応関係にある収益と費用であっても，認識時期にずれが生じ，異なる会計期間に認識されてしまう場合がある（これを**収益と費用のミスマッチ**という）。そのため，一定の対応関係が識別でき，かつ，原則的な認識基準によって認識される会計期間が費用と収益とで異なる場合には，費用収益対応の原則に基づき，費用と収益の原則的な認識基準を修正する特殊な会計処理の適用が要求または許容されることがある。

例えば，繰延資産のように，当期に発生した費用を，将来実現すると見込まれる収益と対応関係にあることを根拠として，次期以降の収益と対応させるために資産として繰り延べることが認められる場合がある。また，引当金の繰入額のように，現時点ではいまだ発生していない将来の費用を，当期に実現した収益と対応関係にあることを根拠として，当期の費用として繰上計上することが要求される場合もある。

ただし，このような特殊な会計処理に伴って計上される繰延資産の大部分や引当金の一部（修繕引当金など）は，資産や負債の定義を満たさないため，企業の財政状態の適正な表示を妨げるという問題がある。

5 損益計算書の表示基準に関する基本原則

本節では，わが国の会計基準で採用されている損益計算書の表示基準に関する3つの基本原則（包括主義の原則，総額主義の原則，費用収益対応の原則）について学習する。

❶ 包括主義の原則

損益計算書の末尾に表示すべき最終損益に対する考え方としては，当期業績主義と包括主義という2つの立場がある。わが国の会計基準では，このうち包括主義が採用されている。

① 当期業績主義

当期業績主義とは，企業の通常の活動から毎期反復的に生じる経常利益を損益計算書の最終損益とみなす立場をいう。この立場からは，臨時的に発生する特別利益や特別損失は，損益計算書には計上せず，貸借対照表の純資産の部の利益剰余金に直接振り替えるべきということになる。

② 包括主義

包括主義とは，一会計期間に発生したすべての収益および費用を含めて計算した当期純利益を損益計算書の最終損益とみなす立場をいう。この立場からは，臨時的に発生する特別利益や特別損失も当期純利益の一部として損益計算書に計上すべきということになる。ただし，わが国の会計基準では，その他有価証券評価差額金などの評価・換算差額等は収益や費用には含まれないとみなされているため，当期純利益には計上されない。

❷ 総額主義の原則

総額主義の原則とは，損益計算書においては，原則として，収益と費用は総額で表示しなければならないという原則である。したがって，売上高と売上原価や，受取利息と支払利息のように，関連する収益と費用同士であっても，それらを直接に相殺して純額のみを表示することは認められない。これは，収益と費用の純額のみを表示すると，取引の規模が明らかにならないからである。

ただし，営業外損益や特別損益に分類される収益と費用については，通常，純額での表示が要求される。例えば，有価証券や固定資産を売却した場合，その売却価額（収益）と売却原価（費用）を相殺した純額のみを売却損益として表示しなければならない。

❸ 費用収益対応の原則

前述のとおり，費用収益対応の原則には，収益および費用の認識基準に関する基本原則としてと，損益計算書の表示基準に関する基本原則としての2通りの意味がある。ここでは，後者の意味について説明する。

費用収益対応の原則とは，費用および収益は，その発生源泉に従って明瞭に分類し，各収益項目とそれに関連する費用項目とを損益計算書に対応表示しなければならないという原則である。この原則に従い，損益計算書には，営業損益計算，経常損益計算および純損益計算の区分が設けられ，各区分において関連する収益項目と費用項目が対応表示される。

6 損益計算書の区分表示

費用収益対応の原則に従い，損益計算書には，営業損益計算，経常損益計算および純損益計算の区分が設けられ，各区分において関連する収益項目と費用項目が対応表示される。また，各区分の小計または合計として，売上総利益，営業利益，経常利益，当期純利益といったさまざまな利益数値が段階的に表示される。

本節では，個別財務諸表における損益計算書の区分表示について学習する。なお，連結財務諸表における連結損益計算書等の区分表示については，『検定簿記講義1級商業簿記・会計学』下巻第9章「連結会計」で学習する。

自20X1年×月×日　至20X2年×月×日

Ⅰ	売上高		×××
Ⅱ	売上原価		
	商品（又は製品）期首棚卸高	×××	
	当期商品仕入高（又は当期製品製造原価）	×××	
	合計	×××	
	商品（又は製品）期末棚卸高	×××	×××
	売上総利益		×××
Ⅲ	販売費及び一般管理費		×××
	営業利益		×××
Ⅳ	営業外収益		×××
Ⅴ	営業外費用		×××
	経常利益		×××
Ⅵ	特別利益		×××
Ⅶ	特別損失		×××
	税引前当期純利益		×××
	法人税，住民税及び事業税	×××	
	法人税等調整額	×××	×××
	当期純利益		×××

❶ 営業損益計算

　営業損益計算の区分では，まず，売上高から売上原価を控除して売上総利益を計算し，さらに，これから販売費及び一般管理費を控除して，営業利益を計算する。

① 売上高

　売上高には，一会計期間中に商品等の販売または役務の給付によって実現した純売上高を表示する。

② 売上原価

　商業の場合には，売上原価は，売上高に対応する商品等の仕入原価であり，期首商品棚卸高に当期商品仕入高を加え，これから期末商品棚卸高を控除する形式で表示する。

　これに対して，製造工業の場合には，売上原価は，売上高に対応する製品等の製造原価であり，期首製品棚卸高に当期製品製造原価を加え，これから期末製品棚卸高を控除する形式で表示する。なお，製品等の製造原価は，適正な原価計算基準に従って算定しなければならない。また，原価差額の処理

方法としては，売上原価に賦課する方法と，棚卸資産の科目別に配賦する方法があるが，前者の場合には，売上原価の内訳科目として原価差額を記載する。

③ 売上総利益

商品等の販売を営業とする場合には，売上高から売上原価を控除して**売上総利益**を表示する。

売上総利益＝売上高－売上原価

④ 販売費及び一般管理費

会社の販売および一般管理業務に関して発生したすべての費用は，**販売費及び一般管理費**に属する。販売費及び一般管理費は，適当な科目に分類して営業損益計算の区分に記載し，これを売上原価や期末棚卸高に算入してはならない。

図表6－2 販売費及び一般管理費に属する項目の例

販売費及び一般管理費	給料手当，交際費，旅費交通費，通信費，水道光熱費，消耗品費，租税公課，減価償却費，修繕費，保険料，のれんの償却額，発送費，販売手数料，広告宣伝費，研究開発費

⑤ 営業利益

営業利益は，企業の主たる営業活動の成果を表す。営業利益は，売上総利益から販売費及び一般管理費を控除して表示する。

営業利益＝売上総利益－販売費及び一般管理費

❷ 経常損益計算

経常損益計算の区分では，営業利益に営業外収益を加え，これから営業外費用を控除して，経常利益を計算する。

① 営業外収益と営業外費用

営業外収益と**営業外費用**には，営業活動以外の原因から生じる収益と費用

であって，特別利益や特別損失に属しないものが含まれる。具体的には，営業外収益には，投資活動からの収益などが含まれ，営業外費用には，投資活動の失敗による損失や財務活動に関連する費用などが含まれる。

図表6−3 営業外収益および営業外費用に属する項目の例	
営業外収益	受取利息，有価証券利息，受取配当金，仕入割引，有価証券評価益，有価証券売却益，為替差益，雑収入
営業外費用	支払利息，社債利息，手形売却損，有価証券評価損，有価証券売却損，繰延資産償却，為替差損，雑損

② 経常利益

経常利益は，企業の営業活動のみならず，投資活動や財務活動も含めた，企業の通常の経営活動全体から毎期経常的に発生する利益を表す。経常利益は，営業利益に営業外収益を加え，これから営業外費用を控除して表示する。

経常利益＝営業利益＋営業外収益−営業外費用

❸ 純損益計算

純損益計算の区分では，まず，経常利益に特別利益を加え，これから特別損失を控除して，税引前当期純利益を計算し，さらに，これから法人税等合計を控除して当期純利益を計算する。

① 特別利益と特別損失

特別利益と**特別損失**には，臨時的に発生する収益と費用が属する。ただし，特別利益や特別損失に属する項目であっても，金額の僅少なものや毎期経常的に発生するものは，経常損益計算に含めることができる。

特 別 利 益	固定資産売却益，固定資産除却益，投資有価証券売却益，関係会社株式売却益，社債償還益，負ののれん発生益
特 別 損 失	固定資産売却損，固定資産除却損，投資有価証券評価損，投資有価証券売却損，関係会社株式評価損，関係会社株式売却損，減損損失，災害による損失，社債償還損

② 税引前当期純利益

税引前当期純利益は，法人税等合計を控除する前の当期純利益である。税引前当期純利益は，経常利益に特別利益を加え，これから特別損失を控除して表示する。

> 税引前当期純利益＝経常利益＋特別利益－特別損失

③ 法人税等合計

税効果会計適用後の法人税等の額である**法人税等合計**は，次の2つの項目に区分して，税引前当期純利益から控除する形式により表示する。

(1) **法人税，住民税及び事業税（法人税等）**：当該事業年度の法人税等の額を費用計上したもの

(2) **法人税等調整額**：税効果会計の適用により計上される法人税等の調整額

なお，税効果会計については第9章で学習する。

④ 当期純利益

当期純利益は，リスクから解放された投資の成果を表す。当期純利益は，税引前当期純利益から法人税等合計を控除して表示する。

> 当期純利益＝税引前当期純利益－法人税等合計

例題6−3

次の各項目の損益計算書における原則的な計上区分を語群から選びなさい。

① 繰延資産償却　　② 減損損失　　③ 研究開発費

④ 固定資産売却益　⑤ 支払利息　　⑥ 為替差益

【語群】

売上高，売上原価，販売費及び一般管理費，営業外収益，営業外費用，特別利益，特別損失

[解　答]⋯⋯⋯⋯⋯⋯⋯⋯⋯⋯⋯⋯⋯⋯⋯⋯⋯⋯⋯⋯⋯⋯⋯⋯⋯⋯⋯⋯⋯⋯⋯⋯

① 営業外費用　　② 特別損失　　③ 販売費及び一般管理費

④ 特別利益　　⑤ 営業外費用　　⑥ 営業外収益

第 **7** 章

収益認識①：基本概念

学習のポイント

1. 顧客への商品やサービス提供による収益計上については，収益認識に関する会計基準等に従い処理する。
2. 次の5つのステップにより収益を認識する。
   ① 顧客との契約を識別
   ② 契約における履行義務を識別
   ③ 取引価格を算定
   　取引価格は収益の測定額の基礎となるものであり，特に変動対価（割戻など対価が変動する可能性がある部分）や重要な金融要素が含まれる場合の調整に留意が必要である。
   ④ 契約における履行義務に取引価格を配分
   ⑤ 履行義務を充足した時に又は充足するにつれて収益を認識
   　一時点で充足される履行義務と一定の期間にわたり充足される履行義務に大別される。特に後者は進捗度に基づき収益を認識する。
3. 顧客から対価を得る権利にかかる資産は，「契約資産」と「顧客との契約から生じた債権」に区別される。また，履行義務を充足する前に対価を受け取った場合は「契約負債」に該当する。

1 収益認識の総論

❶ 収益認識会計基準の公表の経緯

　従来，日本の会計基準において収益認識を包括的に規定する基準は存在し

なかったが，2014年に国際会計基準審議会（IASB）より公表されたIFRS第15号「顧客との契約から生じる収益」を踏まえ，2018年に日本でも企業会計基準委員会（ASBJ）より基準が公表された。具体的には，企業会計基準第29号「収益認識に関する会計基準」（以下，「収益認識基準」または「基準」という）と具体的な指針を示した企業会計基準適用指針第30号「収益認識に関する会計基準の適用指針」（以下，「適用指針」という）（以下，合わせて「収益認識基準等」という）の2つが公表され，2021年4月1日以降に開始する事業年度より適用されている。

　本章では，この基準および適用指針の基本的な考え方を説明し，個別の取引の処理は次章で説明する。

❷ 基準等の適用対象

　収益認識基準等は，商製品の販売やサービスの提供により認識される収益の会計処理に適用される。すなわち，売上高など損益計算書のトップに記載される収益のほとんどすべてに適用される。

　より厳密には，収益認識基準等の適用対象は「顧客との契約から生じる収益に関する会計処理及び開示」（「基準」第3項）とされている。また，「顧客」とは「対価と交換に企業の通常の営業活動により生じたアウトプットである財又はサービスを得るために当該企業と契約した当事者」（「基準」第6項）とされている。商品の販売をこれらの基準の文言に当てはめてみると，商品は「企業の通常の営業活動により生じたアウトプットである財」に該当する。そして，商品の販売相手であるお客さんは，「対価と交換に」（対価を支払って）商品を得るために「当該企業と契約した当事者」，すなわち「顧客」に該当する。よって，商品販売から生じた収益は収益認識基準等の適用対象となる。

　ただし，金融商品に係る取引やリース取引等は収益認識基準等の適用対象外とされている（「基準」第3項(1)以降）。そのため，金融商品の売却損益やリース取引の貸手の取引から生じる収益は，たとえ企業が金融業等で営業活動から生じたものとして損益計算書のトップに記載していても，収益認識基準等は適用されない。また，固定資産の売却取引は「通常の営業活動」ではないことから，基準等の適用対象外となる（「基準」第108項）。

❸ 収益認識基準の考え方

収益認識基準では，基本となる原則として「約束した財又はサービスの顧客への移転を当該財又はサービスと交換に企業が権利を得ると見込む対価の額で描写するように，収益を認識すること」（「基準」第16項）を示している。また，収益の認識時点は「履行義務を充足した時に又は充足するにつれて」（「基準」第35項）行う。通常の商品販売ならば，顧客に対して商品を提供することが企業の履行義務となるため，今まで3・2級で学習してきたように商品の販売により履行義務を充足し，収益を認識する。

収益認識基準では基本となる原則に従って収益を認識するために次の5つのステップを適用し，それぞれ詳細な規定をおいている（「基準」第17項）。

① **顧客との契約を識別**

契約が本基準の適用対象となるかを識別

② **契約における履行義務を識別**

収益の認識単位を識別

③ **取引価格を算定**

収益として測定する金額の算定

④ **契約における履行義務に取引価格を配分**

履行義務ごとに③の取引価格を配分（特に契約に複数の履行義務が含まれている場合）

⑤ **履行義務を充足した時に又は充足するにつれて収益を認識**

履行義務ごとに④で配分された金額について収益認識時点を決定

なお，収益認識基準等の適用にあたっては，類似の取引でも企業の判断や細かな取引条件の違いにより会計処理等が異なることもある。本書で説明した内容が唯一正しいものとは限らず，試験では問題文の指示等にもよく注意を払う必要がある。

2 収益認識の5つのステップ

❶ 顧客との契約を識別

収益を認識する最初のステップとして，顧客との契約を識別する。**契約と**

は，「法的な強制力のある権利及び義務を生じさせる複数の当事者間における取決め」（「基準」第5項）である。「基準」では契約の要件が細かく定められているが，本書では要件の説明を省略する。

契約の識別において留意が必要なことは，書面に限らず，口頭や取引慣行等でも契約が成立することである（「基準」第20項）。企業と顧客との間で契約書や発注書・受注書のやり取りをした場合だけでなく，口約束や取引慣行でも法的な強制力をともなう取り決めならば，「基準」の契約に該当する。そのため，口頭や電話で注文を受けた場合も，商品等を引き渡す義務と対価を受け取る権利が生じるため契約に該当する。ほかにも，小売店の店頭での商品販売も，顧客が商品をレジへ持ってくることが購入の意思表示となり商品を引き渡す義務と対価を受け取る権利が生じ，ただちに受け渡しがされるものであり，契約に該当する。

❷ 契約における履行義務を識別

契約を識別した後は，契約に含まれる履行義務を識別する。収益認識基準では，履行義務ごとに義務を充足した時点で収益を認識する。そのため，たとえ契約は1つであっても，その中に複数の履行義務が含まれる場合には，それぞれ履行義務を充足した時点で別々に収益を認識する。

履行義務とは，顧客との契約において，次の①または②のいずれかを顧客に移転する約束をいう（「基準」第7項）。

①　別個の財又はサービス（あるいは別個の財又はサービスの束）

②　一連の別個の財又はサービス（特性が実質的に同じであり，顧客への移転パターンが同じである複数の財又はサービス）

このうち，①に関しては基本的に単独で顧客が便益を享受でき，かつ他の商品等を引き渡す約束と区別して識別できる場合に該当する（「基準」第34項）。

②の一連の別個の財又はサービスについては，例えば1年間にわたる建物の清掃サービスを提供する契約を行った場合が該当する。1年間の清掃サービスでは，最初の1日の清掃業務を終えただけで建物が綺麗になり，顧客は1日分の清掃サービスの便益を享受したといえる。ところが，1年を365日に分けて365個の履行義務があるものとするのは煩雑である。そこで，基本的に

119

どの日も提供されるサービスの特性（清掃）や顧客への移転パターン（清掃の完了）が実質的に同じであれば，一連の別個の財又はサービスについて分けて履行義務とするのではなく（1日分を1つの履行義務とせず），まとめて1つの履行義務（1年分を1つの履行義務）として識別する。一連の別個の財又はサービスは，すべての履行義務が完了した時（1年の清掃サービスが完了した時）ではなく，後で説明する一定の期間にわたり充足される履行義務に該当し，進捗度（例えば時の経過）に応じて収益を認識する。

❸ 取引価格を算定

取引価格は，収益として計上される金額の基礎となるものである。

 word

> ★**取引価格**：財又はサービスの顧客への移転と交換に企業が権利を得ると見込む対価の額（ただし，第三者のために回収する額を除く）（「基準」第8項）

商品を販売してすぐ対価を受け取るか，短期で受け取り，かつ金額が確定している単純な取引の場合は，受け取る対価がそのまま取引価格となる。ところが，顧客との間で受払いする対価が確定していない場合や，対価の受け取りまでの期間が長い場合などは，いくらで収益を計上するかが課題となる。収益認識基準では取引価格を算定する際に次の4つの影響を考慮するものと定めている（「基準」第48項）。そこで，この4つの影響と「第三者のために回収する額」についてこれから確認する。

① 変動対価
② 契約における重要な金融要素
③ 現金以外の対価
④ 顧客に支払われる対価

① 変動対価

変動対価とは，顧客と約束した対価のうち変動する可能性のある部分をいう（「基準」第50項）。これには，売上割戻（リベート）や返品権付きの販売など，最終的にいくらの対価を受け取るのか未確定なものが該当する。そし

て，変動対価がある場合には，これを見積もって取引価格としたうえで，収益を計上する。

　変動対価の見積りにあたっては，最も可能性の高い単一の金額である**最頻値**と，発生し得ると考える対価の額を確率で加重平均した**期待値**のうち，いずれかより適切に予測できる方法を用いる。

例題7－1

　顧客との商品売買契約にあたり，4月1日から6月30日の間に商品（@500円）を1,001個以上販売した場合には，この期間の代金の1割を後日顧客へリベートとして支払う取り決めがある。そして，6月30日までに1,001個以上販売する確率は95％と見込んでいる。

　4月中にこの顧客へ商品を400個販売し対価を現金で受け取った場合の収益の金額について，最頻値と期待値はそれぞれいくらになるか答えなさい。

😊**解答へのアプローチ**

　この例題では，最終的に1割リベートの条件を達成する場合と達成しない場合の2つのシナリオが考えられる。最頻値は達成（95％）を前提とした金額となり，期待値は達成（95％）と未達成（5％）の加重平均となる。

[解　答]……………………………………………………………………………

最頻値　180,000円　　期待値　181,000円

それぞれ次のとおり計算できる。

		最頻値		
最終的に1,001個以上販売		200,000円×0.9 ×95%……171,000円		
				+
最終的に1,000個以下販売		200,000円× 1 × 5%…… 10,000円		
				=
		確率をかけた合計……181,000円		
		期待値		

　最頻値または期待値で見積られた金額がそのまま収益計上額の基礎にはならないこともある。「基準」においては，不確実性が解消される際に，それまでに計上した収益の著しい減額が生じない可能性が高い部分に限り，取引価

121

格に含められるとされている（「基準」第54項）。

例題7－1ではリベートが1割と定められているため，200,000円に対して20,000円を超えるリベートが発生することはない。つまり，6月末を迎えてリベート条件の達成の有無が確定し不確実性が解消したときに，4月中の収益（最頻値の場合）180,000円を200,000円へ増額修正（リベート条件を未達成）することはあっても，180,000円からさらに減額修正されることはない。ところが，次の例題7－2のような場合は，最頻値（または期待値）で収益を計上してしまうと，後に減額修正が生じる可能性がある。

例題7－2

　顧客との商品売買契約にあたり，4月1日から6月30日の間に商品（@500円）を一定数量販売した場合には，次のとおり後日顧客へリベートを支払う取決めがある。当社が見積る3カ月間の販売数量の発生確率も次に示したとおりである。

　　　0個～1,000個　　リベートなし　…18%
　　　1,001個～2,000個　1割リベート　…55%
　　　2,001個～3,000個　2割リベート　…25%
　　　3,001個以上　　　　3割リベート　…2%

　4月中にこの顧客へ商品を400個販売し対価を現金で受け取った場合に，4月の売上高（取引価格）はいくらになるか答えなさい。なお，当社では変動対価の見積りに期待値を採用しており，いったん計上した収益について概ね10%以上の減額を著しい減額と判断している。

😊**解答へのアプローチ**

　いったん，期待値で変動対価を見積ったうえで，そこから10%以上の減額が生じる可能性が高くないかを判断する。

[解　答]……………………………………………………………………………………
160,000円
　本問において，期待値は次のとおり計算される。

0 個〜1,000個	200,000円 × 1 × 18%＝36,000円
1,001個〜2,000個	200,000円 × 0.9 × 55%＝99,000円
2,001個〜3,000個	200,000円 × 0.8 × 25%＝40,000円
3,001個以上	200,000円 × 0.7 × 2 %＝ 2,800円
合計（期待値）	177,800円

ここから著しい減額が発生しない可能性が高い部分を判断することになるが，2割以上のリベート（リベート控除後の対価が160,000円または140,000円）となる確率は27%（25％＋2％）である。そのため，期待値177,800円から160,000円または140,000円への減額が発生しない可能性が高いとまでは言い切れない。金額についても，177,800円から160,000円への減額（差額17,800円）または177,800円から140,000円への減額（差額37,800円）は，期待値の10%以上で著しい減額といえる。その一方で，3割リベート（140,000円）の確率は2％と極めて低く，160,000円を収益として計上した場合に140,000円への減額が発生しない可能性は高い。この結果，売上高は160,000円となる。

変動対価が含まれるために見積りにより算定した取引価格は，各決算日に見直しを行う（「基準」第55項）。また，取引価格の事後的な変動のうち，すでに充足した履行義務に配分された額については，変動した期の収益の額を修正する（「基準」第74項）。

② 契約における重要な金融要素

契約の当事者が明示的又は黙示的に合意した支払時期により，財又はサービスの顧客への移転に係る信用供与についての重要な便益が顧客又は企業に提供される場合には，顧客との契約は**重要な金融要素**を含むものとされる（「基準」第56項）。

顧客を信用して商品販売の代金を即時現金払いではなく掛けとした場合に，代金の支払期限を長くするほど顧客には支払いに猶予ができるというメリット（便益）が生じる。そして，たとえ明示的に利率の取り決めをしていないとしても，このような便益の提供によって対価には金利相当分（金融要素）が含まれるとみなすことができ，財又はサービスの移転とは分けて処理すべきである。そこで，対価と現金販売価格との差額や支払期限までの長さ（「適

用指針」第27項）を考慮し，重要な金融要素が含まれている場合には，取引価格の算定にあたり金利相当分を調整しなければならない（「基準」第57項）。すなわち，対価から金利相当分を取り除いて現金販売価格を反映する金額で収益を計上する。そして，金利相当分は償却原価法により支払期日までの期間にわたり収益として配分する（金融商品会計に関する実務指針第130項）。なお，「基準」において商品等の受け渡しと代金を支払う時点の間が1年以内であると見込まれる場合は，重要な金融要素の影響について対価を調整しないことができるとされている（第58項）。したがって，すべての掛取引について金融要素を調整するのではなく，割賦販売など代金決済までの期間が長い取引について調整を行う。

　重要な金融要素に該当する便益は顧客から企業（売手）に提供される場合もある。つまり，商品等の受け渡しよりも前に代金を受け取った場合は，実質的に借入を行っているものと考えられ，代金の受け取りから商品等の受け渡しまでの期間が長いなどの事情があれば重要な金融要素を調整する必要がある。このときは，商品の受け渡し等までの期間にわたり金利相当額を費用として計上するとともに，受け渡し時等に受け取った対価と，費用として計上した金利相当額の累計額を商品販売等の収益として計上する。長期間にわたるサービスの提供にあたり，代金を一括して前受けする取引などで該当する可能性がある。

③　現金以外の対価

　契約における対価が現金以外の場合は，当該対価を時価により算定する（「基準」第59項）。

④　顧客に支払われる対価

　顧客から対価を受け取るのとは別に，自社が顧客に対してリベート等を支払うことがある。このような支払いを行った（もしくは行うと見込む）場合，顧客から受領する別個の財又はサービスと交換に支払うものである場合を除き，取引価格から減額する（「基準」第63項）。顧客に支払われる対価に変動対価が含まれる場合は，前述の「①変動対価」に従って処理をする。

　この「顧客に支払われる対価」には，自社の直接の顧客のみならず，顧客の顧客なども含まれる（「基準」第145項）。例えば，当社が電子機器メーカー

で顧客の家電量販店に電卓を販売し，さらにキャンペーンとして家電量販店で電卓を購入した人（顧客の顧客）に当社が直接キャッシュバックを行うならば，キャッシュバックについて「顧客に支払われる対価」として家電量販店との取引にかかる取引価格から減額する。

なお，顧客に支払いを行い何らかの別個の財やサービスを受領する場合は，取引価格の減額ではなく財やサービスの購入として処理する。財やサービスの購入となる例として，顧客が当社の広告も担っており，その広告費として支払いをする場合がある。

⑤ 第三者のために回収する額

第三者のために回収する額とは，契約当事者ではない第三者のために顧客からいったん対価を受け取り，当社から第三者へ支払うものをいう。これには，主に消費税が該当する。例えば本体価格1,000円の商品を消費税込みの1,100円で販売したものとする。このとき，当社は顧客から1,100円を受け取るが，うち100円は商品販売契約の当事者ではない国や地方自治体のために顧客から回収し，最終的に当社もしくは当社の仕入先等を経由して納税される。収益認識基準に基づく取引価格には，このような第三者のために回収する額を含まないことから，当社の収益は1,000円となり損益計算書で売上高1,100円とすることは認められない。つまり，消費税等の間接税について税込方式は採用できず，3級から学習してきた税抜方式のみが認められることになる。

❹ 契約における履行義務に取引価格を配分

複数の履行義務を含む顧客との契約において履行義務ごとに収益認識時点が異なる場合には，取引価格を履行義務へ配分しなければならない。取引価格の配分にあたっては，原則としてそれぞれの履行義務の独立販売価格の比率で行う（「基準」第66項）。

例題7-3

① 電卓（独立販売価格@¥5,000×100台）と電子辞書（独立販売価格@¥10,000×150台）をセット価格1,910,000円で販売する契約を顧客と締結した。そして，当社は先に電卓100台を製造し販売したが，電子辞書

はまだ納品していない。このとき，当社は電卓の販売についていくら収益
を認識すべきか答えなさい。

② ①について，仮に電卓と電子辞書をセットでなくても，販売促進のため
普段から電子辞書について６％引きで販売している場合に，電卓の販売に
ついていくら収益を認識すべきか答えなさい。

(◡‿◡) 解答へのアプローチ

合計の取引価格（もしくは値引き）は，原則としてそれぞれの履行義務の独
立販売価格を用いて按分する。ただし，通常もそれぞれ単独で販売しており，
単独販売時の独立販売価格に対して行っている値引きが反映されている場合に
は，特定の履行義務へ値引きを配分する（「適用指針」第71項）。

[解　答]‥‥‥‥‥‥‥‥‥‥‥‥‥‥‥‥‥‥‥‥‥‥‥‥‥‥‥‥‥‥‥‥‥‥‥‥‥‥

① 477,500円　② 500,000円

①では，セット価格1,910,000円を電卓と電子辞書の独立販売価格で配分し，
そのうち電卓に配分された金額を収益とする。

$$1,910,000円 \times \frac{5,000円 \times 100台}{5,000円 \times 100台 + 10,000円 \times 150台} = 477,500円$$

②では，電子辞書を単独販売したときにも行っている値引きがセット価格へ
反映されている可能性がある。これを計算すると，10,000円×150台×6％＝
90,000円であり，電卓と電子辞書の独立販売価格の合計2,000,000円とセット価
格1,910,000円の差額と一致する。そこで，値引き分はすべて電子辞書へ配分す
ることになり，電卓に配分された取引価格は独立販売価格の500,000円となる。

独立販売価格を直接観察できない場合の配分方法には，顧客が支払うと見
込まれる価格を見積る方法（調整した市場評価アプローチ），コストに適切な
利益相当額を加算する方法（予想コストに利益相当額を加算するアプロー
チ），取引価格の総額から他の財又はサービスの観察可能な独立販売価格を
控除して見積る方法（残余アプローチ）がある（「適用指針」第31項）。

> **★値引き：**従来，簿記学習において値引きは商品を売買したときに想定していなかった傷などの不良が事後的にみつかった場合に行われる売買代金の減額を指すことが多かった。それに対し，収益認識基準等では一般的に使われているように販売促進やおまけとして定価（独立販売価格）から減額する意味で値引きという用語を使っている。学習にあたってはどちらの意味で「値引き」を使っているのか注意してほしい。

❺ 履行義務を充足した時に又は充足するにつれて収益を認識

① 履行義務の充足

「基準」の適用対象となる顧客との契約による収益は，財又はサービスを顧客に移転することによる履行義務の充足をもって認識する。

財又はサービスの移転

顧客が当該財又はサービスに対する支配を獲得すること（「基準」第35項）

財又はサービスに対する支配

財又はサービスに対する支配とは，当該財又はサービスの使用を指図し，当該資産からの残りの便益のほとんどすべてを享受する能力（他の企業が使用を指図して便益を享受することを妨げる能力を含む）のこと（「基準」第37項）

具体的には，メーカーが製品を小売店へ販売する契約において，適切に製品の引き渡しが完了すると，小売店はその製品をさらに自分の顧客へ販売するなど自由に使うことができる。また，小売店が自分の顧客へ販売したならば，その代金（便益）も小売店自身に帰属する。そこで，製品の引き渡しが完了したときに製品に対する支配を小売店が獲得し支配が移転するため，メーカー側は履行義務を充足し収益を認識する。なお，厳密には，取引条件や企業の会計方針等によって検収基準，着荷基準，出荷基準のどれを採用すべきかが異なるが，この点は次の章で述べる。

履行義務の充足のパターンは，一時点で充足される履行義務と一定の期間

にわたり充足される履行義務の２つに分けられる。

　一時点で充足される履行義務…履行義務を充足した一時点で，その履行義務に配分された取引価格に基づき収益を認識

　一定の期間にわたり充足される履行義務…見積った進捗度に応じて一定の期間にわたり収益を認識

　「基準」で定められた要件を満たした場合には一定の期間にわたり充足される履行義務に該当し，要件を満たさない場合は一時点で充足される履行義務となる。

② 一定の期間にわたり充足される履行義務

　図表７－１の(1)か(2)を満たした場合，もしくは(3)の①と②の両方を満たした場合に，一定の期間にわたり充足される履行義務となる（「基準」第38項）。

図表７－１　一定の期間にわたり充足される履行義務の要件

(1)　企業が顧客との契約における義務を履行するにつれて，顧客が便益を享受すること

(2)　企業が顧客との契約における義務を履行することにより，資産が生じる又は資産の価値が増加し，当該資産が生じる又は当該資産の価値が増加するにつれて，顧客が当該資産を支配すること

(3)　次の要件をいずれも満たすこと

①　企業が顧客との契約における義務を履行することにより，別の用途に転用することができない資産が生じること

②　企業が顧客との契約における義務の履行を完了した部分について，対価を収受する強制力のある権利を有していること

　このうち，(1)は清掃サービスやメンテナンスサービスなど，サービス提供と同時に顧客がサービスによる便益を享受する場合が該当する（「基準」第134項）。また，(2)は例えば顧客が所有する土地の上に建物を建設する工事契約が該当する（「基準」第136項）。工事契約では，建設が完了して引き渡すまでは，顧客が建築物を利用できず便益もただちに享受することができない。

しかし，建設が進むにつれて建築物の価値は増加する。建築物の完成引き渡し前でも顧客の土地の上に建てているならば，顧客が便益を享受する能力（または他の企業が便益を享受することを制限する能力）も有しているといえる。よって，完成引き渡し前であっても一定の期間にわたり充足される履行義務として進捗度に応じて収益を認識する。また，(3)は(1)や(2)の要件を満たすことが困難な場合でも，一定の期間にわたり充足される履行義務に該当する場合があることを示している（「基準」第137項）。例えば，顧客の指図によりソフトウェアを制作する場合，顧客の土地での工事契約とは異なり，制作途中のソフトウェアは顧客が所有する資産上にはないが，(3)の①と②の両方の要件を満たしたならば(1)や(2)の要件を満たした場合と同様に進捗したところまでの履行義務を充足したとみることができる。

③ 一時点で充足される履行義務

図表7－1の(1)～(3)の要件をいずれも満たさない場合は，一時点で充足される履行義務に該当する。このとき，支配の移転を検討する際の指標として「基準」第40項において図表7－2の(1)～(5)を考慮することが示されている（以下の「資産」とは契約で顧客へ移転することを約束した財又はサービスのことを指す）。これらを考慮した結果，支配が移転して履行義務を充足したと認められれば，その履行義務に配分された取引価格に基づいて収益を認識する。

図表7－2 一時点で充足される履行義務における支配の移転の指標

(1) 企業が顧客に提供した資産に関する対価を収受する現在の権利を有していること

(2) 顧客が資産に対する法的所有権を有していること

(3) 企業が資産の物理的占有を移転したこと

(4) 顧客が資産の所有に伴う重大なリスクを負い，経済価値を享受していること

(5) 顧客が資産を検収したこと

これらは，あくまで支配が移転して収益を認識する時点を決定するための考慮事項であり，要件ではないことに留意が必要である。たとえ商品を顧客

へ引き渡したことで顧客が(2)の法的所有権や(3)の物理的占有を有していても，企業が商品を買い戻す権利を有している場合には，支配が移転したとはいえない。また，必ずしも顧客が(5)の検収をしていなくても，支配が移転したと認められる場合もある。

3 契約資産・顧客との契約から生じた債権・契約負債

収益認識基準では，収益の認識や測定だけではなく，関連する資産と負債の概念や会計処理も整理された。そこで，次章の具体的な処理に入る前に，これらの資産と負債についても概観しておく。

❶ 契約資産・顧客との契約から生じた債権の概念

顧客から対価を得る権利にかかる資産は，「契約資産」と「顧客との契約から生じた債権」の2つに大別される。

 word

> ★**契約資産**：企業が顧客に移転した財又はサービスと交換に受け取る対価に対する企業の権利（ただし，顧客との契約から生じた債権を除く）（「基準」第10項）

 word

> ★**顧客との契約から生じた債権**：企業が顧客に移転した財又はサービスと交換に受け取る対価に対する企業の権利のうち無条件のもの（すなわち，対価に対する法的な請求権）（「基準」第12項）

顧客との契約から生じた債権における「**無条件のもの**」とは，当該対価を受け取る期限が到来する前に必要となるのが時の経過のみであるものをいう（「基準」第150項）。

やや難解な定義ではあるが，商品をすでに販売しており，定められた期日になれば対価を受け取ることができる状態ならば，顧客との契約から生じた

債権となる。よって，通常の売掛金，受取手形，電子記録債権は顧客との契約から生じた債権に該当する。逆に，契約資産は対価を受け取るために時の経過以外の条件が必要なものが該当する。

❷ 契約負債の概念

履行義務を充足する前に対価を受け取った場合の負債は，収益認識基準において契約負債として整理されている。

 word

> ★**契約負債**：財又はサービスを顧客に移転する企業の義務に対して，企業が顧客から対価を受け取ったもの又は対価を受け取る期限が到来しているもの（「基準」第11項）

すでに3・2級で学習した前受金（収益認識基準の適用対象外の取引から生じたものを除く）のように，商品販売よりも先に対価を受け取った場合の負債が主に該当する。また，次の章で具体的に説明するように，自社が発行した商品券なども，対価を受け取った後に商品を販売することになるため，契約負債に該当する。

❸ 会計上の取扱い

契約資産，顧客との契約から生じた債権，契約負債の取扱いは次のとおり整理される。

契約資産…金銭債権に準じる（会計処理は金銭債権と同様だが，金融資産に必要な時価の注記は不要）

顧客との契約から生じた債権…金銭債権に該当する

契約負債…金融負債ではない（前受金など）

① 契約資産・顧客との契約から生じた債権の会計処理

通常，顧客との契約から生じた債権は金銭債権に該当する。また，契約資産は金銭債権の取扱いに準じて処理をする（「基準」第77項）が，収益認識基準等では必ずしも金銭債権に含まれるものと明記はされていない。この意味

するところは，契約資産について，貸倒引当金の設定，消滅の認識（下巻第1章），外貨建の場合の取扱い（下巻第2章）については金銭債権と同様に会計処理を行うが，金融資産であれば必要な時価の注記（第10章**7**）は不要ということである（金融商品の時価等の開示に関する適用指針第20－2項）。

　決算では，金銭債権の処理に従い時価評価は行わないが，変動対価の見直しや外貨換算などによって変動することがある。

② 契約負債の会計処理

　契約負債は金融負債に該当しない。前受金などが該当する契約負債は，商品等を引き渡す義務を表すものであるため，金融資産を引き渡す義務等である金融負債の定義（下巻第1章）に合致しないといえる。契約負債全体の会計処理を定めた規定はないが，その性質に応じて既存の外貨建取引の基準における前受金の定めなどに従うものと思われる。

　決算において時価評価は行わないが，変動対価の見直しによって変動することがある。

③ 契約資産と契約負債の相殺

　概念上，1つの契約から対価を受け取る権利である契約資産と，商品等を引き渡す義務である契約負債の両方が生じることがありえる。だが，個々の契約において権利と義務は相互依存的であり，これを最も適切に反映させるために貸借対照表では契約資産と契約負債を純額で表す。この取扱いは1つの契約の中でのことであり，別々の契約から生じた契約資産と契約負債は相殺しない（「基準」第150－2項）。

第 **8** 章

収益認識② : 個別論点

学習のポイント

1. 売上割戻や返品権付販売において，顧客から受け取った対価のうち
   返金すると見込む場合は「返金負債」を計上する。

2. 返品権付販売において，返品により顧客から商品等を回収する権利
   については「返品資産」を計上する。

3. 一般的に仕入割引は営業外費用として処理するが，売上割引は収益
   から控除（変動対価）として処理する。

4. 商品（製品）保証は，保証の性質に応じて引当金処理と履行義務に
   分かれる。

5. 商品等を他の当事者によって提供されるように手配する履行義務は
   「代理人」としての取引に該当し，手数料の金額もしくは顧客から受
   け取る対価から他の当事者に支払う対価を控除した金額で収益を計
   上する。

6. 割賦販売では重要な金融要素の有無と，重要な金融要素が含まれる
   場合の処理に留意が必要である。

7. 予約販売等では手付金を受け取ったときではなく，商品を顧客へ引
   き渡して支配が移転したときに収益を認識する。

8. 工事契約（一定の期間にわたり充足される履行義務）では，建設業
   の勘定科目の取扱い，原価回収基準，赤字が見込まれる場合の取扱
   い等に留意が必要である。

　この章では，第7章を受けて収益認識基準等に基づく個別の会計処理につ
いて確認する。論点が多岐にわたり分量が多くなることから，具体的な仕訳

は姉妹書の『検定簿記ワークブック』を参照してほしい。

1 一般的な商品等の販売時の収益認識時点（検収基準，着荷基準，出荷基準）

　一般的な商品等の販売は一時点で充足される履行義務に該当するが，具体的にどの時点において履行義務を充足したことになるのか，取引条件等を踏まえて定める必要がある。

　顧客が検収をしているかどうかは，商品等に対する支配が移転して履行義務を充足したかどうかを判断する重要な指標の1つとなる。より具体的には，もし検収を終えるまで合意された仕様に従っていると客観的に判断することができない場合は，検収を終えるまで支配は移転せず収益も認識できない（「適用指針」第82項）。もっとも，検収が大きさや数量などを確認する形式的なものである場合には，売手も出荷時のチェック等で約束どおりの仕様の商品等を提供したことについて顧客の検収前に確認できる。そこで，この場合は他の取引条件等も考慮したうえで，検収前に商品等の支配が顧客へ移転していることが明らかならば検収前に収益を認識できる（「適用指針」第80項）。したがって，検収基準を採用するかどうかは，原則として検収の内容や顧客との取り決めなどの条件によって決める必要がある。

　なお，国内販売において出荷時から検収までの期間が通常の期間（合理的な日数）である場合には，出荷基準または着荷基準を採用することもできる（「適用指針」第98項）。

　顧客による検収…支配が移転したことを示す可能性のある指標の1つ

　検収が形式的…取引条件等によっては，検収前に支配が移転し履行義務を充足する

　出荷から検収までが通常の期間の国内販売…検収時に支配が移転する場合でも，出荷基準・着荷基準を採用できる

2 売上割戻・リベート

あらかじめ顧客との間で，一定数量または一定金額以上の取引を行った場合に遡及的に販売価格を引き下げる取り決めを行うことがある。このような取り決めは**割戻**や**数量・金額リベート**といわれる。当初の販売時点においては割戻の条件を達成するかどうか未確定であるため，取引価格に変動対価を含むことになる。

取引対価に変動対価を含む場合は，すでに説明したとおり変動を見積り最頻値または期待値（不確実性が解消される際に，それまでに計上した収益の著しい減額が生じない範囲に限る）により収益を計上する。ただし，変動対価は各決算日に見直しを必要とする。

❶ 返金負債

変動対価が含まれる場合で，顧客から対価を受け取ったまたは受け取る対価のうち，一部あるいは全部を顧客へ返金すると見込む場合，企業が権利を得ると見込まない額（すなわち返金が見込まれる額）を**返金負債**として認識する。リベートの支払いや次の**3**で説明する返品権付販売で将来に返品を受けて返金すると見込まれる部分が該当する。

取引価格と同様に，返金負債も各決算日において見直しが必要である（「基準」第53項）。

また，返金負債は変動対価に関して返金の見込みがある場合に計上するものであるため，実際に返品を受けて返金することが確定した場合等は，厳密には未払金へ振り替えることも考えられる。

❷ 簿記処理─変動対価の反映

仕訳にあたっては販売時（履行義務充足時）に変動対価を反映させた金額で収益計上をする方法だけでなく，販売時は契約額で収益を計上したうえで月次決算時，四半期決算時，本決算時などに調整を行う方法も考えられる。企業が採用している販売管理・債権管理・会計システムや，契約で定めた割戻等が確定するタイミングなどに応じて，処理をしやすい方法を選択する。

どちらの処理方法を採用したとしても，各決算日には変動対価の見直しが必要なことから，決算整理後の各金額は同じとなる。

❸ 簿記処理－収益の直接調整と間接控除

収益認識時の仕訳において，貸方の収益について変動対価を反映させた金額とするのではなく，いったん変動対価を考慮する前の契約額を貸方に計上したうえで，借方に収益の控除を計上して反映させる方法も考えられる。この簿記処理の選択もさきほどの❷と同様に販売管理・債権管理・会計システムと関係する。また，特に売上割戻等の確定前は契約額に基づき消費税が計算されるため，帳簿上もいったん契約額で収益を記録する必要が生じることがある。

後に説明する返品権付販売や代理人取引においても同様に，システムや消費税計算の都合から，いったん契約額で売上を計上したうえで，借方で控除する簿記処理を採用することもありえる。

応用 word

★**追加の財又はサービスを取得するオプションの付与**：顧客との契約において，既存の契約に加えて追加の財又はサービスを取得するオプションを顧客に付与することがある。当該オプションが当該契約を締結しなければ顧客が受け取れない重要な権利（通常の範囲を超える値引きなど）を顧客に提供するときは，当該オプションから履行義務が生じる（「適用指針」第48項）。

たとえば，1,000個までの販売価格は@¥500だが，1,001個以上は@¥450で販売する契約を締結したものとする（1,001個販売しても1,000個までは@¥500のまま）。このとき，企業は顧客に対して1,000個購入することを条件に，1,001個以上を値引価格で購入できるという権利（オプション）を顧客へ付与していることになる。このような権利の付与は契約負債として処理する。

3 返品・返品権付販売

販売した商品等について返品を受ける場合，返品を受ける理由や契約で返

品を認めているかにより処理が異なる。

❶ 品違い等による返品

　品違い等により返品を受ける場合，その品違い等は顧客による検収を通じて見つかる。そこで，出荷基準や着荷基準を適用した取引において，出荷後または着荷後に品違い等による返品が生じた場合には，すでに計上した収益を取り消す処理を行う。検収基準の場合は，収益を計上する前に返品を受けることになるため，基本的に返品の仕訳は必要ない。

❷ 商品保証等による返品

　顧客の使用後でも欠陥や一定期間内の故障が生じた商品等について返品を受けて正常品と交換することができる契約については，商品（製品）保証引当金の計上対象となる場合がある（「適用指針」第89項，第34項）。このような契約の取扱いについては**5**で説明する。

❸ 返品権付販売

　特定の業界においては，品違いや初期不良といった売手側の責任等がなくても返品する権利を顧客へ付与して商品等を販売することもある（**返品権付販売**）。このような場合，最終的に企業が受け取ることができる対価は返品の有無や量によって左右されるため，取引対価に変動対価が含まれていることになる。そこで，対価のうち，返品が見込まれる額については収益を認識せず**返金負債**を計上する。また，返品により顧客から商品等を回収する権利については**返品資産**を計上する。この返品資産の金額は，商品等の元の帳簿価額から回収費用（価値の潜在的な下落の見積額を含む）を控除した金額とする。そして，変動対価（返金負債）とともに，返品資産も毎決算日に見直しを行う（「適用指針」第84項～第88項）。同一契約内の契約資産と契約負債は相殺されるのに対し，返品資産と返金負債の相殺は行わないことに留意が必要である（「適用指針」第105項）。

★**買戻契約**：商品等の販売契約にあたり，企業が当該商品等の買い戻しを約
束する，あるいは買い戻すオプションを有することがある。このような契約
は買戻契約と呼ばれ，次の３つの形態がある。

① 企業が商品等を買い戻す義務（先渡取引）

② 企業が商品等を買い戻す権利（コール・オプション）

③ 企業が顧客の要求により商品等を買い戻す義務（プット・オプション）
　　取引条件等に応じて，ここで説明した返品権付販売，もしくはリースの貸
手または金融取引のいずれかの処理が適用される。

4 仕入割引・売上割引

　割引とは，事前の取決めにより掛代金を早期に受払いすることにより代金
を減額することをいう。たとえば，100円の商品を売買し，代金の支払期日は
30日後であるが10日以内に支払った場合は２％の減額をする取決めがあった
ものとする（2/10 n/30もしくは2/10 net 30と表記されることもある）。こ
のとき10日以内に代金の受払いがされたことで２円の減額が行われた場合，
従来は商品売買を終えた後の代金決済により減額が生じたものとして，財務
活動とみなし営業外損益として処理されてきた。すなわち，割引が生じても
元の仕入もしくは売上は修正せず100のままとし，差額の２について仕入側は
仕入割引（営業外収益），売上側は売上割引（営業外費用）として処理するこ
とが一般的であった。

　収益認識基準のもとでの売上割引の処理にあたっては，割引の性質が第７
章の**2**3②で説明した重要な金融要素であるかを考慮する必要がある。もし
売上割引が信用供与についての重要な便益の提供を反映したものであれば，
重要な金融要素が含まれる顧客との契約となり，割引前の金額で収益を計上
したうえで割引額は金利相当分として営業外費用に計上する。そうでなけれ
ば，売上割引は取引価格を減らすものとして収益から控除して処理する。売
上割引が信用供与についての便益の提供を反映したものかについて，具体的
には割引の条件を満たさなかった場合の代金受払までの期間の長さや，市場
金利等と割引率の比較等から判断することになる。収益認識基準の適用後，

実際に比較的多くの上場企業で，営業外費用ではなく売上の控除として処理されている。その一方で，営業外費用として処理する企業も一部にはみられる。そこで，個々の取引条件や，特に検定試験では問題文の指示等を踏まえて会計処理を判断する必要がある。

　仕入割引については収益認識基準が適用されないため，今後も一般的には財務活動から生じた収益とみなして営業外収益として処理する。

5 商品（製品）保証

　商品等の販売にあたり，一定期間に故障が生じた場合に無償で修理または交換することを顧客と約束することがある。このような保証は，性質により処理が異なる。

商品等について合意された仕様に従っているという保証のみである場合…引当金の要件を満たせば商品（製品）保証引当金の計上対象（「適用指針」第34項）

顧客に追加のサービスを提供する保証を含む場合…当該保証サービスは履行義務に該当（「適用指針」第35項）

　上記の追加のサービスを提供する保証を含むか否かの判断にあたっては，次の要因を考慮する（「適用指針」第37項）。

① 　財又はサービスに対する保証が法律で要求されているかどうか

② 　財又はサービスに対する保証の対象となる期間の長さ

③ 　企業が履行を約束している作業の内容

　家電製品を例にすると，1年以内の故障等を無償で修理・交換する保証は上記②を踏まえて一般的には履行義務に該当しない。それに対し，2年目以降も行う長期保証は，追加的な保証として履行義務に該当することになる。水没や盗難など顧客の過失についても保証するかわりに，購入時に一定の料金を受け取る保証についても別個のサービスとして履行義務に該当する（「適用指針」第38項）。つまり，家電製品の販売にあたっては正常に動く製品を提

供する（＝合意された仕様に従っている）のが当然であることから，短期間で故障が生じるような不良品であった場合の保証は独立したサービス（履行義務）には該当しない。その一方で，長期保証や有料保証等については，正常品の提供とは別に提供するサービスとして，別個の履行義務として取り扱う。

6 本人と代理人の区分

顧客へ商品等を提供するにあたり，自社とは別に他の当事者が関与することがある。このとき，商品等の提供が**本人**としての取引か，それとも**代理人**としての取引かを判断し，それぞれ適切な処理を適用する必要がある（「適用指針」第39項，第40項，第43項）。

図表8－1 本人と代理人の区分

区分	本人	代理人
定　　義	商品等を企業が自ら提供する履行義務	商品等を他の当事者によって提供されるように手配する履行義務
判断規準	顧客への提供前に企業が商品等を支配している	顧客への提供前に企業が商品等を支配していない
処　　理	対価の総額を収益として計上	報酬または手数料の金額（あるいは顧客から受け取る額から他の当事者に支払う額を控除した金額）を収益として計上

判断規準に関連して，他の当事者が行うサービスであっても，企業がサービスに対する権利を獲得し，顧客へサービスを提供するよう指図できるならば本人に該当する（「適用指針」第44項(2)）。また，商品等の法的所有権を，顧客に移転する前に獲得したとしても，消化仕入のように当該法的所有権が瞬時に顧客に移転される場合には，企業は必ずしも当該財を支配していることにはならない（「適用指針」第45項）。

本人に該当するかを判断するにあたり，次の3点についても考慮する（「適

用指針」第47項)。

① 企業が当該財又はサービスを提供するという約束の履行に対して主たる責任を有していること。

② 企業が在庫リスクを有していること。

③ 企業が価格設定の裁量権を有していること。

　商品を仕入れ，自ら販売価格を決めたうえで（③の価格設定の裁量権），売れ残りの在庫も自社の負担となる（②の在庫リスク）ような一般的にイメージされる商品売買は本人に該当する。また，自社がいわゆる代理店，受託販売，ウェブサイト上のショッピングモールの運営者，書籍の小売店，消化仕入と呼ばれる形態の商品売買を採用している場合などでは取引条件に応じて代理人となることがある。

応用 word

　★**消化仕入**：百貨店等では，店頭で顧客が商品を購入したのと同時に当該商品をメーカーや卸売などから仕入れたものとする取引形態をとることがある。このような取引は消化仕入と呼ばれる。

　　百貨店は商品が売れ残ったとしても自社の在庫ではないため，仕入代金や処分費用の負担が生じない（在庫リスクを負わない）というメリットがあるが，かわりに「本人」として仕入れて販売する場合と比べて一般的に利益率は下がる。また，価格決定の裁量権は百貨店ではなく仕入先（メーカー・卸売）にある。そこで，仕入先は百貨店の店頭での販売価格を維持しつつ，値下げする場合はアウトレットモールで販売するなど販売チャネルを使い分けることで，値下げによるブランドイメージの低下を防ぐことができるといったメリットがある。

7 委託販売

　委託販売契約の場合，受託者（販売業者）への引渡しにより，受託者が商品等を物理的に占有することになるが，そのことをもって商品に対する支配が移転したことにはならない。すなわち，受託者へ引き渡しただけでは，商

品の所有に伴う重大なリスク（在庫リスクなど）・経済価値の享受（売却でき
た場合の対価の受領）などが委託者に残っている。そこで，委託販売におけ
る委託者は，受託者による販売を通じて顧客へ商品に対する支配が移転した
ときに収益を認識する。

委託販売契約に該当するか否かは，受託者へ商品を引き渡しても委託者が
商品に対する支配を有している（前掲図表7－2の判断する指標のうち物理
的占有が移転したことを除く），委託者が商品の返還を要求したり第三者へ
販売することができる，販売業者が対価を支払う無条件の義務を有していな
い，などの状況があるかにより判断する（「適用指針」第76項）。

なお，以前認められていた仕切精算書到達日基準については，「基準」等で
容認する規定がない。よって，収益認識基準のもとでは仕切精算書到達日基
準を採用できない。

また，委託販売契約における受託者は，顧客へ販売する前に商品を支配し
ていないことになるため，一般的には代理人取引として処理する。

8 試用販売

商品等についていったん顧客へ引き渡し，一定期間の試用の後に購入する
かどうかを顧客が判断する場合，引渡しだけでは商品に対する支配が移転し
たとはいえない。すなわち，試用のための引渡しだけでは，企業は顧客から
対価を受け取ることができず，かつ顧客も当該商品について試用以外の利用
をすることができない（顧客が当該資産の使用を指図できない）。そこで，**試
用販売**では，顧客が買取意思を表示するか試用期間の終了により売買が成立
した時点をもって商品等に対する支配が顧客へ移転し，企業も収益を認識す
る。

なお，試用販売と返品権付販売はいずれも商品等が企業へ返還される可能
性がある点が類似しているが，返品権付販売は顧客から対価を受け取る権利
があり（またはすでに受け取っており），顧客も転売なども含めて商品等の使
用を指図できる。そのため，返品権販売では返品が見込まれる金額の調整は
必要となるものの，引渡しが完了した時点等で収益を認識する点が試用販売

とは異なる。

⑨ 割賦販売

　商品等の販売にあたり，代金を分割して月ごとなどの分割払いとすることがある。このような**割賦販売**では，たとえ代金の全額を回収するまでに長期間かかるとしても，商品を引き渡して支配が移転したときに収益を認識する。そのため，従来認められていた割賦基準（回収基準・回収期限到来基準）は，収益認識基準により認められなくなった。

　そして，商品の引渡しから代金支払いまでの期間が特に長く，信用供与についての重要な便益を顧客へ提供したと判断される場合には，取引価格の算定にあたり**重要な金融要素**を調整する。

⑩ 予約販売等

　企業に商品等が入荷する前に顧客からの予約を受け付け，入荷後に順次引き渡す販売形態をとることがある。このとき，仮に予約時に代金の一部または全額を受け取ったとしても，商品等に対する支配はまだ顧客へ移転したことにはならない。そこで，**予約販売等**では，あらかじめ受け取った代金は前受金（契約負債）として処理したうえで，商品を顧客へ引き渡して支配が移転したときに収益を認識する。

　なお，手付金の受け取りから商品の提供までの期間が長い場合や，予約販売ではないが数年間にわたるサービス提供の契約をして代金を前もって一括で受け取った場合には，顧客から自社へ信用供与についての重要な便益が提供されていることもある。このような場合は，重要な金融要素について調整をして取引価格を算定する必要がある。

11 工事契約

❶ 従来の工事契約の取扱いとの差異

収益認識基準が適用される前の会計基準では，**請負工事契約**や**受注制作の
ソフトウェア**について，状況に応じて工事進行基準を適用して進捗度に応じ
た収益認識を定めていた。だが，工事契約等以外の取引については，進捗度
に応じた収益認識を具体的に直接定めた会計基準はなく，会計慣行により一
定の期間にわたるサービス提供について時間の経過などによって収益認識が
されてきた。

このような状況に対し，収益認識基準ではすでに説明した一定の期間にわ
たり充足される履行義務に該当すれば，工事契約等であるか否かにかかわら
ず進捗度に応じて収益認識を行う。そこで，以下では工事契約を中心に説明
をするが，工事契約以外の一定の期間にわたり充足される履行義務も進捗度
の見積りによる収益認識についておおむね同様の処理を行う。

❷ 建設業における勘定科目

建設業（工事契約）では一般の商業や製造業とは異なり，図表8−2の勘
定科目を用いる。

図表8−2 建設業における勘定科目

一般の商業・製造業	建設業
売上（高）	完成工事高
売上原価	完成工事原価
契約資産	完成工事未収入金*
売掛金	（完成工事未収入金）*
仕掛品	未成工事支出金
買掛金	工事未払金
前受金（契約負債）	未成工事受入金

＊収益認識基準では契約資産と売掛金が区別されるが，建設業における勘定科目の使い分けは必ずしも明確とはなっていない。それぞれの金額を把握するために，本来は別の勘定科目を設定するか，同じ勘定科目を用いる場合でも工事管理システム（補助簿）等で２つの金額を分けて把握できるようにする必要がある。試験では問題文等の指示に従うことになる。

❸ 進捗度の見積り

　すでに説明したとおり，一定の期間にわたり充足される履行義務では，進捗度に応じて収益を認識する。進捗度の見積方法は，アウトプット法とインプット法の２つに大別することができる。**アウトプット法**とは，主に現在までの成果に基づき進捗度を見積るものであり，**インプット法**とは主に現在までに投入した資源に基づき進捗度を見積るものである。「適用指針」で例示されている進捗度の指標には次のものがある（「適用指針」第17項，第20項）。進捗度の決定にあたっては対象となる財又はサービスの性質に応じて，企業の判断で適切な方法を選択して適用する（「適用指針」第15項）。

　　アウトプット法…現在までに履行を完了した部分の調査，達成した成果の評価，達成したマイルストーン，経過期間，生産単位数，引渡単位数等

　　インプット法…消費した資源，発生した労働時間，発生したコスト，経過期間，機械使用時間等

❹ 進捗度を合理的に見積ることができない場合（原価回収基準）

　仮に進捗度を合理的に見積ることができない場合であっても，履行義務を充足する際に費用を回収することが見込まれる場合には，進捗度を見積ることができる時までの期間にわたり原価回収基準により処理する（「基準」第45項）。**原価回収基準**とは，発生した原価と同額を収益とする方法である。もともと進捗度を合理的に見積ることができたが，後に状況の変化により見積ることができなくなった場合も，費用を回収することが見込まれるならば原価回収基準を適用する（「基準」第154項）。

　なお，契約の初期段階において進捗度を合理的に見積ることができない場

合には，企業の判断で原価回収基準を適用せず合理的に見積ることができるときから収益を認識する簡便法も認められている（「適用指針」第99項）。また，合理的に進捗度を見積ることができず，かつ赤字受注など仮に原価を回収すると見込まれない場合には，原価回収基準は適用できず収益を認識しない（「基準」第44項）。

❺ 期間がごく短い工事契約等

　一定の期間にわたり充足される履行義務に該当する工事契約や受注制作のソフトウェアであっても，期間がごく短い場合は，一定の期間にわたり収益を認識するのではなく，完全に履行義務を充足した時点で収益を認識することができる（「適用指針」第95項，第96項）。この規定は，期間がごく短い場合は金額的重要性が乏しいと考えられるために容認されている。

❻ 赤字が見込まれる場合の取扱い

　工事契約および受注制作のソフトウェアについては，進捗度を見積ることができるかどうかにかかわらず収益総額が原価総額を超過する可能性が高く，かつ金額を合理的に見積ることができる場合に，**工事損失引当金**（ソフトウェアの場合は適切な名称の引当金）の計上が必要となる（「適用指針」第90項，第91項）。この規定は従来の工事契約の処理を踏襲して収益認識基準でも明記されたものである。

❼ 進捗度の見積りの変更

　進捗度は毎決算日に見直しを行い，進捗度の見積りを変更する場合には下巻第6章で説明する会計上の見積りの変更として処理する（「基準」第43項）。また，顧客との合意により工事内容や対価の変更があった場合には，⓭で説明する契約変更に従って処理する。

❽ 長期の工事契約にかかる重要な金融要素

　工事契約等では，対価を受け取るタイミングと工事の進捗による履行義務の充足が異なる場合には，対価に重要な金融要素が含まれているかを考慮す

る必要がある。もっとも，わが国の工事契約は個別性が高く，対価の額と現金販売価格との差額を識別することが困難である等の理由から，長期の工事契約について重要な金融要素の有無を判断するための指針の設定は見送られた（「適用指針」第184項）。そこで，重要な金融要素が含まれるか否かは，工事ごとに信用供与についての重大な便益の提供があるかどうか，仮に現金販売価格との差額があった場合でも信用供与以外の理由によるものではないか，などを慎重に判断することになる。試験においては，問題文等で重要な金融要素が含まれていることが明らかな場合に対応すればよいものと考えられる。

❾ 工事契約以外の一定の期間にわたり充足される履行義務

　工事契約や受注制作のソフトウェア以外でも，一定の期間にわたり充足される履行義務に該当する場合は，進捗度に応じて収益を認識する。従来，**時間の経過（時間基準）**などにより収益を認識していた多くのサービス提供契約についても，要件を満たせば一定の期間にわたり充足される履行義務に該当し，進捗度による収益認識が必要となる。そして，時間の経過が履行義務の充足を適切に描写するならば，時間の経過（❸の例示にある文言では経過期間）を進捗度として用いることができる。ほかにも，船舶による運送（進捗度は航海日数や距離など），電気やガスの供給（進捗度は供給量など）も，要件を満たせば一定の期間にわたり充足される履行義務となる。

　工事契約と受注制作のソフトウェア以外の契約で損失が見込まれる場合について，収益認識基準等では引当金を設定する直接の規定はない。ただし，一定の期間にわたり充足される履行義務と一時点で充足される履行義務のどちらであるかにかかわらず，第4章で説明した引当金の要件を満たす場合には，引当金計上が必要となる（「適用指針」第162項）。

　工事契約や受注制作のソフトウェアと他の一定の期間にわたり充足される履行義務の違いとして，ごく短期の契約の場合がある。工事契約等では期間がごく短い場合に，完全に履行義務を充足した時点で一括して収益を認識することが認められるが，他の契約ではこの容認規定を適用することが認められていない（「適用指針」第169項）。

12 発行商品券等

百貨店やスーパーなどの小売店では**商品券，プリペイドカード，電子マネー**などを発行し，商品等の販売前に顧客から代金を受け取ることがある。このとき，受け取った代金はいったん前受金，（発行）商品券，契約負債など適切な負債で処理し，商品販売時に商品券等が使われた時に収益へ振り替えることになる。もっとも，これらについて有効期限の定めがある場合，期限までに使用されなかった部分は商品を引き渡すことなく失効する。また，有効期限に定めがない場合でも，顧客の紛失等により使用されない部分が生じることがある。そこで，顧客により行使されない**非行使部分**について，**企業が将来において権利を得ると見込む場合**には，権利行使のパターンと比例的に収益を認識する。また，**企業が将来において権利を得ると見込まない場合**には，顧客が残りの権利を行使する可能性が極めて低くなった時に収益を認識する（「適用指針」第54項）。この「権利を得る」とは，具体的には顧客から支払いを受けたが非行使となり，結果として商品等の引渡しや返金をすることなく，金銭だけを受け取ったことになる場合をさす。

商品券等で対価の受け取りから履行義務の充足までの期間が長くなる場合は，顧客から企業へ信用供与についての重大な便益が提供されているともいえる。だが，収益認識基準等では商品券等のように顧客の裁量により商品等の移転時期が決まる場合については，重要な金融要素を含まないものと取り扱う（「適用指針」第28項(1)）。

なお，商品券等を一定額以上発行した場合には，残高のうち半額を供託（もしくは銀行との保全契約など）することが法令で義務づけられている。これは企業が倒産などした場合に利用者を保護するためのものである。そこで，供託金の供託（または保全契約の締結と保証料の支払い）の会計処理も必要となることもある。

13 契約変更

契約締結後に，契約の範囲や価格を変更した場合の取扱いは，主に既存の

契約部分と変更内容の関係から次の４つに分類することができる（「基準」第30項，第31項）。

① **契約変更について独立した契約として処理**

次のいずれも満たす場合が該当

⑴　別個の財又はサービスの追加により，契約の範囲が拡大

⑵　契約価格が，追加的に約束した財又はサービスに対する独立販売価格に適切な調整を加えた金額だけ増額

② **既存の契約を解約して新しい契約を締結したものと仮定して処理**…将来に向かって処理し，過去の収益は修正しない

①に該当せず，かつ未だ移転していない財又はサービスが契約変更日以前に移転した財又はサービスと別個のものである場合が該当

③ **既存の契約の一部であると仮定して処理**…進捗度および取引価格を修正し，変更による累積的影響について契約変更日に収益として処理

①に該当せず，かつ未だ移転していない財又はサービスが契約変更日以前に移転した財又はサービスと別個のものではなく，契約変更日において部分的に充足されている単一の履行義務の一部を構成する場合が該当

④　上記の②と③の両方を含む場合

14 財務諸表の表示・開示

財務諸表における表示について，収益認識基準等では柔軟な規定がおかれている。以下では損益計算書と貸借対照表に分けて説明する。

❶ 収益の表示
① 顧客との契約から生じた収益

顧客との契約から生じた収益は，適切な科目をもって損益計算書へ表示する（「基準」第78－2項）。表示科目の例示として，**「売上高」**，**「売上収益」**，**「営業収益」** が示されており（「適用指針」第104－2項），企業はこの例示や取引内容に基づき表示科目を設定する。例えば，10,000円を仕入れて18,000円

で販売した一連の取引が消化仕入で代理人取引と判断された場合に，収益は8,000円としなければならないが，表示科目は受取手数料，手数料収入，売上高など企業が取引の実態を表すものを設定する。試験においては，問題文の指示や解答欄の記載内容を踏まえて判断することになる。

② 重要な金融要素

重要な金融要素は顧客との契約から生じた収益と区分して表示する必要がある（「基準」第78－3項）。利息という性質を重視すれば，営業外収益の受取利息または支払利息へ合算することも考えられる（参考として「基準」第157項）。また，割賦販売等において金利部分も含めて商品販売の採算管理を行っているなど，金融要素も主たる活動から生じた収益であるならば，営業外収益ではなく営業損益の区分で売上高の次に受取利息などを示すことも考えられる。この点も試験では問題文等の指示から判断することになる。

❷ 契約資産，契約負債，顧客との契約から生じた債権の表示

契約資産，契約負債，顧客との契約から生じた債権についても，適切な科目をもって貸借対照表へ表示する（「基準」第79項）。契約資産の例示として「契約資産」や「工事未収入金」，契約負債の例示として「契約負債」や「前受金」，顧客との契約から生じた債権の例示として「売掛金」，「営業債権」が示されている（「適用指針」第104－3項）。これらも例示であり，企業はこの例示や取引内容に基づき表示科目を設定する。

また，これらについて，貸借対照表の他の科目と合算して表示し，注記で残高を示すことも認められている（「基準」第79項）。そこで，顧客との契約から生じた債権と契約資産を合算して表示し，内訳を注記することも認められる。特に建設業においては，建設業の財務諸表の様式を定めた建設業法施行規則に基づき，顧客との契約から生じた債権と契約資産を区別せず，完成工事未収入金とすることが考えられる。

❸ その他の表示

返品権付販売において，返品資産と返金負債の相殺は禁止されている（「適用指針」第105項）。

工事損失引当金は流動負債，工事損失引当金の繰入額は売上原価に含めて表示する。そして，同一の工事で棚卸資産（未成工事支出金）と工事損失引当金の両方が発生している場合には，相殺して表示することもできる（「適用指針」第106項）。

❹ 開示(注記)

収益の分解情報（製品ラインや地域ごとなど），収益を理解するための基礎となる情報（履行義務の内容など），当期および翌期以降の収益の金額を理解するための情報（当期の収益のうち当期首の契約負債の金額，契約資産および契約負債の重要な変動など）といったさまざまな情報の注記が求められている（「基準」第80-4項以降参照）。

収益認識基準等で定められた注記が非常に多いため，本書では具体的な内容の説明を割愛する。

第9章

税効果会計

学習のポイント

1. 企業に課されるさまざまな税金のうち，税効果会計の対象となるのは，法人税その他利益に関連する金額を課税標準とする税金のみである。
2. 企業会計と課税所得計算とでは目的が相違することから，企業会計上の利益と課税所得には差異が生じる。
3. 一時差異および税務上の繰越欠損金等は，将来の法人税等の支払額に影響を与えるので，これらに税効果会計を適用し，一時差異等に係る税金の額を適切な会計期間に配分し，繰延税金資産または繰延税金負債として計上しなければならない。
4. 将来減算一時差異および税務上の繰越欠損金等については，回収可能であると認められる範囲内で，繰延税金資産を計上する。
5. 繰延税金資産の回収可能性は毎決算日現在で見直さなければならない。
6. 将来加算一時差異については，支払可能であると認められる範囲内で，繰延税金負債を計上する。

1 はじめに

　わが国では，1999年4月1日以後開始する事業年度から，個別財務諸表および連結財務諸表における税効果会計の適用が義務づけられている。本章では，個別財務諸表における税効果会計の適用について学習する。なお，連結財務諸表における税効果会計の適用については，『検定簿記講義1級商業簿

記・会計学』の下巻第9章「連結会計」で学習する。

2 企業に課される税金

　税効果会計は，企業会計上の資産または負債の額と課税所得計算上の資産
または負債の額に相違がある場合において，法人税その他利益に関連する金
額を課税標準とする税金の額を適切に期間配分することにより，税引前当期
純利益と法人税等に係る費用を合理的に対応させることを目的とする手続で
あるとされる。ここで，**課税標準**とは，課税対象となる物や行為その他の事
実を数量や金額で表したものであり，これに税率を適用することで税額が決
定される。企業に課されるさまざまな税金のうち，税効果会計の対象となる
のは，利益に関連する金額を課税標準とする税金のみである。

図表9－1 企業に課される税金の企業会計上の取扱い

税　　　目		損益計算書計上区分	税効果会計の対象
法人税		法人税等	○
地方法人税		法人税等	○
住民税	法人税割	法人税等	○
	均等割	法人税等	×
事業税	所得割	法人税等	○
	付加価値割	販管費等	×
	資本割	販管費等	×
事業所税		販管費等	×
固定資産税		販管費等	×
消費税		原則として費用計上なし	×

（出所）　有限責任監査法人トーマツ編『税効果会計の経理入門（第3版）』P.68を参考に作成

❶ 利益に関連する金額を課税標準とする税金

　利益に関連する金額を課税標準とする税金としては，例えば，法人税，地
方法人税，住民税（都道府県民税，市町村民税）の法人税割，事業税の所得
割がある。これらの税金に係る費用には税効果会計を適用し，損益計算書で

「法人税，住民税及び事業税（法人税等）」および「法人税等調整額」として税引前当期純利益から控除する形式で計上する。

❷ 利益に関連する金額を課税標準としない税金

　利益に関連する金額を課税標準としない税金としては，例えば，住民税の均等割，事業税の付加価値割および資本割，事業所税，固定資産税，消費税がある。これらの税金に係る費用は税効果会計の対象とはならず，損益計算書で「販売費及び一般管理費」等に計上する。

　ただし，住民税の均等割に係る費用は，利益に関連する金額を課税標準とする税金ではないにもかかわらず，例外的に「法人税等」の一部として税引前当期純利益から控除する形式で計上することになっている。

③　企業会計と課税所得計算の相違

❶ 法人税額の計算

　利益に関連する金額を課税標準とする税金の代表的なものとして，法人税がある。法人税は，株式会社等の法人の所得に対して課される税金である。法人税の課税標準となる各事業年度の所得のことを課税所得という。法人税の額は，原則として，この課税所得に一定の税率を乗じて計算される。

> 法人税額＝課税所得×税率

❷ 利益と課税所得の差異

　企業会計上の利益は収益から費用を控除して算定されるのに対して，課税所得は，益金から損金を控除して算定される。

> 企　業　会　計：利益＝収益－費用
> 課税所得計算：課税所得＝益金－損金

　企業会計上の利益と課税所得はいずれも企業の儲けを表しているので，両者は基本的には一致する。ただし，企業会計は財務諸表利用者の意思決定に

有用な情報を提供することを目的としているのに対して，課税所得計算は納税者間の公平な課税や産業政策の促進等を目的としており，両者の目的が相違することから，企業会計上の利益と課税所得には差異が生じる。

❸ 収益と益金の差異

企業会計上の収益と課税所得計算上の益金はいずれも企業の儲けのプラス要素を表しているので，両者は基本的には一致する。ただし，収益としては認められないが益金としては認められる項目（**益金算入項目**）や，収益としては認められるが益金としては認められない項目（**益金不算入項目**）がある場合，両者には差異が生じる（図表9－2参照）。

図表9－2 収益と益金の差異

企業会計		収　益	
課税所得計算		益　金	
差　異	益金算入項目		益金不算入項目

❹ 費用と損金の差異

企業会計上の費用と課税所得計算上の損金はいずれも企業の儲けのマイナス要素を表しているので，両者は基本的には一致する。ただし，費用としては認められないが損金としては認められる項目（**損金算入項目**）や，費用としては認められるが損金としては認められない項目（**損金不算入項目**）がある場合，両者には差異が生じる（図表9－3参照）。

図表9－3 費用と損金の差異

企業会計		費　用	
課税所得計算		損　金	
差　異	損金算入項目		損金不算入項目

❺ 課税所得の計算

図表9−2より，課税所得計算上の益金は，企業会計上の収益に益金算入項目を加算し，益金不算入項目を減算した額となることがわかる。

益金＝収益＋益金算入項目−益金不算入項目

また，図表9−3より，課税所得計算上の損金は，企業会計上の費用に損金算入項目を加算し，損金不算入項目を減算した額となることがわかる。

損金＝費用＋損金算入項目−損金不算入項目

これらの式を❷の課税所得の計算式に代入して整理すると，下記のように，課税所得は，企業会計上の利益に益金算入項目と損金不算入項目を加算し，益金不算入項目と損金算入項目を減算することによっても算定できることがわかる。

課税所得＝益金−損金
＝（収益＋益金算入項目−益金不算入項目）
　−（費用＋損金算入項目−損金不算入項目）
＝（収益−費用）＋（益金算入項目＋損金不算入項目）
　−（益金不算入項目＋損金算入項目）
＝利益＋加算調整項目−減算調整項目

法人税の確定申告書では，こうした関係を利用し，株主総会の承認等を受けて確定した決算における当期純利益の額に一定の調整を行って課税所得を計算することになっている。このような課税所得の計算方法を**確定決算主義**という。

4 法人税の申告と納付

❶ 中間申告

事業年度が6カ月を超える普通法人は，原則として事業年度開始の日以後6カ月を経過した日から2カ月以内に，**中間申告書**を納税地の所轄税務署長に提出しなければならない。中間申告書に記載された法人税額は，その申告

書の提出期限までに納付しなければならない。

中間申告には，①前期実績を基準として算定した税額を申告する方法（予定申告）と，②事業年度開始の日以後6カ月を経過した日を基準として仮決算を行って算定した税額を申告する方法があるが，①予定申告の方法が原則である。なお，①予定申告の方法による税額は，下記の算式によって計算される。

$$予定申告額＝前事業年度の確定法人税額 \times \frac{6}{前事業年度の月数}$$

中間申告の方法としてどちらを採用した場合にも，法人税の中間納付を行った場合には，その税額を**仮払法人税等**として一時的に資産計上しておく。

(借)仮 払 法 人 税 等　　×××　(貸)現 金 預 金　　×××

❷ 決算時の処理

法人税の納税義務は各事業年度の終了時に成立する。そのため，各事業年度の決算時には，当該事業年度の法人税額の見積額を**法人税，住民税及び事業税（法人税等）**として費用計上するとともに，中間申告の際に一時的に計上していた仮払法人税等を取り崩し，両者の差額を**未払法人税等**として負債計上する。

(借)法 人 税 等　　×××　(貸)仮 払 法 人 税 等　　×××
　　　　　　　　　　　　　　　　　　未 払 法 人 税 等　　×××

❸ 確定申告

法人は，原則として各事業年度終了の日の翌日から2カ月以内に，**確定申告書**を納税地の所轄税務署長に提出しなければならない。確定申告書には，株主総会等の承認を受けて確定した決算に基づいて計算した課税所得や法人税額等を記載する。確定申告書に記載された法人税額は，その申告書の提出期限までに納付しなければならない。

法人税の確定申告を行い，確定税額から中間納付額を控除した未払額を納付した場合には，未払法人税等を取り崩す。

(借)未 払 法 人 税 等　　×××　(貸)現 金 預 金　　×××

157

　法人税の申告および納付に関する次の一連の取引を仕訳せよ。

① 予定申告の方法により200千円を中間申告し，納付した。

② 決算時において，当事業年度の法人税額が500千円と見積もられた。

③ 法人税額500千円を確定申告し，中間納付額200千円を控除した未払額300千円を納付した。

［解　答］……………………………………………………………………………………

①	（借）仮 払 法 人 税 等	200,000	（貸）現 金 預 金	200,000
②	（借）法　人　税　等	500,000	（貸）仮 払 法 人 税 等	200,000
			未 払 法 人 税 等	300,000
③	（借）未 払 法 人 税 等	300,000	（貸）現 金 預 金	300,000

5 税効果会計の仕組み

　企業会計上の収益または費用と課税所得計算上の益金または損金がすべて一致する場合，課税所得に一定の税率を乗じて計算された法人税等の額をそのまま企業会計上の法人税等に係る費用として計上すれば，税引前当期純利益に対する法人税等に係る費用の比率（法人税等の負担率）は税額計算に用いた税率と一致する。このような場合には，法人税等に係る費用が税引前当期純利益と合理的に対応しているといえる。

　しかしながら，前述のとおり，企業会計と課税所得計算ではその目的が異なるため，企業会計上の収益または費用と課税所得計算上の益金または損金には差異がみられるのが一般的である。このため，通常は，課税所得を基礎として計算された法人税等の額をそのまま企業会計上の法人税等に係る費用として計上すると，法人税等の負担率は税額計算に用いた税率と一致せず，法人税等に係る費用と税引前当期純利益は合理的に対応しない。さらに，そのような差異が企業会計上と課税所得計算上の認識時点の相違に起因する一時的なもの（**一時差異**）である場合には，当該差異が解消する将来の期間の

法人税等の支払額を増減させる影響（**税効果**）があるにもかかわらず、それらが貸借対照表に表示されないという問題が生じる。

これに対して、税効果会計を適用する場合には、一時差異等がもつ将来の期間の法人税等の支払額に対する税効果が**繰延税金資産**または**繰延税金負債**として貸借対照表に表示されるとともに、法人税等に係る費用が税引前当期純利益とより合理的に対応するように調整される。こうしたことから、現行の会計基準では、税効果会計の適用が要求されている。

★税効果会計で用いられる勘定科目

① **繰延税金資産**：将来減算一時差異および税務上の繰越欠損金等がもつ、将来の法人税等の支払額を減額する効果を資産計上したものをいう。一般的には法人税等の前払額に相当するため、資産としての性格を有するものと考えられる。

② **繰延税金負債**：将来加算一時差異がもつ、将来の法人税等の支払額を増額する効果を負債計上したものをいう。法人税等の未払額に相当するため、負債としての性格を有するものと考えられる。

③ **法人税等調整額**：税効果会計の適用による法人税等に係る費用の調整額をいう。繰延税金資産と繰延税金負債（評価差額に係るものを除く）の純額を期首と期末で比較した増減額として計算される。

例題9−2

下記の資料に基づき、①税効果会計を適用しない場合と、②税効果会計を適用する場合のそれぞれについて、20X0年末と20X1年末の決算時の法人税の会計処理に関する仕訳を示せ。なお、中間納税はないと仮定する。

［資　料］
・20X0年と20X1年の税引前当期純利益はいずれも1,000千円であった。

・20X0年に発生した棚卸資産評価損500千円は、20X1年に棚卸資産の処分により損金として認容された。

・法人税の税率は40％とする。

① 税効果会計を適用しない場合

〔20X0年〕

　20X0年の課税所得は税引前当期純利益1,000千円に損金不算入項目である棚卸資産評価損500千円を加算した1,500千円であり，法人税額はこれに税率40％を乗じた600千円である。

〔20X1年〕

　20X1年の課税所得は税引前当期純利益1,000千円から損金算入項目である棚卸資産評価損認容500千円を減算した500千円であり，法人税額はこれに税率40％を乗じた200千円である。

　税効果会計を適用しない場合，当期の法人税額がそのまま法人税等に係る費用となるので，法人税等の負担率は，20X0年が60％（＝法人税等合計600千円÷税引前当期純利益1,000千円），20X1年が20％（＝法人税等合計200千円÷税引前当期純利益1,000千円）となり，いずれも税率40％と一致しない。

② 税効果会計を適用する場合

　棚卸資産評価損500千円は，それが発生した20X0年の課税所得計算上は損金に算入されず，同年の法人税額を200千円（＝500千円×40％）だけ増加させるが，翌20X1年には損金として認容され，同年の法人税額を200千円だけ減少させることになる。したがって，棚卸資産評価損は将来の法人税等の額を減少させる効果をもつため，税効果会計の適用対象となる。

〔20X0年〕

　棚卸資産評価損が発生した20X0年には，棚卸資産評価損がもつ将来の税額減少効果200千円を繰延税金資産として貸借対照表に資産計上するとともに，損益計算書では同額を法人税等調整額の貸方に計上し，法人税等に係る費用を減額修正する。その結果，20X0年の法人税等に係る費用は，法人税等600千円と法人税等調整額▲200千円の合計400千円となり，法人税等の負担率は40％（＝法人税等合計400千円÷税引前当期純利益1,000千円）となる。

〔20X1年〕

　棚卸資産評価損が損金として認容される20X1年には，棚卸資産評価損の税額減少効果が実現し，消滅するので，貸借対照表で繰延税金資産200千円を取

り崩すとともに，損益計算書では同額を法人税等調整額の借方に計上し，法人税等に係る費用を増額修正する。その結果，20X1年の法人税等に係る費用は，法人税等200千円と法人税等調整額200千円の合計400千円となり，法人税等の負担率は40%（＝法人税等合計400千円÷税引前当期純利益1,000千円）となる。

したがって，税効果会計を適用する場合，20X0年と20X1年のいずれにおいても，法人税等の負担率が税率と一致しており，法人税等に係る費用と税引前当期純利益とが合理的に対応しているといえる。

（単位：千円）

	税効果会計を適用しない場合		税効果会計を適用する場合	
	20X0年	20X1年	20X0年	20X1年
税引前当期純利益	1,000	1,000	1,000	1,000
法人税等	600	200	600	200
法人税等調整額	—	—	▲200	200
法人税等合計	600	200	400	400
当期純利益	400	800	600	600
法人税等の負担率	60%	20%	40%	40%

［解　答］……………………………………………………………………………………

① **税効果会計を適用しない場合**

　20X0年：(借) 法 人 税 等　　600,000　(貸) 未払法人税等　　600,000

　20X1年：(借) 法 人 税 等　　200,000　(貸) 未払法人税等　　200,000

② **税効果会計を適用する場合**

　20X0年：(借) 法 人 税 等　　600,000　(貸) 未払法人税等　　600,000

　　　　　(借) 繰延税金資産　　200,000　(貸) 法人税等調整額　200,000

　20X1年：(借) 法 人 税 等　　200,000　(貸) 未払法人税等　　200,000

　　　　　(借) 法人税等調整額　200,000　(貸) 繰延税金資産　　200,000

★**税効果会計の方法**：税効果会計の方法には，繰延法と資産負債法の２つの方法がある。税効果会計基準では資産負債法が採用されているが，税効果会計基準が適用される前の税効果会計の実務では，主に繰延法が適用されていた。

① **繰延法**：会計上の収益または費用の金額と税務上の益金または損金の額に相違がある場合，その相違項目のうち，損益の期間帰属の相違に基づく差異（**期間差異**）について，発生した年度の当該差異に対する税金軽減額または税金負担額を差異が解消する年度まで貸借対照表上，繰延税金資産または繰延税金負債として計上する方法をいう。この方法では，繰延税金資産等の計算に用いられる税率は，期間差異が発生した年度の課税所得に適用された税率（**現行税率**）となる。そのため，税率の変更があっても，過年度に計上した繰延税金資産および繰延税金負債の金額の修正は行わない。

② **資産負債法**：会計上の資産または負債の金額と税務上の資産または負債の金額との間に差異があり，会計上の資産または負債が将来回収または決済されるなどにより当該差異が解消されるときに，税金を減額または増額させる効果がある場合に，当該差異（**一時差異**）の発生年度にそれに対する繰延税金資産または繰延税金負債を計上する方法をいう。この方法では，繰延税金資産等の計算に用いられる税率は，一時差異が解消される将来の年度に適用される税率（**予測税率**）である。そのため，税率の変更があった場合には，過年度に計上された繰延税金資産および繰延税金負債の金額を修正しなければならない。

6 一時差異等の把握

　一時差異および税務上の繰越欠損金等（**一時差異等**）は，将来の法人税等の支払額に影響を与えるので，これらに税効果会計を適用し，一時差異等に係る税金の額を適切な会計期間に配分し，繰延税金資産または繰延税金負債として計上しなければならない。

❶ 一時差異

　一時差異とは，貸借対照表に計上されている資産および負債の金額（**会計上の簿価**）と課税所得計算上の資産および負債の金額（**税務上の簿価**）との

差額をいう。ここで，税務上の簿価とは，会計上の簿価に税務上の加算額または減算額を調整した後の資産の額および負債の額である。例えば，棚卸資産の会計上の簿価1,000円に対し，税務上の加算額（企業会計上で計上した評価減で損金に算入されない額）200円があれば，それを加算した後の棚卸資産の額1,200円が税務上の簿価となる。したがって，この場合，棚卸資産の会計上の簿価との差額である税務上の加算額200円が一時差異となる。

個別財務諸表では，一時差異は，例えば，次のような場合に生じる。

①　企業会計上の収益または費用と課税所得計算上の益金または損金とで帰属年度が相違する場合（期間差異）

②　資産または負債の評価替えにより生じた評価差額が直接純資産の部に計上され，かつ，課税所得の計算に含まれていない場合（評価差額）

❷ 将来減算一時差異と将来加算一時差異

一時差異は，当該一時差異が解消するときにその期の課税所得を減額する効果をもつか増額する効果をもつかによって，将来減算一時差異と将来加算一時差異に分類される。

① 将来減算一時差異

将来減算一時差異は，将来，当該差異が解消するときに課税所得の計算上減算されるものである。将来減算一時差異には将来の税金負担額を減額する効果があるため，税効果会計を適用し，繰延税金資産を計上する。

将来減算一時差異としては，例えば，次のような項目がある。

- 引当金の損金不算入額
- 減価償却費の損金算入限度超過額
- 棚卸資産評価損
- その他有価証券評価差額金（評価差損）

② 将来加算一時差異

将来加算一時差異は，将来，当該差異が解消するときに課税所得の計算上加算されるものである。将来加算一時差異には将来の税金負担額を増額する効果があるため，税効果会計を適用し，繰延税金負債を計上する。

将来加算一時差異としては，例えば，次のようなものがある。

- 積立金方式による固定資産圧縮記帳額，特別償却準備金，その他租税特別措置法上の諸準備金
- その他有価証券評価差額金（評価差益）

 word

★**永久差異**：企業会計上の収益または費用のうち，課税所得計算上は永久に益金または損金に算入されない項目を**永久差異**という。永久差異は，企業会計上の収益または費用と課税所得計算上の益金または損金との差異ではあるが，将来の期間の法人税等の支払額を増減させる影響をもたないため，税効果会計の対象とはならない。

永久差異としては，例えば，次のような項目がある。
- 交際費の損金算入限度超過額
- 罰科金の損金不算入額
- 寄附金の損金不算入額
- 受取配当金の益金不算入額

❸ 税務上の繰越欠損金等

① 税務上の繰越欠損金

税務上の繰越欠損金は，その発生年度の翌期以降で繰越期限切れとなるまでの期間に課税所得が生じた場合には，課税所得を減額することができる。その結果，課税所得が生じた年度の法人税等として納付すべき額は，税務上の繰越欠損金が存在しない場合に比べて軽減される。そのため，税務上の繰越欠損金も将来減算一時差異に準ずるものとして税効果会計を適用し，繰延税金資産を計上する。

② 繰越外国税額控除

繰越外国税額控除は，その発生年度の翌期以降で繰越期限切れとなるまでの期間に生じた法人税および住民税額から控除することができる。そのため，繰越外国税額控除も将来減算一時差異に準ずるものとして税効果会計を適用し，繰延税金資産を計上する。

当期の申告調整事項等に関する下記の資料に基づき，課税所得の額を求めよ。なお，税引前当期純利益は10,000千円であったとする。

（単位：千円）

圧縮積立金積立額	1,000
交際費損金算入限度超過額	500
貸倒引当金損金算入限度超過額	1,800
その他有価証券評価差額金（評価差益）	1,200
棚卸資産評価損	2,400
受取配当金益金不算入額	1,500

😃解答へのアプローチ

下記の算式に基づき，税引前当期純利益に資料中の申告調整事項を加算または減算し，課税所得を求める。なお，その他有価証券評価差額金については，企業会計上と課税所得計算上とで帰属年度が一致しているため，申告調整は行われない。

課税所得＝税引前当期純利益＋（益金算入項目＋損金不算入項目）
　　　　　－（益金不算入項目＋損金算入項目）

[解　答]………………………………………………………………………………

課税所得：　12,200千円

（単位：千円）

税引前当期純利益			10,000
圧縮積立金積立額	（損金算入）	（減算）	1,000
交際費損金算入限度超過額	（損金不算入）	（加算）	500
貸倒引当金損金算入限度超過額	（損金不算入）	（加算）	1,800
棚卸資産評価損	（損金不算入）	（加算）	2,400
受取配当金益金不算入額	（益金不算入）	（減算）	1,500
課税所得			12,200

　次の各項目を(1)将来減算一時差異，(2)将来加算一時差異または(3)永久
差異のいずれかに分類しなさい。

①　寄附金の損金不算入額　　②　引当金の損金不算入額

③　棚卸資産評価損　　④　その他有価証券評価差額金（評価差益）

⑤　受取配当金の益金不算入額

➡ 解答は233ページ

7 繰延税金資産および繰延税金負債等の計上方法

❶ 繰延税金資産および繰延税金負債の計算

　税効果会計の適用に伴い，貸借対照表上は，将来減算一時差異等に対して
は繰延税金資産を，将来加算一時差異に対しては繰延税金負債を計上する。

① 繰延税金資産の計算

　繰延税金資産の額は，将来減算一時差異等の額に税率を乗じた額から，将
来の会計期間において回収が見込まれない税金の額を控除した額として計算
する。

> 繰延税金資産＝将来減算一時差異等×税率－回収不能見込額

② 繰延税金負債の計算

　繰延税金負債の額は，将来加算一時差異の額に税率を乗じた額から，将来
の会計期間において支払が見込まれない税金の額を控除した額として計算す
る。

> 繰延税金負債＝将来加算一時差異×税率－支払不能見込額

③ 法定実効税率の計算

　繰延税金資産および繰延税金負債の計算に使われる税率は，下記の算式で
表される**法定実効税率**による。

$$法定実効税率＝\frac{法人税率×（1＋地方法人税率＋住民税率）＋事業税率}{1＋事業税率}$$

法人税率23.9％，地方法人税率4.4％，住民税率16.3％，事業税率6.3％とした場合の法定実効税率を求めよ。

😊**解答へのアプローチ**

法定実効税率＝｜法人税率×(1＋地方法人税率＋住民税率)＋事業税率｜÷(1＋事業税率)

[解　答]‥‥‥‥‥‥‥‥‥‥‥‥‥‥‥‥‥‥‥‥‥‥‥‥‥‥‥‥‥‥‥‥‥‥‥‥

$33.06\％ = ｜0.239 \times (1+0.044+0.163) + 0.063｜ \div (1+0.063)$

応用 word

★**法定実効税率の導出**：繰延税金資産および繰延税金負債の計算に使用する法定実効税率は，税効果会計の対象となる法人税，地方法人税，住民税および事業税の合計税率に，事業税の損金算入の影響を考慮して算出される。

　地方法人税および住民税は法人税額を課税標準としているため，課税所得に対するこれらの税率はそれぞれ法人税率×地方法人税率，法人税率×住民税率となる。したがって，課税所得に対する法人税，地方法人税，住民税および事業税の合計税率は下記のようになる。

> 合計税率　＝法人税率＋法人税率×地方法人税率＋法人税
> 　　　　　率×住民税率＋事業税率
> 　　　　　＝法人税率×(1＋地方法人税率＋住民税率)＋
> 　　　　　事業税率

　事業税はその支払事業年度の課税所得の計算上，損金算入されるため，事業税額（＝課税所得×事業税率）に法定実効税率を乗じた額だけ実質的な税負担を減少させる効果がある。したがって，法定実効税率を得るには，合計税率から，事業税率に法定実効税率を乗じた分だけ控除すればよい。

> 法定実効税率＝合計税率－事業税率×法定実効税率

　これを法定実効税率について解くと，前記の算式が得られる。

$$法定実効税率＋事業税率×法定実効税率＝合計税率$$
$$法定実効税率×（1＋事業税率）＝合計税率$$
$$法定実効税率＝\frac{合計税率}{1＋事業税率}$$

❷ 繰延税金資産および繰延税金負債の計上方法

　繰延税金資産および繰延税金負債については，原則として，それらの差額を期首と期末で比較した増減額を，損益計算書で法人税等調整額として計上する。

　例えば，繰延税金資産の額が繰延税金負債の額を上回る場合において，繰延税金資産の純額が当期中に100増加した場合には，次のような仕訳となる。

　（借）繰延税金資産　　　　　100　（貸）法人税等調整額　　　　　100

　他方で，繰延税金資産の純額が当期中に100減少した場合には，次のような仕訳となる。

　（借）法人税等調整額　　　　　100　（貸）繰延税金資産　　　　　100

例題9-5

　下記の資料に基づき，当期末における税効果会計の仕訳を示せ。

[資　料]‥‥‥‥‥‥‥‥‥‥‥‥‥‥‥‥‥‥‥‥‥‥‥‥‥‥‥‥‥‥‥‥‥

・前期末および当期末における一時差異等の残高は下記のとおりである。

（単位：千円）

	前期末	当期末
将来減算一時差異等		
棚卸資産評価損	5,000	4,000
減価償却費損金算入限度超過額	12,000	15,000
繰越欠損金	8,000	10,000
将来加算一時差異		
積立金方式による固定資産圧縮記帳額	2,500	2,000

・前期および当期の法定実効税率はともに40％であった。

- 前期末および当期末において繰延税金資産は全額回収可能と判断されたとする。

前期末の繰延税金資産＝将来減算一時差異等25,000千円×0.4＝10,000千円

前期末の繰延税金負債＝将来加算一時差異2,500千円×0.4＝1,000千円

前期末の繰延税金資産の純額＝10,000千円－1,000千円＝9,000千円

当期末の繰延税金資産＝将来減算一時差異等29,000千円×0.4＝11,600千円

当期末の繰延税金負債＝将来加算一時差異2,000千円×0.4＝800千円

当期末の繰延税金資産の純額＝11,600千円－800千円＝10,800千円

［解　答］……………………………………………………………………

　　（借）繰 延 税 金 資 産　　　1,800,000　（貸）法人税等調整額　　　1,800,000

法人税等調整額＝当期末の繰延税金資産の純額－前期末の繰延税金資産の純額

　　　　　　　　＝10,800千円－9,000千円＝1,800千円

応用 word

★評価差額に係る繰延税金資産および繰延税金負債の計上方法：

　　一時差異のうち，その他有価証券評価差額金等の純資産の部に直接計上される評価差額は，それが実現する将来の期間において課税所得計算上益金または損金として認められることにより法人税等の支払額に影響を及ぼすため，その税効果について繰延税金資産または繰延税金負債を計上しなければならない。しかしながら，それらの評価差額の帰属年度は企業会計上と課税所得計算上とで一致しているため，法人税等に係る費用の調整を行う必要はない。そこで，そのような評価差額に係る繰延税金資産および繰延税金負債については，その金額を当該評価差額から控除して計上しなければならない。

① 　評価差益の場合：当期末においてその他有価証券に100の評価差益が生じていた場合，その時価評価に伴う評価差益100に法定実効税率40％を乗じて計算した繰延税金負債40を計上するとともに，その金額を評価差益の額から控除した残額60をその他有価証券評価差額金として純資産の部に直接計上する。

（借）そ の 他 有 価 証 券　100　（貸）その他有価証券評価差額金　60
　　　　　　　　　　　　　　　　　　　繰 延 税 金 負 債　40

② **評価差損の場合**：当期末においてその他有価証券に100の評価差損が生じていた場合，その時価評価に伴う評価差損100に法定実効税率40%を乗じて計算した繰延税金資産40を計上するとともに，その金額を評価差損の額から控除した残額60をその他有価証券評価差額金として純資産の部に直接計上する。

（借）その他有価証券評価差額金　60　（貸）そ の 他 有 価 証 券　100
　　　繰 延 税 金 資 産　40

❸ 繰延税金資産の回収可能性の判断

　繰延税金資産は，将来減算一時差異および税務上の繰越欠損金が将来の一時差異等加減算前課税所得の見積額および将来加算一時差異の解消見込額と相殺され，税金負担額を軽減することができる（すなわち，回収可能である）と認められる範囲内で計上し，その範囲を超える額については控除しなければならない。なお，その際の控除額のことを**評価性引当額**という。

　繰延税金資産の回収可能性は，次の①から③に基づいて，将来の税金負担額を軽減する効果を有するかどうかを判断する。

①　収益力に基づく一時差異等加減算前課税所得……将来減算一時差異の解消見込年度およびその解消見込年度を基準として税務上の欠損金の繰戻しおよび繰越しが認められる期間（繰戻・繰越期間），または税務上の繰越欠損金が生じた事業年度の翌期から繰越期限切れとなるまでの期間（繰越期間）に，一時差異等加減算前課税所得が生じる可能性が高いと見込まれるかどうか

②　タックス・プランニングに基づく一時差異等加減算前課税所得……将来減算一時差異の解消見込年度および繰戻・繰越期間または税務上の繰越欠損金の繰越期間に，含み益のある固定資産または有価証券を売却する等のタックス・プランニングに基づく一時差異等加減算前課税所得が生じる可能性が高いと見込まれるかどうか

③　将来加算一時差異……将来減算一時差異の解消見込年度および繰戻・繰越期間または税務上の繰越欠損金の繰越期間に，将来加算一時差異が解消されると見込まれるかどうか

❹ 繰延税金資産の回収可能性の見直し

　繰延税金資産の回収可能性は毎決算日現在で見直さなければならない。それに伴い，過年度に計上した繰延税金資産の全部または一部が上記の回収可能性の判断要件を満たさなくなった場合には，計上されていた繰延税金資産のうち過大となった金額を取り崩す。逆に，過年度に未計上であった繰延税金資産の全部または一部が上記の回収可能性の判断要件を満たすことになった場合には，回収されると見込まれる金額まで新たに繰延税金資産を計上する。

　なお，回収可能性を見直した結果生じた繰延税金資産の修正差額は，見直しを行った年度における損益計算書上の法人税等調整額に加減する。ただし，その他有価証券評価差額金等の純資産の部に直接計上される評価差額に係る繰延税金資産の修正差額は，評価差額に加減して処理する。

例題9-6

　下記の資料に基づき，当期末における税効果会計の仕訳を示すとともに，評価性引当額を計算せよ。

[資　料]…………………………………………………………………………………

• 前期末および当期末における一時差異等の残高は下記のとおりである。

（単位：千円）

	前期末	当期末
将来減算一時差異等		
棚卸資産評価損	5,000	4,000
減価償却費損金算入限度超過額	12,000	15,000
繰越欠損金	8,000	10,000
将来加算一時差異		
積立金方式による固定資産圧縮記帳額	2,500	2,000

• 前期および当期の法定実効税率はともに40％であった。

• 当期末の繰越欠損金のうち8,000千円に係る繰延税金資産は回収不能と判断されたとする。

😊 解答へのアプローチ

前期末の繰延税金資産＝将来減算一時差異等25,000千円×0.4＝10,000千円

171

前期末の繰延税金負債＝将来加算一時差異2,500千円×0.4＝1,000千円

前期末の繰延税金資産の純額＝10,000千円－1,000千円＝9,000千円

当期末の繰延税金資産＝（将来減算一時差異等29,000千円－繰越欠損金の回収
不能分8,000千円）×0.4＝8,400千円

当期末の繰延税金負債＝将来加算一時差異2,000千円×0.4＝800千円

当期末の繰延税金資産の純額＝8,400千円－800千円＝7,600千円

[解　答]……………………………………………………………………………………

(借)法人税等調整額　　1,400,000　　(貸)繰 延 税 金 資 産　　1,400,000

評価性引当額3,200千円＝繰越欠損金の回収不能分8,000千円×0.4

法人税等調整額＝当期末の繰延税金資産の純額－前期末の繰延税金資産の純額
＝7,600千円－9,000千円＝－1,400千円

❺ 繰延税金負債の支払可能性の判断

　繰延税金負債は，将来加算一時差異が将来課税所得を増加させ，税金負担額を増額する効果を有する（すなわち，支払可能である）と認められる範囲内で計上し，その範囲を超える額については控除しなければならない。

　ただし，繰延税金負債の支払が見込まれない場合とは，事業休止等により，会社が清算するまでに明らかに将来加算一時差異を上回る損失が発生し，課税所得が発生しないことが合理的に見込まれる場合に限られるので，通常は，繰延税金負債の全額が支払可能であると判断される。

❻ 税率の変更の取扱い

　税効果会計基準では資産負債法が採用されているため，繰延税金資産または繰延税金負債の金額は，回収または支払が行われると見込まれる期の税率（**予測税率**）に基づいて計算する。ただし，回収または支払が行われると見込まれる将来の税率を現時点で正確に予測することは難しいので，実務上は，決算日現在における税法規定に基づく税率を適用する。したがって，改正税法が当該決算日までに国会で成立しており，将来の適用税率が確定している場合は改正後の税率を適用する。

　税効果会計に適用される税率が変更された場合には，決算日現在における

改正後の税率を用いて過年度に計上された繰延税金資産および繰延税金負債の金額を修正し，その結果生じた修正差額は，損益計算書上，税率変更に係る改正税法が国会で成立した日を含む年度の法人税等調整額に加減して処理する。ただし，その他有価証券評価差額金等の純資産の部に直接計上される評価差額に係る繰延税金資産および繰延税金負債の修正差額は，評価差額に加減して処理する。

なお，税率の変更により繰延税金資産および繰延税金負債の金額が修正されたときは，その旨および修正額を注記しなければならない。また，決算日後に税率の変更があった場合には，繰延税金資産および繰延税金負債の金額は修正されないが，その税率変更の内容およびその影響を注記しなければならない。

応用問題 9－1

下記の資料に基づき，当期末における税効果会計の仕訳を示すとともに，税率の変更による繰延税金資産または繰延税金負債の純額の修正差額を計算せよ。

[資　料]‥‥‥‥‥‥‥‥‥‥‥‥‥‥‥‥‥‥‥‥‥‥‥‥‥‥‥‥‥‥‥‥‥

• 前期末および当期末における一時差異等の残高は下記のとおりである。

(単位：千円)

	前期末	当期末
将来減算一時差異等		
棚卸資産評価損	5,000	4,000
減価償却費損金算入限度超過額	12,000	15,000
繰越欠損金	8,000	10,000
将来加算一時差異		
積立金方式による固定資産圧縮記帳額	2,500	2,000

• 法定実効税率は前期の40％から当期は30％に変更された。

• 前期末および当期末において繰延税金資産は全額回収可能と判断されたとする。

➡ 解答は233ページ

173

8 財務諸表における表示

❶ 繰延税金資産等の表示方法

貸借対照表では，繰延税金資産と繰延税金負債は，双方を相殺した純額で表示する。連結貸借対照表においても，同一納税主体の繰延税金資産と繰延税金負債は，双方を相殺した純額で表示するが，異なる納税主体の繰延税金資産の純額と繰延税金負債の純額は，双方を相殺せずに表示する。

上記の方法で相殺後の繰延税金資産の純額は固定資産の投資その他の資産の区分に表示し，繰延税金負債の純額は固定負債の区分に表示する。

❷ 法人税等に係る費用の表示方法

損益計算書では，法人税等に係る費用は，「法人税，住民税及び事業税（法人税等）」と「法人税等調整額」に区分して，税引前当期純利益から控除する形式により表示しなければならない。

図表9－4 損益計算書（抜粋）

・・・(略)・・・		
税引前当期純利益		×××
法人税, 住民税及び事業税	×××	
法人税等調整額	×××	×××
当期純利益		×××

9 財務諸表における注記

税効果会計を適用した場合には，財務諸表に次の事項を注記しなければならない。

① 繰延税金資産および繰延税金負債の発生原因別の主な内訳
② 法定実効税率と税効果会計適用後の法人税等の負担率（税引前当期純利益に対する法人税等（法人税等調整額を含む）の比率）との間に重要な差異があるときは，当該差異の原因となった主要な項目別の内訳

174

③　税率の変更により繰延税金資産および繰延税金負債の金額が修正され
　たときは，その旨および修正額

④　決算日後に税率の変更があった場合には，その内容およびその影響

第10章 財務諸表

学習のポイント

1. 財務諸表の役割・種類・様式・作成方法について学ぶ。財務諸表には，貸借対照表，損益計算書，株主資本等変動計算書，キャッシュ・フロー計算書，附属明細表などがある。

2. 貸借対照表は，企業の財政状態を明らかにするために作成されるものである。その主な作成原則（表示に関する原則）としては，①完全性の原則，②区分計算表示の原則および③総額主義の原則がある。

3. 損益計算書は，企業の経営成績を明らかにするために作成されるものである。その主な作成原則（表示に関する原則）としては，①区分計算表示の原則および②総額主義の原則がある。

4. 株主資本等変動計算書は，主として株主資本の変動状況を明らかにするために作成されるものである。その様式としては，①純資産の各項目を縦に並べる様式と②純資産の各項目を横に並べる様式とがある。

5. キャッシュ・フロー計算書は，企業のキャッシュ・フロー（資金収支）の状況を明らかにするために作成されるものである。企業の一定期間におけるキャッシュ・フローが3つに区分表示される。

6. 附属明細表や注記は，会計情報を明瞭に表示し，その比較可能性を高めるためのものである。

7. 中間財務諸表は，会計情報を適時に開示するために作成されるものである。実績主義に基づき，原則として年度の財務諸表と同じ会計方針を適用して作成する。

1 財務諸表の意義

❶ 財務諸表の役割

　財務諸表は，企業がその利害関係者に対して自らの会計情報を提供するために作成する書類である。具体的には，貸借対照表，損益計算書，株主資本等変動計算書，キャッシュ・フロー計算書，附属明細表といった個々の財務表から構成されているものである。

　財務諸表は，①経営者が株主から委託された経済的な資源の受託責任を明らかにするための手段として利用されるにとどまらず，②投資者が株式，社債等の有価証券に対する投資判断（投資意思決定）を行うのに必要な会計情報を提供するため，③債権者が企業の支払能力や安全性を判断するのに必要な会計情報を提供するため，さらには，④企業の社会的な責任の増大に伴って，規制官庁，消費者，地域住民等のさまざまな利害関係者が必要としている会計情報を提供するための手段としても利用されている。

　財務諸表の作成について定めている主な法令としては，金融商品取引法，会社法および法人税法上の法令があるが，以下では，基本的に金融商品取引法上の法令に基づいて作成される財務諸表について説明する。なお，金融商品取引法は，証券取引所に有価証券を上場している会社等に対して，**有価証券報告書**を毎期作成することを義務づけている（第24条）。財務諸表は，この有価証券報告書のなかに含められ，公衆の縦覧に供されることになる（第25条および第193条）。

 word

> ★**会社法に基づく財務諸表**：貸借対照表，損益計算書，株主資本等変動計算書および注記表から構成される（会社法では計算書類と呼ばれている）。キャッシュ・フロー計算書の作成・開示については求められていない。

❷ 財務諸表の種類

　財務諸表は，その作成範囲の相違によって，個々の企業ごとの**個別財務諸表**と，企業集団に関して作成される**連結財務諸表**との2つに分けられる。こ

れらのうち，本章では，個別財務諸表について説明する。連結財務諸表については，『検定簿記講義１級商業簿記・会計学』下巻第９章において解説する。

また，財務諸表は，その作成時期の相違によって，会計年度末に作成される**期末財務諸表**，会計年度の途中に作成される**四半期財務諸表**や**中間財務諸表**などに分けることができる。金融商品取引法によると，有価証券報告書を作成する上場会社等で事業年度が開始した日から６カ月が経過したときは，事業年度開始日以後の６カ月間に関する**半期報告書**を作成しなければならない（第24条の５）。この半期報告書において開示される財務諸表が，中間財務諸表である。

財務諸表の種類について整理すると，図表10－１のとおりである。

図表10－1 財務諸表の種類

	個別財務諸表	連結財務諸表
期末財務諸表	① 貸借対照表 ② 損益計算書 ③ 株主資本等変動計算書 ④ キャッシュ・フロー計算書 ⑤ 附属明細表	① 連結貸借対照表 ② 1計算書方式の場合： ・連結損益及び包括利益計算書 2計算書方式の場合： ・連結損益計算書 ・連結包括利益計算書 ③ 連結株主資本等変動計算書 ④ 連結キャッシュ・フロー計算書 ⑤ 連結附属明細表
中間財務諸表	① 中間個別貸借対照表 ② 中間個別損益計算書 ③ 中間個別キャッシュ・フロー計算書	① 中間連結貸借対照表 ② 1計算書方式の場合： ・中間連結損益及び包括利益計算書 2計算書方式の場合： ・中間連結損益計算書 ・中間連結包括利益計算書 ③ 中間連結キャッシュ・フロー計算書

（注）　中間財務諸表については，中間連結財務諸表を開示していれば，中間個別財務諸表の開示を要しない。

❸ 財務諸表の様式

　財務諸表の作成にあたっては，その利用者が必要とする会計情報を明瞭に表示するため，**一定の様式**を備えたものを作成することが求められる。様式の整備された財務諸表は，利用者の財務諸表に対する理解を高めるだけでなく，財務諸表の比較（同一企業の期間比較と企業間比較）を容易にする。

　財務諸表に求められる様式の1つとして，区分表示がある。これは，資産・負債・純資産（資本）や収益・費用等の諸項目を一定の性質ごとに区分を設けてまとめ，表示する様式である。例えば，貸借対照表では，資産の各科目が流動資産，固定資産または繰延資産のいずれかの区分に属するものとして分類・表示される。

　また，財務諸表の様式には，**勘定式**および**報告式**の2つの形式がある。金融商品取引法に基づく財務諸表では，一定の順序で各科目を上から下へと書き流していく報告式が主に用いられている。

 word

> ★**勘定式**：左右対照の勘定口座の形式に従った貸借対照表と損益計算書の様式。例えば，勘定式の貸借対照表では，借方に資産の各科目が，貸方に負債と純資産の各科目が表示される。

❹ 財務諸表の作成

　財務諸表は，**決算**の手続を通じて作成される。決算は，日常の取引に関する帳簿上の記録を一定期間ごとに整理し，帳簿を締め切るとともに，最終的には財務諸表を作成する手続である。決算の手続は，①決算予備手続，②決算本手続および③決算報告手続の3つからなる。これら一連の手続については，本検定簿記講義シリーズの『検定簿記講義2級商業簿記』で解説されているが，3つの手続の概要を示せば，図表10－2のとおりである。

① 決算予備手続

　イ　試算表の作成

　ロ　棚卸表の作成

　ハ　精算表の作成

② 決算本手続

　イ　決算整理事項の処理

　　a．決算整理事項について補助簿を修正し，締め切る。

　　b．決算整理事項を仕訳し，総勘定元帳の各勘定へ転記する。

　ロ　総勘定元帳の各勘定の残高の振替えと締切り

　　a．収益・費用の各勘定の残高を損益勘定に振り替え，各勘定を締め切る。

　　b．損益勘定で算出された純損益を繰越利益剰余金勘定へ振り替え，損益勘定を締め切る。

　　c．資産・負債・純資産（資本）の各勘定を締め切る。

③ 決算報告手続

　決算本手続が終了したあとの総勘定元帳，決算整理後残高試算表などをもとに損益計算書および貸借対照表を作成する。また，それ以外の財務諸表についても，決算のなかで得られた情報をもとに作成する。なお，財務諸表については，一定の様式を備えたものを作成する。

例題10-1

　下記の決算整理事項に基づいて精算表を完成しなさい。なお，決算整理によって生じた費用は，販売諸経費に含めず，独立の科目とする。また，会計期間は，20X1年4月1日から20X2年3月31日までとする。

精 算 表 (単位：千円)

勘定科目	残高試算表 借方	残高試算表 貸方	整理記入 借方	整理記入 貸方	損益計算書 借方	損益計算書 貸方	貸借対照表 借方	貸借対照表 貸方
現 金 預 金	2,200							
受 取 手 形	2,100							
売 掛 金	2,800							
繰 越 商 品	750							
仮 払 金	1,100							
建 物	9,600							
土 地	9,200							
投 資 有 価 証 券	3,500							
電 話 加 入 権	100							
自 己 株 式	1,500							
買 掛 金		2,500						
仮 受 金		3,000						
長 期 借 入 金		3,500						
退 職 給 付 引 当 金		1,500						
貸 倒 引 当 金		20						
減 価 償 却 累 計 額		320						
資 本 金		15,000						
その他資本剰余金		700						
利 益 準 備 金		500						
別 途 積 立 金		800						
繰 越 利 益 剰 余 金		1,570						
売 上		9,780						
受 取 配 当 金		110						
土 地 売 却 益		500						
仕 入	4,700							
販 売 諸 経 費	1,400							
支 払 利 息	350							
備 品 除 却 損	500							
	39,800	39,800						

〈決算整理事項〉

① 期末商品の帳簿棚卸高は600千円である。また，期末商品の実地棚卸高は，簿価で580千円，正味売却価額で570千円である。

② 仮払金のうち800千円は中間配当金を支払ったときに計上したものである
が，これに伴う剰余金の減少（繰越利益剰余金を原資とする）および準備金
の積立てに関する処理は行われていない。また，仮払金の残りの金額は，新
株発行のための費用の支出額であるが，これについては資産処理を行い，3
年間にわたって定額法で償却する。なお，この新株発行は当期首に行われた。

③ 仮受金のうち800千円は，出張した販売員からの振込みで，その内容は売
掛金の回収と判明した。残りの金額は，新株発行（1株の払込額22千円，
100株発行）に伴う払込額である。会社法の認める最少額を資本金とする。

④ 売掛金と受取手形の期末残高（すべて一般債権である）について，貸倒実
績率2％で貸倒引当金を差額補充法により設定する。

⑤ 退職給付引当金は，外部積立方式によるものでなく，内部積立方式による
ものである。当期末に従業員の退職給付を見積もった結果，当期の負担に属
する金額は195千円と計算された。なお，期中に退職給付の支払いはなかっ
た。

⑥ 建物の減価償却は，残存価額をゼロ，耐用年数を30年とし，定額法により
行う。なお，試算表の金額は，すべて昨年度期首に取得した建物の金額を示
している。

⑦ 法人税，住民税及び事業税は，税引前当期純利益の30％を計上する。なお，
千円未満は切り捨てる。

😊 解答へのアプローチ

- 中間配当については，配当額の10分の1に相当する額を利益準備金に積み立
てる。なお，積立の上限は，資本準備金との合計額が資本金の4分の1に達
するまでである。
- 新株発行による払込額のうち，2分の1を超えない範囲の金額に限り，資本
金に組み入れないことが認められている。この限度額を資本準備金とすれば，
資本金は最も少ない金額となる。

　　払込額の2分の1の金額：2,200千円 ÷ 2 ＝1,100千円
- 退職給付引当金は，内部積立方式によるものなので，外部の基金に対する掛
金の支払いはない。

- 中間配当とそれに伴う利益準備金の積立は，損益計算（当期純利益の計算）に含められるものではなく，剰余金を直接変動させるものである。

[解　答]‥‥‥‥‥‥‥‥‥‥‥‥‥‥‥‥‥‥‥‥‥‥‥‥‥‥‥‥‥‥‥‥‥‥‥‥‥‥

精　算　表

(単位：千円)

勘定科目	残高試算表 借方	残高試算表 貸方	整理記入 借方	整理記入 貸方	損益計算書 借方	損益計算書 貸方	貸借対照表 借方	貸借対照表 貸方
現　金　預　金	2,200						2,200	
受　取　手　形	2,100						2,100	
売　　掛　　金	2,800			③ 800			2,000	
繰　越　商　品	750		① 570	① 750			570	
仮　　払　　金	1,100			②1,100				
建　　　　　物	9,600						9,600	
土　　　　　地	9,200						9,200	
投 資 有 価 証 券	3,500						3,500	
電 話 加 入 権	100						100	
自　己　株　式	1,500						1,500	
買　　掛　　金		2,500						2,500
仮　　受　　金		3,000	③3,000					
長　期　借　入　金		3,500						3,500
退 職 給 付 引 当 金		1,500		⑤ 195				1,695
貸 倒 引 当 金		20		④ 62				82
減 価 償 却 累 計 額		320		⑥ 320				640
資　　本　　金		15,000		③1,100				16,100
その他資本剰余金		700						700
利　益　準　備　金		500		⑧ 80				580
別　途　積　立　金		800						800
繰 越 利 益 剰 余 金		1,570	② 880					690
売　　　　　上		9,780				9,780		
受　取　配　当　金		110				110		
土　地　売　却　益		500				500		
仕　　　　　入	4,700		① 750	① 600	4,850			
販　売　諸　経　費	1,400				1,400			
支　払　利　息	350				350			
備　品　除　却　損	500				500			
	39,800	39,800						
棚　卸　減　耗　損			① 20		20			
商　品　評　価　損			① 10		10			
株　式　交　付　費			② 300	② 100			200	
株 式 交 付 費 償 却			② 100		100			
資　本　準　備　金				③1,100				1,100
貸 倒 引 当 金 繰 入			④ 62		62			
退 職 給 付 費 用			⑤ 195		195			
減 価 償 却 費			⑥ 320		320			
法人税,住民税及び事業税			⑦ 774		774			
未 払 法 人 税 等				⑦ 774				774
当　期　純　利　益					1,809			1,809
			6,981	6,981	10,390	10,390	30,970	30,970

183

例題10－1に関して，次の各問の仕訳を示しなさい。

問1 決算整理後の収益と費用の各勘定残高を損益勘定に振り替える仕訳

問2 当期純利益を繰越利益剰余金に振り替える仕訳

解答へのアプローチ

図表10－2で示されているように，決算の手続は，①決算予備手続，②決算本手続および③決算報告手続の3つからなる。これらのうち，②決算本手続では，まず，決算整理事項に関する仕訳を行い，総勘定元帳に転記する。次に，収益と費用の各勘定について，各勘定の残高を損益勘定に振り替えてから各勘定を締め切る。**問1**は，この振替仕訳に関するものである。

さらに，収益と費用の各勘定残高が振り替えられた損益勘定では，その貸借差額によって純利益（または純損失）が明らかになる。この金額を損益勘定から繰越利益剰余金勘定に振り替えて損益勘定を締め切ることになるが，**問2**は，この振替仕訳に関する問題である。ちなみに，損益勘定および繰越利益剰余金勘定の関係を示すと，次のとおりである。

なお，資産，負債および純資産の各勘定については，上述の損益勘定のような各勘定残高を集合する勘定は設けず，各勘定に繰越記入をして（各勘定残高の貸借反対側に「次期繰越」と記入して）締め切る。

[解　答]‥‥‥‥‥‥‥‥‥‥‥‥‥‥‥‥‥‥‥‥‥‥‥‥‥‥‥‥‥‥‥‥‥

（単位：千円）

問1 （借）売　　　　上　　9,780　（貸）損　　　　益　　10,390

　　　　　受 取 配 当 金　　　110

　　　　　土 地 売 却 益　　　500

（借）損	益	8,581	（貸）仕	入	4,850
			販 売 諸 経 費	1,400
			支 払 利 息	350
			備 品 除 却 損	500
			棚 卸 減 耗 損	20
			商 品 評 価 損	10
			株 式 交 付 費 償 却	100
			貸 倒 引 当 金 繰 入	62
			退 職 給 付 費 用	195
			減 価 償 却 費	320
			法人税, 住民税及び事業税	774
問2 （借）損	益	1,809	（貸）繰 越 利 益 剰 余 金	1,809

2 貸借対照表

❶ 貸借対照表の意義

貸借対照表は，企業の**財政状態**を明らかにするため，一定時点におけるすべての資産，負債および純資産（資本）を表示する書類である。

毎決算時に作成される貸借対照表（決算貸借対照表）は，企業の清算，破産，更生などの非常時に作成される貸借対照表（破産・清算・更生貸借対照表など）と異なり，原理的には継続企業に適用される会計原則に基づいて作成される。

基本 word

★**貸借対照表の作成方法**：貸借対照表の作成方法には，誘導法と棚卸法がある。誘導法は，正規の簿記手続に従って作成される会計帳簿の記録に基づいて，損益計算書の作成と同時に貸借対照表を作成する方法である。一方，棚卸法は，継続的な帳簿記録は必要とせず，一定時点での棚卸調査によって財産目録を作成し，これに基づいて貸借対照表を作成する方法である。

❷ 貸借対照表の作成原則

貸借対照表の主な作成原則（表示に関する原則）としては，①完全性の原則，②区分計算表示の原則および③総額主義の原則がある。

① 完全性の原則

この原則は，投資者，債権者等の利害関係者に企業の財政状態を適切に理解させるため，一定時点における企業の資産，負債および純資産（資本）のすべてを網羅的に貸借対照表に表示することを要求する原則である（「企業会計原則」第三の一を参照）。「網羅性の原則」と呼ばれることもある。

なお，この原則に従う場合であっても，「重要性の原則」が適用される。言い換えれば，「正規の簿記の原則」に従って処理された場合に生じた簿外資産および簿外負債については，貸借対照表に表示しないことができる（「企業会計原則」第三の一，「企業会計原則注解」注1を参照）。

② 区分計算表示の原則

この原則は，貸借対照表の作成にあたって，資産，負債および純資産（資本）の各科目を一定の基準に従って区分し，それぞれの区分ごとに金額を算定し，さらに，それらを一定の配列法に従って表示することを要求する原則である（「企業会計原則」第三の二，三および四，「企業会計原則注解」注16を参照）。

なお，資産および負債の各科目は，第3章および第4章において解説した流動資産と固定資産の分類に基づいて区分表示される。他方，純資産の各科目は，第5章において解説したように，株主資本，評価・換算差額等，株式引受権または新株予約権のいずれかに区分表示される。また，資産および負債の各項目の配列方法については，流動性の高い資産および負債を先に掲げる流動性配列法が原則的な方法とされている（「企業会計原則」第三の三）。

③ 総額主義の原則

この原則は，資産，負債および純資産（資本）の各項目について，それらの総額を記載することを要求する原則である。言い換えれば，資産の項目と負債または純資産（資本）の項目とを相殺することによって，その全部または一部を貸借対照表から除外することを禁じる原則である（「企業会計原則」第三の一のB）。

★**固定性配列法**：資産および負債の各項目の配列順序について，流動性配列法とは逆に，固定資産と固定負債のそれぞれを先に掲げる方法。電気・ガス事業を営む企業などのように，固定資産（生産設備等）の重要性が高い企業において用いられている。

例題10－3

例題10－1の精算表に基づいて，報告式・区分式の貸借対照表を作成しなさい。なお，預金のうち750千円は，決算日の翌日から起算して1年を超えて満期日を迎える定期預金である。

😊解答へのアプローチ

貸借対照表の様式には勘定式と報告式があり，また，科目を性質ごとにまとめて区分表示するかどうかで無区分式と区分式がある。勘定式であれ報告式であれ，会計情報を明瞭に表示するためには区分を設ける必要がある。

[解　答]‥‥‥‥‥‥‥‥‥‥‥‥‥‥‥‥‥‥‥‥‥‥‥‥‥‥‥‥‥‥‥

貸 借 対 照 表
20X2年3月31日　　　　　　　　　　　　（単位：千円）
資 産 の 部

I	流動資産		
1	現 金 預 金		1,450
2	受 取 手 形	2,100	
	貸 倒 引 当 金	42	2,058
3	売 掛 金	2,000	
	貸 倒 引 当 金	40	1,960
4	商 品		570
	流動資産合計		6,038
II	固定資産		
(1)	有形固定資産		
1	建 物	9,600	
	減価償却累計額	640	8,960
2	土 地		9,200
	有形固定資産合計		18,160
(2)	無形固定資産		
1	電 話 加 入 権		100
	無形固定資産合計		100

(3) 投資その他の資産			
1 投資有価証券			3,500
2 長期定期預金			750
投資その他の資産合計			4,250
固定資産合計			22,510
Ⅲ 繰延資産			
1 株 式 交 付 費			200
繰延資産合計			200
資産合計			28,748

負 債 の 部

Ⅰ 流動負債			
1 買 掛 金		2,500	
2 未 払 法 人 税 等		774	3,274
Ⅱ 固定負債			
1 長 期 借 入 金		3,500	
2 退職給付引当金		1,695	5,195
負債合計			8,469

純 資 産 の 部

Ⅰ 株主資本			
(1) 資 本 金			16,100
(2) 資 本 剰 余 金			
1 資 本 準 備 金		1,100	
2 その他資本剰余金		700	
資本剰余金合計			1,800
(3) 利 益 剰 余 金			
1 利 益 準 備 金		580	
2 その他利益剰余金			
① 別途積立金	800		
② 繰越利益剰余金	2,499		
	3,299		
利益剰余金合計			3,879
(4) 自 己 株 式			△1,500
株主資本合計			20,279
純資産合計			20,279
負債・純資産合計			28,748

次の貸借対照表に関する記述について，（　　）内に入れるべき適切な語句を下記の解答語群の中から選びなさい。

貸借対照表は，資産の部，負債の部および（　a　）の部の3区分に分かち，さらに資産の部を流動資産，固定資産および（　b　）に，負債の部を流動負債および固定負債に区分しなければならない。

(1) 取引先との通常の商取引によって生じた受取手形・売掛金等の（　c　），時価の変動により利益を得ることを目的として保有する有価証券，商品・製品等の（　d　），期限が（　e　）以内に到来する（　c　）などは，流動資産に属するものとする。

(2) 固定資産は，有形固定資産，無形固定資産および（　f　）に区分しなければならない。

(3) 資産計上された株式交付費，社債発行費等，（　g　），開業費および開発費は，（　b　）に属するものとする。

(4) 取引先との通常の取引によって生じた支払手形・買掛金等の（　h　），期限が（　e　）以内に到来する（　h　）などは，流動負債に属するものとする。

(5) 社債・長期借入金等の長期の（　h　），通常（　e　）を超えて使用（取崩）される見込みの（　i　）などは，固定負債に属するものとする。

＜解答語群＞

① 債権　　　　　　　　② 債務　　　　　　　　③ 正常営業循環

④ 投資その他の資産　　⑤ 純資産　　　　　　　⑥ 1年

⑦ 棚卸資産　　　　　　⑧ 繰延資産　　　　　　⑨ 研究開発費

⑩ 株主資本　　　　　　⑪ 創立費　　　　　　　⑫ 引当金

➡ 解答は234ページ

次の資料に基づいて，勘定式・区分式の貸借対照表を作成しなさい。

［資料1］決算整理前残高試算表

残 高 試 算 表　　　　（単位：千円）

現　　　　金	3,770	買　　掛　　金	3,690
現 金 過 不 足	180	借　　入　　金	4,300
当 座 預 金	3,250	社　　　　債	48,500
受 取 手 形	4,300	貸 倒 引 当 金	110
売　　掛　　金	2,800	資　　本　　金	40,000
有 価 証 券	8,500	資 本 準 備 金	10,000
繰 越 商 品	1,100	利 益 準 備 金	5,000
建　　　　物	18,000	別 途 積 立 金	8,000
土　　　　地	74,900	繰越利益剰余金	14,950
の　れ　ん	8,000	売　　　　上	45,200
研 究 開 発 費	14,000	受取利息配当金	300
仕　　　　入	27,450		
販 売 諸 経 費	10,000		
支 払 利 息	1,300		
社 債 利 息	2,500		
	180,050		180,050

［資料2］決算整理事項等

① 現金勘定の残高について調べてみたところ，通貨のほかに次のもの
　が含まれていた。

　・1カ月後の支払日が記入された先日付小切手　300千円

② 現金過不足について調査した結果，売掛金回収300千円の記入漏れ
　と販売諸経費支払い500千円の記入漏れが判明した。原因不明分は雑
　損益として処理する。

③ 銀行から取り寄せた当座預金の残高証明金額は，3,450千円であっ
　た。帳簿残高との不一致の原因は，次のとおりと判明した。

　・未取付小切手（買掛金の支払い）　　　　　　　　520千円

　・未渡小切手（買掛金の支払い）　　　　　　　　　300千円

　・当座預金への振込みで当社に未達（売掛金の回収）　500千円

　・銀行での時間外預入として決算日の翌日扱いとしたもの 1,000千円

　　　・水道光熱費の自動引き落としが当社では未処理　　　　120千円

④　有価証券は，すべて売買目的有価証券に分類されるものであり，その時価は9,200千円であった。

⑤　期末商品に関する資料は，次のとおりである。

　　　帳簿残高　　3,000個　@400円

　　　実際有高　　2,800個　うち品質低下品　200個　評価額@200円

　　　　　　　　　　　　　　正常品　　　2,600個　時価　@300円

⑥　売掛金と受取手形の期末残高（すべて一般債権である）について，貸倒実績率5％で貸倒引当金を設定する（差額補充法によること）。

⑦　建物の減価償却は直接法によって処理されているが，間接法に改める。すべて3年前の期首に取得したもので，定額法（残存価額ゼロ，耐用年数20年）による償却を2年間行ってきた。

⑧　のれんは今年度期首に計上されたもので，20年間にわたって均等額で償却する。

⑨　借入金は，すべて今年度末から1年後（翌年度の決算日）に支払期限が到来するものである。

⑩　社債は，3年前の期首に額面総額50,000千円（期間5年）を額面100円につき95円で発行したものである。なお，期中に支払った社債利息については，すでに処理済みである。償却原価法の適用にあたっては，定額法を用いる。

⑪　法人税，住民税及び事業税については，考慮しないものとする。

➡ 解答は234ページ

3 損益計算書

❶ 損益計算書の意義

損益計算書は、企業の**経営成績**を明らかにするため、一定期間における収益および費用を示し、さらに収益と費用の差額である利益または損失を表示する書類である。

なお、損益計算書が明示すべき経営成績の意味については、それを狭義に解釈する**当期業績主義**と、広義に解釈する**包括主義**がある。現行の企業会計制度では、基本的に包括主義に基づいた損益計算書が作成されている（「企業会計原則」第二の一を参照）。

基本 word

★**当期業績主義**：企業の経営成績について、その意味を経常的収益力（当期に属する経常的な収益および費用から構成される経常利益）を指すものとする見解。

★**包括主義**：企業の経営成績について、その意味を当期に生じたすべての費用および収益から構成される当期純利益を指すものとする見解。

❷ 損益計算書の作成原則

損益計算書の主な作成原則（表示に関する原則）としては、①区分計算表示の原則および②総額主義の原則がある。

① 区分計算表示の原則

この原則は、損益計算書における損益科目を、営業損益計算、経常損益計算および純損益計算のように区分を分けて計算・表示することを要求する原則である（「企業会計原則」第二の二、財務諸表等規則第70条などを参照）。

② 総額主義の原則

この原則は、収益および費用の各項目について、それらの総額を記載することを要求する原則である。言い換えれば、収益の項目と費用の項目とを相殺することによって、その全部または一部を損益計算書から除外することを禁じる原則である（「企業会計原則」第二の一のB）。

例題10－4

例題10－1の精算表に基づいて，報告式・区分式の損益計算書を作成しなさい。なお，棚卸減耗損は，売上原価の内訳科目とする。

☺ 解答へのアプローチ

貸借対照表と同様に，損益計算書の様式にも勘定式と報告式があり，また，損益を段階別に表示する区分式と，そのような区分を設定しない無区分式がある。本問では，区分式の損益計算書の作成が求められている。

[解　答]..

損益計算書

自20X1年4月1日　至20X2年3月31日　　（単位：千円）

Ⅰ	売上高		9,780
Ⅱ	売上原価		
1	商品期首棚卸高	750	
2	当期商品仕入高	4,700	
	合　計	5,450	
3	商品期末棚卸高	600	
		4,850	
4	棚卸減耗損	20	
5	商品評価損	10	4,880
	売上総利益		4,900
Ⅲ	販売費及び一般管理費		
1	販売諸経費	1,400	
2	貸倒引当金繰入	62	
3	退職給付費用	195	
4	減価償却費	320	1,977
	営業利益		2,923
Ⅳ	営業外収益		
1	受取配当金		110
Ⅴ	営業外費用		
1	支払利息	350	
2	株式交付費償却	100	450
	経常利益		2,583
Ⅵ	特別利益		
1	土地売却益		500
Ⅶ	特別損失		
1	備品除却損		500
	税引前当期純利益		2,583
	法人税，住民税及び事業税		774
	当期純利益		1,809

次の損益計算書に関する記述について，（　）内に入れるべき適切な語句を下記の解答語群の中から選びなさい。

損益計算書には，営業損益計算，経常損益計算および純損益計算の区分を設けなければならない。

(1) 営業損益計算の区分は，当該企業の（　a　）から生ずる費用および収益を記載して，（　b　）を計算する。

(2) 経常損益計算の区分は，営業損益計算の結果を受けて，（　c　），（　d　），その他主たる営業活動以外の原因から生ずる損益であって，（　e　）に属しないものを記載し，経常利益を計算する。

(3) 純損益計算の区分は，経常損益計算の結果を受けて，臨時損益を記載し，（　f　）を計算する。

＜解答語群＞

① 営業利益　　　　② 利息　　　　　　③ 営業活動

④ 受取配当金　　　⑤ 固定資産売却益　⑥ すべての取引

⑦ 利益準備金　　　⑧ 当期純利益　　　⑨ 投資活動

⑩ 特別損益　　　　⑪ 売上原価　　　　⑫ 引当金

➡ 解答は236ページ

次の資料に基づいて，報告式・区分式の損益計算書を作成しなさい。なお，決算整理によって生じた科目は，独立の科目で表示する。会計期間は，20X1年4月1日からの1年間とする。

[資料1] 決算整理前残高試算表

残 高 試 算 表
20X2年3月31日 （単位：千円）

現 金 預 金	101,500	買 掛 金	131,050
受 取 手 形	290,000	仮 受 金	210,000
売 掛 金	335,000	貸 倒 引 当 金	6,000
有 価 証 券	50,000	減価償却累計額	260,400
繰 越 商 品	135,000	資 本 金	700,000
備 品	102,000	利 益 準 備 金	60,000
建 物	786,000	繰越利益剰余金	198,250
仕 入	1,725,700	売 上	2,240,000
販 売 諸 経 費	278,000	受 取 配 当 金	5,000
支 払 手 数 料	7,500		
	3,810,700		3,810,700

[資料2] 決算整理事項等

① 期末商品に関する資料は，次のとおりである。なお，棚卸減耗損は，売上原価の内訳科目とする。

　　　期末帳簿棚卸高（原価）148,480千円

　　　期末実地棚卸高（原価）146,480千円

　　　期末実地棚卸高（時価）145,480千円

② 建物のうち336,000千円は，20X1年10月1日に取得したものである。この建物については，国からの国庫補助金210,000千円を受け取っているが，仮受金で処理してある。補助金については，建物の取得原価を圧縮する処理を行う（ただし，受贈益と圧縮損を計上する）。

③ 売掛金と受取手形の期末残高（すべて一般債権である）について，貸倒実績率2％で貸倒引当金を設定する（差額補充法によること）。

④ 減価償却に関する資料は，次のとおりである。なお，前年度までは適正に処理されている。

　　　建物：定額法，耐用年数30年（当期に取得したもの以外は，期首

までに16年経過），残存価額ゼロ

　　備品：200％定率法，耐用年数10年，残存価額ゼロ，保証率0.06552,
　　　　　改訂償却率0.25

⑤　法人税，住民税及び事業税は，税引前当期純利益の30％を計上する。

⇒ 解答は237ページ

4 株主資本等変動計算書

❶ 株主資本等変動計算書の意義

　株主資本等変動計算書は，企業の一定期間における純資産の変動状況のうち，主として株主資本の変動状況を明らかにするために作成される書類である。なお，株主資本等変動計算書には，株主資本を構成する各項目（資本金，資本剰余金，利益剰余金および自己株式）の変動状況に加えて，評価・換算差額等，株式引受権および新株予約権の変動状況も表示される。

❷ 株主資本等変動計算書の作成方法

　株主資本等変動計算書の作成方法（表示区分，表示方法等）については，企業会計基準第6号「株主資本等変動計算書に関する会計基準」において定められている。

　株主資本等変動計算書の様式としては，①純資産の各項目を縦に並べる様式と②純資産の各項目を横に並べる様式とがある。これらを示すと，図表10－3および図表10－4のようになる。なお，金融商品取引法に基づく財務諸表では，株主資本等変動計算書の様式として②の様式が用いられている。

株主資本等変動計算書

株主資本

 資本金　　　　　当期首残高　　　　　　　　　　　　×××

 　　　　　　　　当期変動額　　　新株の発行　　　　×××

 　　　　　　　　当期末残高　　　　　　　　　　　　×××

 資本剰余金

  資本準備金　　当期首残高　　　　　　　　　　　　×××

 　　　　　　　　当期変動額　　　新株の発行　　　　×××

 　　　　　　　　当期末残高　　　　　　　　　　　　×××

 　その他資本剰余金　当期首残高及び当期末残高　　　×××

 資本剰余金合計　当期首残高　　　　　　　　　　　　×××

 　　　　　　　　当期変動額　　　　　　　　　　　　×××

 　　　　　　　　当期末残高　　　　　　　　　　　　×××

 利益剰余金

  利益準備金　　当期首残高　　　　　　　　　　　　×××

 　　　　　　　　当期変動額　　剰余金の配当に伴う積立て　×××

 　　　　　　　　当期末残高　　　　　　　　　　　　×××

 その他利益剰余金

  ＸＸ積立金　　当期首残高及び当期末残高　　　　×××

  繰越利益剰余金　当期首残高　　　　　　　　　　×××

 　　　　　　　　当期変動額　　　剰余金の配当　　△×××

 　　　　　　　　　　　　　　　　当期純利益　　　×××

 　　　　　　　　当期末残高　　　　　　　　　　　　×××

 利益剰余金合計　当期首残高　　　　　　　　　　　　×××

 　　　　　　　　当期変動額　　　　　　　　　　　　×××

 　　　　　　　　当期末残高　　　　　　　　　　　　×××

（以下省略）

10

財務諸表

197

図表10−4 純資産の各項目を横に並べる様式

株主資本等変動計算書

	株主資本										評価・換算差額等		株式引受権	新株予約権	純資産合計
		資本剰余金			利益剰余金				自己株式	株主資本合計					
	資本金	資本準備金	その他資本剰余金	資本剰余金合計	利益準備金	その他利益剰余金		利益剰余金合計			その他有価証券評価差額金	評価・換算差額等合計			
						××積立金	繰越利益剰余金								
当期首残高	×××	×××	×××	×××	×××	×××	×××	×××	△×××	×××	×××	×××	×××	×××	×××
当期変動額															
新株の発行	×××	×××		×××						×××					×××
剰余金の配当					×××		△×××	△×××		△×××					△×××
当期純利益							×××	×××		×××					×××
自己株式の処分									×××	×××					×××
××××××															
株主資本以外の項目の当期変動額(純額)											×××	×××	×××	×××	×××
当期変動額合計	×××	×××	−	×××	×××	−	×××	×××	×××	×××	×××	×××	×××	×××	×××
当期末残高	×××	×××	×××	×××	×××	×××	×××	×××	△×××	×××	×××	×××	×××	×××	×××

例題10−5

次の資料に基づいて，株主資本等変動計算書を作成しなさい。なお，純資産の各項目を縦に並べる様式によること。

[資 料]………………………………………………………………………

(1) 期首における純資産の部（単位：千円）

資 本 金	50,000	別 途 積 立 金	10,000
資 本 準 備 金	3,000	繰 越 利 益 剰 余 金	12,000
その他資本剰余金	1,500	自 己 株 式	800
利 益 準 備 金	1,500	その他有価証券評価差額金	900

(2) 当期の取引等

① 新株発行による当座預金への払込額10,000千円について，全額を資本金とした。

② その他資本剰余金1,000千円および繰越利益剰余金2,000千円を原資とする配当を行った。

③ 自己株式700千円を取得した。

④ 当期純利益は5,500千円であった。

198

😊解答へのアプローチ

　その他資本剰余金を原資とする配当を行った場合には，その10分の1の金額を資本準備金として積み立てることに留意する。また，繰越利益剰余金を原資とする配当の場合には，その10分の1の金額を利益準備金として積み立てなければならない。ただし，準備金として積み立てなければならない金額の上限は，資本金の4分の1の金額である。

[解　答]‥‥‥‥‥‥‥‥‥‥‥‥‥‥‥‥‥‥‥‥‥‥‥‥‥‥‥‥‥‥‥‥‥‥

<u>株主資本等変動計算書</u>

（単位：千円）

株主資本	
資本金	
当期首残高	50,000
当期変動額	
新株の発行	10,000
当期変動額合計	10,000
当期末残高	60,000
資本剰余金	
資本準備金	
当期首残高	3,000
当期変動額	
剰余金の配当に伴う積立て	100
当期変動額合計	100
当期末残高	3,100
その他資本剰余金	
当期首残高	1,500
当期変動額	
剰余金の配当	△1,000
資本準備金の積立て	△100
当期変動額合計	△1,100
当期末残高	400
資本剰余金合計	
当期首残高	4,500
当期変動額	△1,000
当期末残高	3,500
利益剰余金	
利益準備金	
当期首残高	1,500
当期変動額	
剰余金の配当に伴う積立て	200
当期変動額合計	200

当期末残高	1,700
その他利益剰余金	
別途積立金	
当期首残高	10,000
当期変動額	0
当期末残高	10,000
繰越利益剰余金	
当期首残高	12,000
当期変動額	
剰余金の配当	△2,000
利益準備金の積立て	△200
当期純利益	5,500
当期変動額合計	3,300
当期末残高	15,300
利益剰余金合計	
当期首残高	23,500
当期変動額	3,500
当期末残高	27,000
自己株式	
当期首残高	△800
当期変動額	
自己株式の取得	△700
当期変動額合計	△700
当期末残高	△1,500
株主資本合計	
当期首残高	77,200
当期変動額	11,800
当期末残高	89,000
評価・換算差額等	
その他有価証券評価差額金	
当期首残高	900
当期変動額	0
当期末残高	900
評価・換算差額等の合計	
当期首残高	900
当期変動額	0
当期末残高	900
純資産合計	
当期首残高	78,100
当期変動額	11,800
当期末残高	89,900

　次の株主資本等変動計算書に関する記述について，（　　　）内に適切な語句を記入しなさい。

(1)　株主資本等変動計算書に表示される各項目の（　a　）および（　b　）は，前期および当期の貸借対照表の純資産の部における各項目の期末残高と整合したものでなければならない。

(2)　株主資本の各項目については，（　a　），当期変動額および（　b　）に区分し，当期変動額は（　c　）ごとにその金額を表示する。

(3)　損益計算書の当期純利益（または当期純損失）については，その他利益剰余金またはその内訳科目である（　d　）の（　c　）として表示する。

(4)　株主資本以外の各項目については，（　a　），当期変動額および（　b　）に区分し，当期変動額は（　e　）で表示する。ただし，当期変動額については，主な（　c　）ごとにその金額を表示（注記による開示を含む）することができる。

➡ 解答は238ページ

　次の資料に基づいて，株主資本等変動計算書を作成しなさい。なお，純資産の各項目を横に並べる様式によること。

[資　料]……………………………………………………………………………

(1)　期首における純資産の部（単位：千円）

資　本　金	3,000	繰越利益剰余金	220
資本準備金	100	自　己　株　式	30
その他資本剰余金	20	その他有価証券評価差額金	10
利益準備金	150	株式引受権	10
別途積立金	200	新株予約権	30

(2)　当期の取引等

①　新株予約権（帳簿価額20千円）の権利が行使されたので新株を発行

し，権利行使に伴う200千円の払込みを受けた。なお，会社法が認める最低金額を資本金に組み入れた。

② その他資本剰余金10千円および繰越利益剰余金50千円を原資とする配当を行った。

③ 自己株式（取得金額20千円）を30千円で売却した。

④ その他有価証券評価差額金の当期末残高は20千円であった。

⑤ 当期純利益は80千円であった。

⇒ 解答は239ページ

5 キャッシュ・フロー計算書

❶ キャッシュ・フロー計算書の意義

　キャッシュ・フロー計算書は，企業の一定期間における資金収支（キャッシュ・フロー）の状況を明らかにするために作成される書類である。貸借対照表および損益計算書と同様に企業活動全体を対象とする重要な情報を提供するものとして，財務諸表の1つに位置づけられている。

🈶🈴 word

> ★**「資金」の範囲**：キャッシュ・フロー計算書が対象とする「資金」の範囲は，現金および現金同等物である。なお，現金とは，手許現金および要求払預金（当座預金，普通預金など）をいう。また，現金同等物とは，容易に換金可能であり，かつ，価値の変動について僅少なリスクしか負わない短期投資（満期日までの期間が3カ月以内の定期預金，譲渡性預金など）をいう。

❷ キャッシュ・フロー計算書の作成方法

① キャッシュ・フローの区分表示

　キャッシュ・フロー計算書では，一定期間におけるキャッシュ・フローを「**営業活動によるキャッシュ・フロー**」，「**投資活動によるキャッシュ・フロー**」および「**財務活動によるキャッシュ・フロー**」の3つに区分して表示する。これらの区分に記載されるキャッシュ・フローの例を示すと，図表10−5のとおりである。

区　分	項　目　例
営業活動による キャッシュ・フロー	・商品および役務の販売による収入 ・商品および役務の購入による支出 ・従業員および役員に対する報酬の支出 ・災害による保険金収入 ・損害賠償金の支払
投資活動による キャッシュ・フロー	・有形固定資産および無形固定資産の取得による支出 ・有形固定資産および無形固定資産の売却による収入 ・有価証券（現金同等物を除く）および投資有価証券の取得による支出 ・有価証券（現金同等物を除く）および投資有価証券の売却による収入 ・貸付けによる支出 ・貸付金の回収による収入
財務活動による キャッシュ・フロー	・株式の発行による収入 ・自己株式の取得による支出 ・配当金の支払 ・社債の発行および借入れによる収入 ・社債の償還および借入金の返済による支出

なお，法人税等に係るキャッシュ・フローは，「営業活動によるキャッシュ・フロー」の区分に一括して記載する。また，利息および配当金に係るキャッシュ・フローについては，継続適用を条件として，次の2つの方法の選択適用が認められている。

(i) 受取利息，受取配当金および支払利息に係るキャッシュ・フローを「営業活動によるキャッシュ・フロー」の区分に，支払配当金に係るキャッシュ・フローを「財務活動によるキャッシュ・フロー」の区分に記載する方法

(ii) 受取利息および受取配当金に係るキャッシュ・フローを「投資活動によるキャッシュ・フロー」の区分に，支払利息および支払配当金に係るキャッシュ・フローを「財務活動によるキャッシュ・フロー」の区分に記載する方法

★「**営業活動によるキャッシュ・フロー**」の区分：営業損益計算の対象となった取引のほか，投資活動および財務活動以外の取引によるキャッシュ・フローが記載される区分。

★「**投資活動によるキャッシュ・フロー**」の区分：固定資産の取得および売却，現金同等物に含まれない短期投資の取得および売却等によるキャッシュ・フローが記載される区分。

★「**財務活動によるキャッシュ・フロー**」の区分：資金の調達および返済によるキャッシュ・フローが記載される区分。

② 直接法と間接法

前述した3つの区分のうち，「営業活動によるキャッシュ・フロー」の区分の表示方法については，継続適用を条件として，直接法および間接法の選択適用が認められている。

直接法は，営業収入，商品仕入支出，原材料仕入支出，人件費支出など，営業活動に係る主要な取引ごとのキャッシュ・フローを総額で表示する方法である。一方，間接法は，税引前当期純利益に非資金損益項目（減価償却費のようなキャッシュ・フローを伴わない損益項目），営業活動とはかかわりがない損益項目（固定資産売却損益，有価証券売却損益など），および営業活動に係る資産・負債（売上債権・仕入債務・棚卸資産）の増減を加減する形式でキャッシュ・フローを表示する方法である。

例題10－6

次の貸借対照表と損益計算書に基づいて，下記の直接法および間接法によるキャッシュ・フロー計算書の（　　）内に，適切な用語または金額を記入しなさい。

貸　借　対　照　表　　　　（単位：千円）

	20X1年	20X2年	増減額
現金預金	10,000	15,500	5,500
売掛金	4,500	6,000	1,500
貸倒引当金	（　90）	（　120）	（　30）
有価証券	1,500	0	(1,500)
商品	5,000	4,300	（　700）
備品	12,000	12,000	0
建物	19,000	19,000	0
減価償却累計額	(5,600)	(7,000)	(1,400)
土地	0	3,100	3,100
資産合計	46,310	52,780	6,470
買掛金	3,000	3,800	800
短期借入金	2,500	1,000	(1,500)
長期借入金	7,200	6,500	（　700）
未払利息	50	70	20
未払法人税等	1,600	1,800	200
負債合計	14,350	13,170	(1,180)
資本金	20,000	20,000	0
利益準備金	0	100	100
繰越利益剰余金	11,960	19,510	7,550
純資産合計	31,960	39,610	7,650
負債純資産合計	46,310	52,780	6,470

損　益　計　算　書　　　（単位：千円）
20X2年度

売上高	59,000
売上原価	39,740
売上総利益	19,260
販売費及び一般管理費	4,700
受取利息及び配当金	50
有価証券売却益	100
支払利息	294
税引前当期純利益	14,416
法人税等	5,766
当期純利益	8,650
販売費及び一般管理費の内訳；	
人件費	1,800

右側余白：**10**　財務諸表

減価償却費		1,400
貸倒引当金繰入		30
その他の経費		1,470
		4,700

繰越利益剰余金の増減：

当期首残高		11,960
当期純利益		8,650
配当金		(1,000)
利益準備金の積立て		(100)
当期末残高		19,510

(注) 20X2年度に，有価証券の購入はなかった。
また，短期借入金および長期借入金について
も新規の借入れはなかった。

キャッシュ・フロー計算書(直接法)　（単位：千円）
20X2年度

Ⅰ　営業活動によるキャッシュ・フロー

営業収入	(①　　　　)	
商品の仕入支出	(②　　　　)	
人件費支出	(③　　　　)	
その他の営業支出	(④　　　　)	
小　計	(⑤　　　　)	
((イ)　　　　　　　　)の受取額	(⑥　　　　)	
利息の支払額	(⑦　　　　)	
((ロ)　　　　　　　　)の支払額	(⑧　　　　)	
営業活動によるキャッシュ・フロー	(⑨　　　　)	

Ⅱ　投資活動によるキャッシュ・フロー

有価証券の売却による収入	(⑩　　　　)	
有形固定資産の取得による支出	(⑪　　　　)	
投資活動によるキャッシュ・フロー	(⑫　　　　)	

Ⅲ　財務活動によるキャッシュ・フロー

短期借入金の返済による支出	(⑬　　　　)	
長期借入金の返済による支出	(⑭　　　　)	
配当金の支払額	(⑮　　　　)	
財務活動によるキャッシュ・フロー	(⑯　　　　)	

Ⅳ　現金及び現金同等物の増加額	(⑰　　　　)	
Ⅴ　現金及び現金同等物期首残高	(⑱　　　　)	
Ⅵ　現金及び現金同等物期末残高	(⑲　　　　)	

キャッシュ・フロー計算書（間接法）　（単位：千円）

20X2年度

Ⅰ　営業活動によるキャッシュ・フロー

税引前当期純利益	(⑳	)
減価償却費	(㉑	)
貸倒引当金の増加額	(㉒	)
有価証券売却益	(㉓	)
受取利息及び配当金	(㉔	)
支払利息	(㉕	)
売上債権の増加額	(㉖	)
棚卸資産の減少額	(㉗	)
仕入債務の増加額	(㉘	)
小　計	(㉙	)
((ハ)　　　　　)の受取額	(㉚	)
利息の支払額	(㉛	)
((ニ)　　　　　)の支払額	(㉜	)
営業活動によるキャッシュ・フロー	(㉝	)

（以下省略）

😊 解答へのアプローチ

＜直接法による営業キャッシュ・フローの表示＞

1　営業収入には，現金取引による売上収入と売上債権の回収による収入がある。この金額は，損益計算書の売上高に売上債権等の増減額を加減することによって算定できる。例えば，売掛金が増加すると，その分だけ売掛金の回収が遅れるので，当期の営業収入（キャッシュ・フロー）は減少することになる。

売上債権の増加（キャッシュ・フローの減少）→売上高から減算

売上債権の減少（キャッシュ・フローの増加）→売上高に加算

したがって，営業収入は57,500千円（＝売上高59,000千円－売掛金増加額1,500千円）となる。

2　商品の仕入支出は，損益計算書の売上原価に仕入債務や棚卸資産等の増減額を加減して求める。

仕入債務の増加（キャッシュ・フローの増加）→売上原価から減算

仕入債務の減少（キャッシュ・フローの減少）→売上原価に加算

棚卸資産の増加（キャッシュ・フローの減少）→売上原価に加算

棚卸資産の減少（キャッシュ・フローの増加）→売上原価から減算

　　したがって，商品の仕入支出は38,240千円（＝売上原価39,740千円－買掛金増加額800千円－棚卸資産減少額700千円）となる。

3　人件費支出とその他営業支出については，これらを増減させる項目が貸借対照表に計上されていないので，損益計算書上のそれぞれの金額をそのまま記入する。

4　利息および配当金の表示については2つの記載方法があるが，この例題では，受取利息，受取配当金および支払利息を「営業活動によるキャッシュ・フロー」の区分に記載する方法が用いられている。なお，利息の支払額については，貸借対照表に未払利息が計上されているので，次のようにして当期の支出額を算定する。

　　未払利息期首残高50千円＋支払利息294千円－未払利息期末残高70千円＝274千円

5　法人税等の支払額についても，貸借対照表に未払法人税等が計上されているので，次のようにして当期の支出額を算定する。

　　未払法人税等期首残高1,600千円＋法人税等5,766千円－未払法人税等期末残高1,800千円＝5,566千円

6　投資活動によるキャッシュ・フロー

　　有価証券の売却収入と有形固定資産（土地）の購入支出がある。有価証券については，期中に新規の購入がなかったので，売却収入は減少額1,500千円と売却益100千円の合計額1,600千円となる。土地については，貸借対照表に未払金等が計上されていないので，増加額3,100千円がそのまま支出額となる。

7　財務活動によるキャッシュ・フロー

　　短期借入金と長期借入金の返済額については，いずれも期中に新規借入れを行っていないので，それぞれの減少額が返済による支出額となる。また，配当金の支払額については，貸借対照表に未払配当金が計上されていないので，繰越利益剰余金を原資とする剰余金の配当1,000千円を記入する。

＜間接法による営業キャッシュ・フローの表示＞

1　非資金損益項目である減価償却費1,400千円と貸倒引当金繰入30千円を税引前当期純利益に加算する。これらの項目は，損益計算書に費用として計上

208

されているが，支出（キャッシュ・フローの減少）を伴わないものである。

2　営業活動とはかかわりがない損益項目である有価証券売却益100千円と，受取利息および配当金50千円を当期純利益から減額する。また，支払利息294千円を当期純利益に加算する。

3　営業活動とかかわりのある資産（売上債権）の増加額1,500千円を当期純利益から減算し，資産の減少額（棚卸資産）の減少額700千円を当期純利益に加算する。また，営業活動とかかわりのある負債（仕入債務）の増加額800千円を当期純利益に加算する。

4　小計から下の項目については，直接法と同様にして求める。

［解　答］..

①57,500　②−38,240　③−1,800　④−1,470　⑤15,990　⑥50　⑦−274

⑧−5,566　⑨10,200　⑩1,600　⑪−3,100　⑫−1,500　⑬−1,500

⑭−700　⑮−1,000　⑯−3,200　⑰5,500　⑱10,000　⑲15,500　⑳14,416

㉑1,400　㉒30　㉓−100　㉔−50　㉕294　㉖−1,500　㉗700　㉘800

㉙15,990　㉚50　㉛−274　㉜−5,566　㉝10,200

(イ)利息および配当金　　(ロ)法人税等　　(ハ)利息および配当金

(ニ)法人税等

　次のキャッシュ・フロー計算書に関する記述について，（　　）内に適切な語句を記入しなさい。

(1)　キャッシュ・フロー計算書が対象とする資金の範囲は，現金および現金同等物とする。後者の現金同等物とは，容易に（　a　）であり，かつ，価値の変動について僅少な（　b　）しか負わない（　c　）をいう。

(2)　「営業活動によるキャッシュ・フロー」の区分には，（　d　）の対象となった取引のほか，投資活動および財務活動以外の取引によるキャッシュ・フローを記載する。

(3)　法人税等に係るキャッシュ・フローは，「（　e　）」の区分に記載する。

(4)　利息および配当金に係るキャッシュ・フローは，次のいずれかの方法により記載する。

　①　受取利息，受取配当金および支払利息は，「（　f　）」の区分に記載し，支払配当金は「（　g　）」の区分に記載する方法。

　②　受取利息および受取配当金は「（　h　）」の区分に記載し，支払利息および支払配当金は「（　i　）」の区分に記載する方法。

⇒ 解答は239ページ

6 附属明細表

❶ 附属明細表の意義

　附属明細表は，貸借対照表および損益計算書における重要項目について，その内容を詳しく説明するために作成される附属書類である。附属明細表の役割は，「企業会計原則」の一般原則の1つである「明瞭性の原則」に基づき，会計情報を明瞭に表示し，その比較可能性を確保することにある。

　なお，附属明細表の記載方法については，財務諸表等規則（第120条ないし第126条）において定められている。

word

> ★**会社法上の附属明細書**：会社法上の規定（会社法第435条，会社計算規則
> 第117条および会社法施行規則第128条）によって作成される書類。会社法
> では，計算書類に関する附属明細書だけでなく，事業報告に関する附属明細
> 書の作成も求められている。

❷ 附属明細表の種類

　附属明細表には，有価証券明細表，有形固定資産等明細表，社債明細表，借
入金等明細表，引当金明細表および資産除去債務明細表がある。これらの様
式については，財務諸表等規則の様式第10号から第15号までを参照のこと。

7 注　記

❶ 注記の意義

　注記は，財務諸表に掲げられている項目，金額等について，その補足的説
明を簡潔に加えるために記載されるものである。注記の役割は，附属明細表
と同様に，会計情報の明瞭表示と比較可能性の確保にある。

　なお，注記の記載方法には，**脚注**と**一括記載**の2つがある。最近では，注
記として記載の求められる事項が増えてきており，また，複数の財務諸表に
関係する注記事項が多くなってきていることから，一括記載の方法が一般化
してきている（「企業会計原則注解」注1－4，財務諸表等規則第9条などを
参照）。

基本 word

> ★**脚注**：各財務表の本文の下に注記を記載する方法。
> ★**一括記載**：財務諸表全体の末尾にまとめて注記を記載する方法。

❷ 注記事項

注記事項には，①重要な会計方針に関するもの，②重要な後発事象に関するもの，③1株当たり純利益に関するもの，④継続企業情報に関するもの，⑤金融商品および賃貸等不動産の時価情報に関するもの，⑥会計上の見積りに関するもの，⑦会計上の変更に関するものがあり，また，⑧その他の注記事項として，財務諸表の本文に掲げられている項目や金額を補足的に説明するためのものなどがある。

① 重要な会計方針

会計方針とは，財務諸表の作成にあたって採用した会計処理の原則および手続をいう。注記を必要とする重要な会計方針の例としては，有価証券・棚卸資産の評価基準および評価方法，固定資産の減価償却の方法などがある。なお，会計処理の対象となる会計事象や取引に対して適用し得る具体的な会計基準等の定めが存在しない場合に採用した会計方針についても，同様の注記が求められる（企業会計基準第24号「会計方針の開示，会計上の変更及び誤謬の訂正に関する会計基準」第4−2項ないし第4−6項，財務諸表等規則第8条の2などを参照）。

② 重要な後発事象

後発事象とは，決算日後に発生した事象で，次期以降の財政状態および経営成績に重要な影響を及ぼすものをいう。注記を必要とする後発事象の例としては，火災・出水等による重要な損害の発生，主要な取引先の倒産などがある（「企業会計原則注解」注1−3および財務諸表等規則第8条の4を参照）。

③ 1株当たり当期純利益

1株当たり当期純利益（または当期純損失）は，株主の立場からみた場合における企業の収益性および配当能力を示す指標といえるものである。これは投資者の投資判断に役立つ情報であると考えられ，注記することが求められている（財務諸表等規則第95条の5の2を参照）。1株当たり当期純利益の算定方法については，企業会計基準第2号「1株当たり当期純利益に関する会計基準」において定められている。なお，財務諸表には，1株当たり純資産額についても注記しなければならない（財務諸表等規則第68条の4を参照）。

④ 継続企業情報

　決算日において，継続企業の前提（企業が将来にわたって事業を継続するという前提）に重要な疑義を抱かせる事象または状況が存在し，当該事象または状況を解消（もしくは改善）するための対応をしてもなお重要な不確実性が認められる場合には，当該事象または状況の内容，当該事象または状況への対応策などについて注記しなければならない（財務諸表等規則第8条の27を参照）。

⑤ 金融商品および賃貸等不動産の時価情報

　金融商品に関しては，その時価，評価差額等を注記することに加えて，時価のレベル（時価を算定する際に用いられるインプットの観察可能性に応じて順位づけられたレベル）ごとの内訳等について注記することが求められている（企業会計基準第10号「金融商品に関する会計基準」第40-2項，企業会計基準第30号「時価の算定に関する会計基準」第11項および第12項，財務諸表等規則第8条の6の2などを参照）。

　また，棚卸資産に分類されている不動産以外のものであって，賃貸収益等の獲得を目的として保有する賃貸等不動産に関しては，その時価，損益等について注記することが求められている（企業会計基準第20号「賃貸等不動産の時価等の開示に関する会計基準」第8項および財務諸表等規則第8条の30）。

⑥ 会計上の見積り

　財務諸表に計上する項目には，その金額の算出にあたって，会計上の見積りが必要となる項目がある。それらのうち，翌年度の財務諸表に重要な影響を及ぼすリスクがある項目に関して行われた会計上の見積りについては，その内容（当年度の財務諸表に計上した金額に加えて，例えば，金額の算出方法，金額の算出に用いた主要な仮定，翌年度の財務諸表に与える影響など）を注記することが求められる（企業会計基準第31号「会計上の見積りの開示に関する会計基準」第4項ないし第8項および財務諸表等規則第8条の2の2）。

⑦ 会計上の変更

　会計上の変更（会計方針の変更，表示方法の変更および会計上の見積りの

変更）を行った場合には，その内容，理由，影響額などについて注記することが求められている。なお，過去の誤謬の修正再表示を行った場合にも，その内容等について注記しなければならない（企業会計基準第24号「会計方針の開示，会計上の変更及び誤謬の訂正に関する会計基準」第10項，財務諸表等規則第8条の3などを参照）。

⑧ その他の注記事項

その他の注記事項の例としては，関係会社に対する債権債務，金銭債権の回収不能見込額，固定資産の減価償却累計額，偶発債務などがある。

基本問題 10−8

次の各文のうち，正しい文として最も適切なものを1つ選びなさい。

ア．財務諸表には，有価証券の評価基準および評価方法，棚卸資産の評価基準および評価方法，固定資産の減価償却の方法などの重要な会計方針を注記しなければならない。ただし，会計処理の対象となる会計事象や取引に関連する会計基準等の定めが明らかでない場合に採用した重要な会計方針については，その注記を省略することができる。

イ．次期以降の財政状態および経営成績に重要な影響を及ぼす事象が発生した場合であっても，当該事象が決算日後に発生した場合には，財務諸表において，当該事象に関する注記を省略することができる。

ウ．財務諸表には，1株当たり当期純利益または当期純損失の金額を注記しなければならず，さらに，1株当たり純資産額についても注記しなければならない。

エ．財務諸表には，通常の販売目的で保有する不動産であって，棚卸資産として分類されている販売用不動産の時価，損益等について注記しなければならない。

➡ 解答は239ページ

8 中間財務諸表

(注)　本節は2023年12月15日に公表された企業会計基準公開草案第80号「中間財務諸表に
　　関する会計基準（案）」をもとに解説している。

❶ 中間財務諸表の意義

　中間財務諸表は，１事業年度が６カ月を超える場合に，事業年度が開始し
た日以後６カ月の期間（中間会計期間）に関して作成される財務諸表である。
企業の利害関係者（特に投資者）にとって有用な情報を適時に開示するため
に作成されるものである。

　中間財務諸表には，**中間連結財務諸表**（連結ベースでの中間財務諸表）と
中間個別財務諸表（個別ベースでの中間財務諸表）がある。これらのうち，前
者を開示する企業においては，後者の開示が必要とされていない。後者の中
間個別財務諸表の開示が求められるのは，連結子会社が存在せず，中間連結
財務諸表を開示していない企業である。

❷ 中間財務諸表の範囲と開示対象期間

　中間財務諸表の作成と開示について提案するものとして，企業会計基準公
開草案第80号「中間財務諸表に関する会計基準（案）」（以下，「中間会計基準
（案）」という）がある。

　「中間会計基準（案）」によると，中間個別財務諸表の範囲は，**中間個別貸
借対照表**，**中間個別損益計算書**および**中間個別キャッシュ・フロー計算書**と
される（「中間会計基準（案）」第7項）。株主資本等変動計算書については，
企業の作成負担や開示における適時性の要請などが考慮され，中間財務諸表
の範囲に含められていない（「中間会計基準（案）」BC第11項および「四半期
財務諸表に関する会計基準」第36項）。ただし，株主資本の金額に著しい変動
があった場合には，その主な変動事由について注記しなければならない（「中
間会計基準（案）」第36項）。

　次に，中間個別財務諸表の開示対象期間を整理して示すと，図表10－6の
とおりである（「中間会計基準（案）」第8項を参照）。

図表10-6 中間個別財務諸表の開示対象期間

財務諸表の種類	開示対象期間	
	当年度	前年度（比較情報）
中間個別貸借対照表 （前年度については要約貸借対照表）	中間会計期間の末日	前年度の末日
中間個別損益計算書	中間会計期間	前年度における中間会計期間
中間個別キャッシュ・フロー計算書	中間会計期間	前年度における中間会計期間

 word

★**中間会計期間**：1事業年度が6カ月を超える場合に，当該事業年度が開始した日以後6カ月の期間。

❸ 中間財務諸表の作成方法

　中間財務諸表の作成にあたっては，中間財務諸表の性格を明らかにしたうえで，それに即した作成方法を適用すべきといえる。中間財務諸表の性格については，**実績主義**および**予測主義**という2つの考え方がある。

　実績主義は，中間会計期間を独立した会計期間とみなし，中間財務諸表を中間会計期間に係る実績を表示するものとして性格付ける立場である。実績主義によると，中間財務諸表は，原則として年度の財務諸表と同じ会計方針を適用して作成する。

　一方，予測主義は，中間会計期間を1事業年度の構成部分とみたうえで，中間財務諸表を年間損益等の予測に資する情報を提供するものとして性格付ける立場である。予測主義によると，中間財務諸表は，年度の財務諸表と部分的に異なる会計方針を適用して作成される。具体的には，収益は実績で計上しつつも，費用は収益に対応するように配分する。これにより，損益の季節変動が激しい企業であっても，年間損益の予測に資する情報を提供できると考えられている。

　「中間会計基準（案）」では，実績主義を基本とした中間財務諸表の作成に

ついて定められている（BC第12項を参照）。すなわち，中間財務諸表は，原価差異や税金費用に関しての中間特有の会計処理を除き，原則として年度の財務諸表と同じ会計方針を適用して作成しなければならない（第16項ないし第18項および第31項）。ただし，財務諸表利用者の判断を誤らせない限り，簡便な会計処理によることができる（第11項および第26項）。

例題10-7

A社は，スキー場とスケート場を経営している。次の資料から，A社の中間会計期間の営業損益を，①実績主義と②予測主義に基づいて計算しなさい。なお，当事業年度は，20X1年4月1日から20X2年3月31日までの1年間である。

[資　料]‥‥‥‥‥‥‥‥‥‥‥‥‥‥‥‥‥‥‥‥‥‥‥‥‥‥‥‥‥‥‥‥‥‥‥

	中間会計期間の実績	年間（予測）
営業収益	180,000千円	1,800,000千円
営業費用	225,000千円	1,500,000千円

☺解答へのアプローチ

予測主義では，営業費用の年間予測額を，営業収益を基準にして配分する。

1,500,000千円 × （180,000千円 ÷ 1,800,000千円） = 150,000千円

[解　答]‥‥‥‥‥‥‥‥‥‥‥‥‥‥‥‥‥‥‥‥‥‥‥‥‥‥‥‥‥‥‥‥‥‥‥

① 実績主義：営業損失45,000千円
② 予測主義：営業利益30,000千円（180,000千円 − 150,000千円）

　下記の文章について，現行のわが国の会計基準等にもとづいた場合，下線部のいずれか1つの語句に誤りが存在するものがある。誤りが存在する語句の下線部の記号を選び，それに代わると思われる適当な語句を答えなさい。

　中間個別財務諸表の範囲は，中間個別貸借対照表，中間個別損益計算書および(a)中間個別株主資本等変動計算書である。ただし，(b)中間連結財務諸表を開示する場合には，中間個別財務諸表の開示は要しない。中間個別財務諸表の作成にあたっては，(c)実績主義という考え方を基本とする財務諸表を作成しなければならない。

➡ 解答は240ページ

1級　商業簿記・会計学 上巻
基本問題／応用問題　解答・解説

		会社法会計	金融商品取引法会計
①	規制の対象会社	会社すべて	証券取引所上場会社等
②	会計処理の基準	会社計算規則 一般に公正妥当と認められた会計基準	一般に公正妥当と認められた会計基準
③	表示の基準	会社計算規則	財務諸表等規則

基本問題 1－2

　a　②　　b　①　　c　②　　d　①　　e　①　　f　②

基本問題 2－1

　純利益とは，収益費用観に基づき収益から費用を差し引いた残額をいう。これに対して，包括利益は，資産負債観に基づき，以下の算式で計算される。

　　期末資産－期末負債＝期末純資産
　　期首資産－期首負債＝期首純資産
　　期末純資産－期首純資産＝包括利益

解　説

　純利益とは，期末までに生じた純資産の変動額（報告主体の所有者である株主，子会社の少数株主，および将来それらになり得るオプションの所有者との直接的な取引による部分を除く）のうち，その期間中にリスクから解放された投資の成果であって，報告主体の所有者に帰属する部分をいう（「討議資料 財務会計の概念フレームワーク」第3章の9）。これに対して，包括利益とは，特定期間における純資産の変動額のうち，報告主体の所有者である株主，子会社の少数株主，および将来それらになり得るオプションの所有者との直接的な取引によらない部分をいう（「討議資料 財務会計の概念フレームワーク」第3章の8）。

　包括利益から純利益を差し引いた残額を，その他の包括利益という。

基本問題 3−1

① （ × ） 未収収益は，重要性の原則の適用により，すべてが流動資産とされる。

② （ ○ ）

③ （ ○ ）

基本問題 3−2

① d ② c ③ b ④ a ⑤ b

基本問題 3−3

(1)
(借)仕 入	78,000	(貸)繰 越 商 品	78,000
(借)繰 越 商 品	72,900	(貸)仕 入	72,900
(借)棚 卸 減 耗 損	4,050	(貸)繰 越 商 品	11,450
商 品 評 価 損	7,400		

(2)
(借)繰 越 商 品	2,000	(貸)商品評価損戻入	2,000
(借)仕 入	80,000	(貸)繰 越 商 品	80,000
(借)繰 越 商 品	72,900	(貸)仕 入	72,900
(借)棚 卸 減 耗 損	4,050	(貸)繰 越 商 品	11,450
商 品 評 価 損	7,400		

棚卸減耗損の表示区分…売上原価の内訳科目または販売費及び一般管理費

商品評価損の表示区分…売上原価の内訳項目

解 説

商品評価損は品質低下が著しい場合でも原則として特別損失項目には表示されることはない。当該区分表示は，重要な事業部門の廃止や災害損失など収益性の低下に基づく簿価切下額が臨時かつ多額であるときのみ認められる。また，洗替え法による場合，期首の戻入額と，期末の評価損が当期の損益計算書において相殺されることになる。なお，一般的に戻入は期首に行うが，本問は未処理の指示があり，解答でも戻入の仕訳も示している。

221

		売上原価	販売費	営業外費用	特別損失
棚卸減耗損	原価性あり	○	○		
	原価性なし			○	○
商品評価損		○（原則）			△（例外）

基本問題 3-4

		期末商品棚卸高	売上原価
①	先入先出法	15,440,000円	23,760,000円
②	移動平均法	15,116,400円	24,083,800円
③	総平均法	14,988,220円	24,211,740円

解説

① 先入先出法

期末商品棚卸高	8,000個 × 580円	=	4,640,000円
	18,000個 × 600円	=	10,800,000円
売上原価	20,000個 × 550円	=	11,000,000円
	5,000個 × 580円	=	2,900,000円
	17,000個 × 580円	=	9,860,000円

② 移動平均法

期末商品棚卸高	26,000個 × 581.40円	=	15,116,400円
売上原価	25,000個 × 568円	=	14,200,000円
	17,000個 × 581.40円	=	9,883,800円

③ 総平均法

期末商品棚卸高	26,000個 × 576.47円	=	14,988,220円
売上原価	42,000個 × 576.47円	=	24,211,740円

単価の計算（20,000個×550円＋30,000個×580円＋18,000個×600円）

÷68,000個＝576.47円

222

応用問題 3−1

損　益　計　算　書　（単位：円）

Ⅰ	売　　上　　高		（　5,600,000　）
Ⅱ	売　上　原　価		
	期首商品棚卸高	（　850,000　）	
	当期商品仕入高	（　4,600,000　）	
	合　　　　計	（　5,450,000　）	
	期末商品棚卸高	（　900,000　）	
	差　　　　引	（　4,550,000　）	
	棚 卸 減 耗 損	（　18,000　）	
	商 品 評 価 損	（　40,500　）	（　4,608,500　）
	売 上 総 利 益		（　991,500　）

解　説

棚卸減耗損　（2,000個−1,960個）×450円＝18,000円

商品評価損　（1,960個−50個−10個）×20円＋50個×50円＝40,500円

応用問題 3−2

［設問1］　売価還元原価法

損　益　計　算　書　（単位：千円）

Ⅰ	売　　上　　高		（　31,500　）
Ⅱ	売　上　原　価		
	期首商品棚卸高	（　2,500　）	
	当期商品仕入高	（　22,700　）	
	合　　　　計	（　25,200　）	
	期末商品棚卸高	（　2,520　）	
	差　　　　引	（　22,680　）	
	商 品 評 価 損	（　88　）	（　22,768　）
	売 上 総 利 益		（　8,732　）
Ⅲ	販売費及び一般管理費		
	棚 卸 減 耗 損	（　432　）	（　432　）
	営 業 利 益		（　8,300　）

[設問2] 売価還元低価法

損 益 計 算 書 （単位：千円）

I 売 上 高		(	31,500)
II 売 上 原 価			
期首商品棚卸高	(2,500)		
当期商品仕入高	(22,700)		
合 計	(25,200)		
期末商品棚卸高	(2,520)		
差 引	(22,680)		
商 品 評 価 損	(58)	(	22,738)
売 上 総 利 益		(	8,762)
III 販売費及び一般管理費			
棚 卸 減 耗 損	(432)	(	432)
営 業 利 益		(	8,330)

解 説

[設問1]

$$原価率 = \frac{2,500千円 + 22,700千円}{2,700千円 + 22,700千円 + 9,600千円 + 1,200千円 - 200千円 - 1,300千円 + 300千円} = 72\%$$

売価

期首商品	2,700
仕入原価	22,700
原始値入額	9,600
値 上 額	1,200
値上取消額	△200
値 下 額	△1,300
値下取消額	300
合 計	35,000

期 首	売上原価
2,500	22,680
当期仕入	
22,700	期末商品
	2,520
合 計 25,200	合 計 25,200

0.72

売上高	
	31,500
期末商品	
	3,500
合計	35,000

0.72

原価法原価率 0.72

商品評価損	88*2	棚卸減耗損
B/S 商品	2,000	432*1

実地売価 2,900　　　帳簿売価 3,500

＊1　（3,500千円 − 2,900千円）× 0.72 = 432千円

＊2　2,900千円 × 0.72 = 2,088千円

2,088千円 − 2,000千円 = 88千円

224

［設問2］

$$原価率 = \frac{2,500千円 + 22,700千円}{2,700千円 + 22,700千円 + 9,600千円 + 1,200千円 - 200千円} = 70\%$$

原価法原価率　0.72
低価法原価率　0.70

商品評価損	58*2	棚卸減耗損	
B/S　商品	2,030		432*1

　　　　　　　　　　実地売価 2,900　　　帳簿売価 3,500

* 1　（3,500千円 － 2,900千円）× 0.72 = 432千円
* 2　2,900千円 × 0.70 = 2,030千円
　　　2,088千円 － 2,030千円 = 58千円

基本問題 3-5

　減価償却と減耗償却は，ともに費用配分の原則に基づく配分手続であるという点では同じである。しかし，この2つは適用される資産が異なる。減価償却は，一般の有形固定資産に適用されるのに対して，減耗償却は，そのうち，その減少分が数量的に把握できる涸渇性資産に適用される。

基本問題 3-6

　建物減価償却費　　　200,000円
　備品A減価償却費　　288,000円
　備品B減価償却費　　259,200円

解 説

　建物　　8,000,000円 ÷ 40年 = 200,000円

　備品A　X3年度　2,000,000円 × 0.4* = 800,000円
　　　　　X4年度　（2,000,000円 － 800,000円）× 0.4 = 480,000円
　　　　　X5年度　{2,000,000円 －（800,000円 + 480,000円）}× 0.4 = 288,000円
　　　　　*　償却率　1 ÷ 5年 × 200% = 0.4

　備品B　X1年度　$3,000,000円 × 0.4 × \dfrac{6カ月}{12カ月} = 600,000円$

225

X2年度　（3,000,000円－600,000円）×0.4＝960,000円

X3年度　{3,000,000円－（600,000円＋960,000円）}×0.4＝576,000円

X4年度　{3,000,000円－（600,000円＋960,000円＋576,000円）}×0.4
　　　　　＝345,600円

X5年度　{3,000,000円－（600,000円＋960,000円＋576,000円
　　　　　＋345,600円）}×0.5＝259,200円

償却率　1÷5年×200％＝0.4

X5年度は償却保証額：3,000,000円×0.10800＝324,000円

　　　　　調整前償却額：{3,000,000円－（600,000円＋960,000円
　　　　　＋576,000円＋345,600円）}×0.4＝207,360円

償却保証額＞調整前償却額であるため，改定償却率を用いて計算
する。

基本問題 3－7

購入時の仕訳

（借）備　　　　　品　2,000,000　（貸）固定資産購入支払手形　2,160,000
　　　前 払 利 息　　160,000

第1回支払日の仕訳

（借）固定資産購入支払手形　360,000　（貸）現 金 預 金　360,000

（借）支 払 利 息　　45,714　（貸）前 払 利 息　　45,714

$160,000円 \times \dfrac{6}{21} = 45,714円$

応用問題 3－3

（借）取　　替　　費　6,900,000　（貸）現 金 預 金　6,900,000

応用問題 3－4

① （借）減 価 償 却 費　12,857,142　（貸）減価償却累計額　12,857,142

A建物取得原価10,000,000円÷耐用年数5年＝2,000,000円

B建物取得原価30,000,000円÷耐用年数6年＝5,000,000円

C建物取得原価50,000,000円÷耐用年数10年＝5,000,000円

要償却額合計90,000,000円÷(2,000,000円＋5,000,000円＋5,000,000円)＝7.5年

≒7年

要償却額合計90,000,000円÷7年＝12,857,142.8…

≒12,857,142

② (借)減価償却累計額　10,000,000　(貸)A　建　物　10,000,000
　　固定資産除却損　　　　7,000　　　現　金　預　金　　　10,000
　　貯　蔵　品　　　　　 3,000

応用問題 3-5

(1)　直接減額方式

① (借)現　金　預　金　30,000,000　(貸)国庫補助金受贈益　30,000,000
　 (借)機　　　　械　50,000,000　(貸)現　金　預　金　50,000,000

② (借)固定資産圧縮損　30,000,000　(貸)機　　　　械　30,000,000
　 (借)減　価　償　却　費　1,000,000　(貸)減価償却累計額　1,000,000

(2)　積立金方式

① (借)現　金　預　金　30,000,000　(貸)国庫補助金受贈益　30,000,000
　 (借)機　　　　械　50,000,000　(貸)現　金　預　金　50,000,000

② (借)減　価　償　却　費　2,500,000　(貸)減価償却累計額　2,500,000
　 (借)繰越利益剰余金　30,000,000　(貸)圧　縮　積　立　金　30,000,000
　 (借)圧　縮　積　立　金　1,500,000　(貸)繰越利益剰余金　1,500,000

基本問題 3-8

X1年度　4,800千円

X2年度　3,600千円

X3年度　3,600千円

解説

X1年度　12,000千円×6,000個／15,000個＝4,800千円

X2年度　見込販売数量が少ないため，残存有効期間による。

$$(12,000千円 - 4,800千円) \times \frac{1}{2} = 3,600千円$$

X3年度　12,000千円 − 4,800千円 − 3,600千円 = 3,600千円

基本問題 4−1

①	(借)当　座　預　金	970,000	(貸)社　　　　　債	970,000
②	(借)社　債　利　息	29,682	(貸)当　座　預　金	20,000
			社　　　　　債	9,682
③	(借)社　債　利　息	29,978	(貸)当　座　預　金	20,000
			社　　　　　債	9,978
	(借)社　　　　　債	494,830	(貸)当　座　預　金	505,000
	社　債　償　還　損	10,170		
④	(借)社　債　利　息	15,170	(貸)当　座　預　金	10,000
			社　　　　　債	5,170
	(借)社　　　　　債	500,000	(貸)当　座　預　金	500,000

解 説

③　額面500,000円に相当する社債の償還を行っている。償還直前の社債の帳簿価額は989,660円であることから，この半分が償還によって消滅する。そして，消滅する社債と償還金額との差額は社債償還損（仮に収益の場合は社債償還益）として処理する。

④　すでに③で社債の半分を償還しているため，社債利息等の金額も少なくなる。また，最後の満期償還の段階では，社債の帳簿価額と額面金額が一致するため，償還損益が発生しない。

基本問題 4−2

①	(借)機　械　装　置	1,500,000	(貸)当　座　預　金	1,500,000
	(借)機　械　装　置	91,514	(貸)資産除去債務	91,514
②	(借)減　価　償　却　費	1,061,540	(貸)減価償却累計額	1,061,540
	(借)利　息　費　用	2,745	(貸)資産除去債務	2,745

③	(借)減 価 償 却 費	353,493	(貸)減価償却累計額	353,493
	(借)利 息 費 用	2,828	(貸)資 産 除 去 債 務	2,828
	(借)資 産 除 去 債 務	9,708	(貸)機 械 装 置	9,708
④	(借)減 価 償 却 費	166,773	(貸)減価償却累計額	166,773
	(借)利 息 費 用	2,621	(貸)資 産 除 去 債 務	2,621
	(借)減価償却累計額	1,581,806	(貸)機 械 装 置	1,581,806
	(借)資 産 除 去 債 務	90,000	(貸)当 座 預 金	85,000
			資産除去債務履行差額	5,000

解 説

減価償却の方法が定率法になったことを除けば，③の途中までは例題と同様に解くことができる。

③の見積りの変更については，減額修正のため当初の割引率で修正後の金額を計算する。

90,000円÷(1＋0.03)≒87,379円

修正前後の差額を次のとおり計算し，資産除去債務と関連する有形固定資産の帳簿価額を同額だけ減らす。

91,514円＋2,745円＋2,828円－87,379円＝9,708円

④では，最後に履行差額が生じている。この機械装置の減価償却費が販売費及び一般管理費で表示されているならば，履行差額は同じ区分で費用の減価額として取り扱う。

基本問題 5-1

(借)その他資本剰余金	220,000	(貸)未 払 配 当 金	800,000
繰越利益剰余金	660,000	資 本 準 備 金	20,000
		利 益 準 備 金	60,000

解 説

基準資本金額は3,750,000円，準備金総額は3,650,000円であり，「準備金総額＜基準資本金額」である。また，準備金計上限度額は100,000円，剰余金の配当額の10分の1は80,000円であるので，少ないほうの80,000円が準備金の計上額となる。

229

なお，その他資本剰余金の配当とその他利益剰余金の配当を併せて行う場合には，配当総額に占めるそれぞれの配当割合に応じて資本準備金の計上額と利益準備金の計上額を按分して決定する。本問では，その他資本剰余金の配当割合は200,000円÷800,000円＝0.25，　その他利益剰余金の配当割合は600,000円÷800,000円＝0.75であるので，　資本準備金の計上額は80,000円×0.25＝20,000円，　利益準備金の計上額は80,000円×0.75＝60,000円となる。

基本問題 5-2

(1) （借)自　己　株　式　　　800,000　　（貸)当　座　預　金　　　830,000
　　　　支　払　手　数　料　　　30,000
(2) （借)当　座　預　金　　　570,000　　（貸)自　己　株　式　　　600,000
　　　　その他資本剰余金　　　30,000
(3) （借)その他資本剰余金　　200,000　　（貸)自　己　株　式　　　200,000
(4) （借)繰越利益剰余金　　　　70,000　　（貸)その他資本剰余金　　　70,000

解　説

(1)　買入手数料は自己株式の取得原価に算入しない。
(2)　帳簿価額（@200円）よりも低い価額（@190円）で処分しているので，自己株式処分差損が生じており，その他資本剰余金から減額する。
(3)　自己株式を消却したときは，消却した自己株式の帳簿価額をその他資本剰余金から減額する。
(4)　期首残高160,000円であったその他資本剰余金は，(2)の自己株式処分差損30,000円および(3)の自己株式消却額200,000円により，期末には70,000円の負の残高（借方残高）となっている。自己株式処分差損の発生および自己株式の消却により，その他資本剰余金の残高が負の値（借方残高）となったときは，決算日に，その他資本剰余金の負の残高をその他利益剰余金（繰越利益剰余金）から減額し，その他資本剰余金の残高をゼロとする。

基本問題 5-3

　問1　(1)　10,300,000円　　(2)　10,140,000円
　問2　160,000円

問3　900,000円

解　説

　本問では，のれんおよび繰延資産が資産計上されているので，分配可能額の計算にあたって，のれん等調整額を考慮に入れる必要がある。

問1

(1)　のれん等調整額は，（のれん20,000,000円÷2）＋繰延資産300,000円＝10,300,000円と計算する。

(2)　資本等金額は，資本金10,000,000円＋資本準備金80,000円＋利益準備金60,000円＝10,140,000円と計算する。

問2

　問1の解答により，「のれん等調整額＞資本等金額」である。また，資本等金額10,140,000円＋その他資本剰余金210,000円＝10,350,000円であるので，「のれん等調整額≦（資本等金額＋その他資本剰余金の額）」である。したがって，のれん等調整額10,300,000円が資本等金額10,140,000円を上回る超過額160,000円が，分配可能額の計算にあたって控除すべき，のれん等調整額にかかわる減算額となる。

問3

　その他資本剰余金とその他利益剰余金（任意積立金と繰越利益剰余金）の合計額から自己株式の帳簿価額およびのれん等調整額にかかわる減算額を控除した額が分配可能額となる。したがって，分配可能額は，210,000円＋（580,000円＋340,000円）－70,000円－160,000円＝900,000円と計算される。

基本問題 5－4

(1)	仕　訳　な　し					
(2)	(借)株式報酬費用	750,000	(貸)新株予約権	750,000		
(3)	(借)株式報酬費用	250,000	(貸)新株予約権	250,000		
(4)	(借)新株予約権	400,000	(貸)資　　本　　金	1,600,000		
	当座預金	2,800,000	資本準備金	1,600,000		
(5)	(借)新株予約権	400,000	(貸)自己株式	2,600,000		
	当座預金	2,800,000	その他資本剰余金	600,000		

(6) (借)新株予約権　　　　200,000　　（貸)新株予約権戻入益　　　200,000

解 説

(2) 株式報酬費用

　5名×100個×@2,000円×（9カ月÷12カ月）＝750,000円

(3) 株式報酬費用

　5名×100個×@2,000円×（3カ月÷12カ月）＝250,000円

(4) 権利行使された新株予約権の帳簿価額

　（750,000円＋250,000円）×200個÷500個＝400,000円

　権利行使に伴う払込金　200個×@14,000円＝2,800,000円

(5) 権利行使された新株予約権の帳簿価額

　（750,000円＋250,000円－400,000円）×200個÷300個＝400,000円

　権利行使に伴う払込金　200個×@14,000円＝2,800,000円

　自己株式処分差益600,000円はその他資本剰余金として計上する。

基本問題 6-1

	売買目的有価証券の 時価評価益	その他有価証券（上場して いるもの）の時価評価益
実現（実現主義の原則）		
実現可能	○	○
投資のリスクからの解放	○	

解 説

　「実現」の考え方によった場合，いずれの保有目的区分の有価証券も，それらを企業外部に売却しない限り，「①財やサービスの提供」と「②対価としての貨幣性資産の受領」のいずれの要件も満たさないため，それらの時価評価益は発生時に収益の認識基準を満たさない。

　「実現可能」の考え方によった場合，いずれの保有目的区分の有価証券も，上場していれば通常は市場で売却することにより既知の金額の貨幣性資産に転換することは容易であるから，それらの時価評価益は発生時に収益の認識基準を満たしている。

「投資のリスクからの解放」の考え方によった場合，金融投資に分類される売買目的有価証券の時価評価益は，発生時に投資のリスクから解放されたとみなされるため，発生時に収益の認識基準を満たしているが，事業投資に分類されるその他有価証券の時価評価益は，当該有価証券が売却されるまでは投資のリスクから解放されたとはみなされないため，発生時には収益の認識基準を満たさない。

基本問題 9-1

(1) ②，③　　(2) ④　　(3) ①，⑤

応用問題 9-1

(借)法人税等調整額　　900,000　　(貸)繰延税金資産　　900,000
税率の変更による繰延税金資産の純額の修正差額（減額修正）2,700千円

解説

前期末の繰延税金資産＝将来減算一時差異等25,000千円×0.4＝10,000千円

前期末の繰延税金負債＝将来加算一時差異2,500千円×0.4＝1,000千円

前期末の繰延税金資産の純額＝10,000千円－1,000千円＝9,000千円

当期末の繰延税金資産＝将来減算一時差異等29,000千円×0.3＝8,700千円

当期末の繰延税金負債＝将来加算一時差異2,000千円×0.3＝600千円

当期末の繰延税金資産の純額＝8,700千円－600千円＝8,100千円

法人税等調整額

　　＝当期末の繰延税金資産の純額－前期末の繰延税金資産の純額

　　＝8,100千円－9,000千円＝－900千円

例題 9-5の「解答へのアプローチ」より，税率が40%のまま変更されなかったとした場合の当期末の繰延税金資産の純額は10,800千円。

　繰延税金資産の純額の修正差額

　　＝当期末の繰延税金資産の純額（税率30%）8,100千円

　　－当期末の繰延税金資産の純額（税率40%）10,800千円＝－2,700千円

a ⑤　b ⑧　c ①　d ⑦　e ⑥

f ④　g ⑪　h ②　i ⑫

貸 借 対 照 表　　　　　　（単位：千円）

資産の部				負債の部		
流動資産				流動負債		
現　　　金		3,470		買　掛　金		3,990
当 座 預 金		3,930		借　入　金		4,300
受 取 手 形	4,600			流動負債合計		8,290
貸倒引当金	230	4,370		固定負債		
売　掛　金	2,000			社　　　債		49,000
貸倒引当金	100	1,900		固定負債合計		49,000
有 価 証 券		9,200		負 債 合 計		57,290
商　　　品		820		純資産の部		
流動資産合計		23,690		株主資本		
固定資産				資　本　金		40,000
有形固定資産				資 本 剰 余 金		
建　　　物	20,000			資本準備金	10,000	
減価償却累計額	3,000	17,000		資本剰余金合計		10,000
土　　　地		74,900		利 益 剰 余 金		
有形固定資産合計		91,900		利益準備金	5,000	
無形固定資産				その他利益剰余金		
の　れ　ん		7,600		別途積立金	8,000	
無形固定資産合計		7,600		繰越利益剰余金	2,900	
固定資産合計		99,500		利益剰余金合計		15,900
				株主資本合計		65,900
				純 資 産 合 計		65,900
資 産 合 計		123,190		負債・純資産合計		123,190

（仕訳単位：千円）

① （借）受 取 手 形　　　300　（貸）現　　　　金　　　300

　先日付小切手は，小切手の支払日欄に将来の日付が記入されているもので，小切手の振出人が振出時に資金を用意できない場合に用いられるものである。手形と違って支払日欄の日付には法律上の効力がないので，その日付より前に小切手を支払銀行に持参し，支払いを請求することはできる。しかし，この場合には不渡りになることが予見される。そのため，先日付小切手は現金勘定から除いて，受取手形勘定に振り替える。

② （借）現 金 過 不 足　　　300　（貸）売　 掛　 金　　　300

　（借）販 売 諸 経 費　　　500　（貸）現 金 過 不 足　　　500

　（借）現 金 過 不 足　　　 20　（貸）雑　　　　益　　　 20

③ （借）当 座 預 金　　　800　（貸）買　 掛　 金　　　300

　　　　　　　　　　　　　　　　　売　 掛　 金　　　500

　（借）水 道 光 熱 費　　　120　（貸）当 座 預 金　　　120

銀 行 勘 定 調 整 表　　　（単位：千円）

帳簿残高		3,250	銀行残高		3,450
未 渡 小 切 手	+	300	未 取 付 小 切 手	−	520
売 掛 金 回 収	+	500	時 間 外 扱 い	+	1,000
水道光熱費引落し	−	120			
		3,930			3,930

④ （借）売買目的有価証券　　700　（貸）有価証券運用損益　　700

⑤ （借）仕　　　　　入　 1,100　（貸）繰 越 商 品　 1,100

　（借）繰 越 商 品　　　820　（貸）仕　　　　入　 1,200

　　　　棚 卸 減 耗 損　　　 80

　　　　商 品 評 価 損　　　300

235

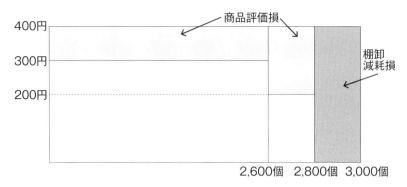

⑥（借）貸 倒 引 当 金 繰 入　　　220　　（貸）貸 倒 引 当 金　　　　220

　受取手形：試算表金額4,300千円＋先日付小切手300千円＝4,600千円

　売　掛　金：試算表金額2,800千円−現金過不足の調査による回収300千円

　　　　　　　−銀行勘定調整表の調査による回収500千円＝2,000千円

　よって，貸倒引当金の要設定額：（4,600千円＋2,000千円）×0.05＝330千円

　貸倒引当金繰入額：330千円−110千円（期末残高）＝220千円

⑦（借）建　　　　　　物　　2,000　　（貸）減価償却累計額　　2,000

　（借）減 価 償 却 費　　1,000　　（貸）減価償却累計額　　1,000

　建物の取得原価をXとすれば，次の式が成り立つ。

　X−（X÷20年）×2年＝18,000千円　∴X＝20,000千円

⑧（借）の れ ん 償 却　　　400　　（貸）の　　れ　　ん　　　400

⑨　借入金は，貸借対照表日の翌日から起算すると1年内に支払期限が到来

　するので，流動負債となる。

⑩（借）社 債 利 息　　　500　　（貸）社　　　　　債　　　500

　社債発行差金2,500千円＝社債金額50,000千円−発行価額47,500千円

　償却原価法による償却額500千円＝社債発行差金2,500千円÷5年

　社債の今年度期首残高＝発行価額47,500千円＋500千円×2＝48,500千円

基本問題 10−3

　a　③　　b　①　　c　②　　d　④　　e　⑩　　f　⑧

　（cとdの解答は入れ替わってもよい）

損 益 計 算 書

自20X1年4月1日　至20X2年3月31日　（単位：千円）

Ⅰ	売上高		2,240,000
Ⅱ	売上原価		
	1　商品期首棚卸高	135,000	
	2　当期商品仕入高	1,725,700	
	合　計	1,860,700	
	3　商品期末棚卸高	148,480	
	差　引	1,712,220	
	4　棚卸減耗損	2,000	
	5　商品評価損	1,000	1,715,220
	売上総利益		524,780
Ⅲ	販売費及び一般管理費		
	1　販売諸経費	278,000	
	2　貸倒引当金繰入	6,500	
	3　減価償却費	33,420	317,920
	営業利益		206,860
Ⅳ	営業外収益		
	1　受取配当金		5,000
Ⅴ	営業外費用		
	1　支払手数料		7,500
	経常利益		204,360
Ⅵ	特別利益		
	1　国庫補助金受贈益		210,000
Ⅶ	特別損失		
	1　建物圧縮損		210,000
	税引前当期純利益		204,360
	法人税,住民税及び事業税		61,308
	当期純利益		143,052

解 説

① （借)仕 入 135,000 （貸)繰 越 商 品 135,000

　（借)繰 越 商 品 145,480 （貸)仕 入 148,480

　　棚 卸 減 耗 損 2,000

　　商 品 評 価 損 1,000

② （借)仮 受 金 210,000 （貸)国庫補助金受贈益 210,000

　（借)建 物 圧 縮 損 210,000 （貸)建 物 210,000

③ （借)貸倒引当金繰入 6,500 （貸)貸 倒 引 当 金 6,500

　貸倒引当金の要設定額：

　　（受取手形290,000千円＋売掛金335,000千円）×0.02＝12,500千円

　貸倒引当金繰入額：12,500千円－6,000千円（期末残高）＝6,500千円

④ （借)減 価 償 却 費 33,420 （貸)減価償却累計額 33,420

　当期以前から保有する建物の減価償却費：

　　（786,000千円－336,000千円）÷30年＝15,000千円

　上記の建物の減価償却累計額：15,000千円×16年＝240,000千円

　よって，備品の減価償却累計額は20,400千円（＝260,400千円－240,000千円）となる。

　備品の減価償却費：（102,000千円－20,400千円）×償却率0.2＝16,320千円

　償却率＝1÷10年×200％＝0.2

　16,320千円＞償却保証額6,683（≒102,000千円×0.06552）

　今年度に取得した建物の減価償却費：

$$（336,000千円－210,000千円）÷30年×\frac{6カ月}{12カ月}＝2,100千円$$

⑤ （借)法人税,住民税及び事業税 61,308 （貸)未 払 法 人 税 等 61,308

基本問題 10-5

a　当期首残高　　b　当期末残高　　c　変動事由

d　繰越利益剰余金　　e　純額

解 説

株主資本等変動計算書の表示方法に関する問題である。「株主資本等変動

238

計算書に関する会計基準」第5項から第8項を参照のこと。

基本問題 10-6

	株主資本											評価・換算差額等		株式引受権	新株予約権	純資産合計
	資本金	資本剰余金			利益剰余金				自己株式	株主資本合計		その他有価証券評価差額金	評価・換算差額等合計			
		資本準備金	その他資本剰余金	資本剰余金合計	利益準備金	その他利益剰余金		利益剰余金合計							
						別途積立金	繰越利益剰余金								
当期首残高	3,000	100	20	120	150	200	220	570	△30	3,660	10	10	10	30	3,710
当期変動額															
新株の発行	110	110		110						220					220
剰余金の配当		1	△11	△10	5		△55	△50		△60					△60
当期純利益							80	80		80					80
自己株式の処分			10	10					20	30					30
株主資本以外の項目の当期変動額（純額）											10	10		△20	△10
当期変動額合計	110	111	△1	110	5	–	25	30	20	270	10	10	–	△20	260
当期末残高	3,110	211	19	230	155	200	245	600	△10	3,930	20	20	10	10	3,970

基本問題 10-7

a　換金可能　　b　リスク　　c　短期投資　　d　営業損益計算

e　営業活動によるキャッシュ・フロー

f　営業活動によるキャッシュ・フロー

g　財務活動によるキャッシュ・フロー

h　投資活動によるキャッシュ・フロー

i　財務活動によるキャッシュ・フロー

解　説

　キャッシュ・フロー計算書の作成基準に関する問題である。「連結キャッシュ・フロー計算書等の作成基準」第二を参照のこと。なお，個別ベースのキャッシュ・フロー計算書は，連結キャッシュ・フロー計算書に準じて作成するものされる。

基本問題 10-8

　ウ

ア．会計事象等に関連する会計基準等の定めが明らかでない場合であって
　　も，重要な会計方針に関する情報は，財務諸表利用者が財務諸表を理解
　　するうえで不可欠な情報と考えられるため，財務諸表に注記しなければ
　　ならない。

イ．決算日後に発生した事象で，次期以降の財政状態および経営成績に重
　　要な影響を及ぼす事象である後発事象については，財務諸表に注記しな
　　ければならない。

エ．棚卸資産に分類されている不動産以外のものであって，賃貸収益等の
　　獲得を目的として保有している不動産については，その時価，損益等を
　　注記することが求められる。

基本問題 10−9

誤りが存在する語句の下線部の記号：(a)

適当な語句：中間個別キャッシュ・フロー計算書

解 説

「中間会計基準（案）」によると，中間個別財務諸表の範囲は，中間個別貸
借対照表，中間個別損益計算書および中間個別キャッシュ・フロー計算書と
される（「中間会計基準（案）」第7項）。

- 日商簿記検定試験の概要
- 商工会議所簿記検定試験出題区分表

※2024年1月現在。最新の情報は日本商工会議所のホームページでご確認下さい。

日商簿記検定試験の概要

● **各級のレベルと合格基準**

1級：公認会計士，税理士などの国家資格への登竜門。合格すると税理士試験の受験資格が得られる。極めて高度な商業簿記・会計学・工業簿記・原価計算を修得し，会計基準や会社法，財務諸表等規則などの企業会計に関する法規を踏まえて，経営管理や経営分析ができる。

2級：経営管理に役立つ知識として，最も企業に求められる資格の1つ。企業の財務担当者に必須。高度な商業簿記・工業簿記（初歩的な原価計算を含む）を修得し，財務諸表の数字から経営内容を把握できる。

3級：ビジネスパーソンに必須の基礎知識。経理・財務担当以外でも，職種にかかわらず評価する企業が多い。基本的な商業簿記を修得し，経理関連書類の適切な処理や青色申告書類の作成など，初歩的な実務がある程度できる。

初級：簿記の基本用語や複式簿記の仕組みを理解し，業務に利活用することができる。

原価計算初級：原価計算の基本用語や原価と利益の関係を分析・理解し，業務に利活用することができる。

		科　目	問題数	試験時間
1	級	商業簿記・会計学		90分
		工業簿記・原価計算		90分
2	級	商業簿記 工業簿記（初歩的な原価計算を含む）	5題以内	90分
3	級	商業簿記	3題以内	60分
初	級			40分
原価計算初級				40分

● **合格基準**

　各級とも100点満点中，70点以上の得点で合格となります。70点以上得点した人は全員合格となりますが，1級だけは1科目25点満点となっており，1科目でも得点が40％に満たない科目がある場合，不合格となります。

● **受験のしかた**

　統一試験（1〜3級）：試験は例年，6月上旬，11月中旬，2月下旬の日曜日に一斉に行われますが，各商工会議所ごとに受験申込期間が異なります。

　ネット試験（2級・3級）：インターネットを介して試験の実施から採点，合否判定までを，ネット試験会場で毎日実施。申込みは専用ページ（https://cbt-s.com/examinee/examination/jcci.html）からできます。

ネット試験（初級・原価計算初級）：インターネットを介して試験の実施から採点，合否判定まで行う「ネット試験」で施行。試験日等の詳細は，最寄りの商工会議所ネット試験施行機関にお問い合わせください。

　団体試験（２級・３級）：団体試験を実施する企業や教育機関等からの申請にもとづき，当該企業の社員・当該教育機関の学生等を対象に施行。具体的な施行人数は，地元の商工会議所にお問い合わせください。

● 受験料

　１級8,800円　　２級5,500円　　３級3,300円　　初級2,200円　　原価計算初級2,200円

● 受験に際しての諸注意事項

　統一試験およびネット試験では，いくつかの注意事項が設けられています。そのため，詳細については受験前に商工会議所の検定ホームページ（https://www.kentei.ne.jp）にてご確認ください。

● 合格発表（１～３級）

　統一試験（１～３級）：合格発表の期日や方法，合格証書の受け渡し方法等は，各地商工会議所（初級は試験施行機関）によって異なります。申し込みの際にご確認ください。

　ネット試験（２級・３級）：試験終了後に試験システムにより自動採点されて合否が判定されます。合格者はQRコードからデジタル合格証を，ご自身のスマートフォン等にダウンロードすることができます。

● 日商試験の問い合わせ

　１～３級の統一試験は各地商工会議所が各々主催という形をとっており，申込期日や実施の有無もそれぞれ若干異なりますので，受験される地区の商工会議所に各自問い合わせてください。さらなる詳細に関しては，検定ホームページ（https://www.kentei.ne.jp）や検定情報ダイヤル（ハローダイヤル）：050-5541-8600（年中無休９：00～20：00）でご確認ください。

商工会議所簿記検定試験出題区分表

1959年9月1日制定
2021年12月10日最終改定
（2022年4月1日施行）

（注）　1．会計基準および法令は，毎年度4月1日現在施行されているものに準拠する。

　　　　2．会社法・会社計算規則や各種会計基準の改正・改定等により，一部の用語などが変更される可能性がある。

　　　　3．特に明示がないかぎり，同一の項目または範囲については，級の上昇に応じて程度も高くなるものとする。点線は上級に属する関連項目または範囲を特に示したものである。

　　　　4．※印は本来的にはそれが表示されている級よりも上級に属する項目または範囲とするが，当該下級においても簡易な内容のものを出題する趣旨の項目または範囲であることを示す。

【商業簿記・会計学】

3　　　　級	2　　　　級	1　　　　級
第一　簿記の基本原理 　1．基礎概念 　　ア．資産，負債，および 　　　資本………………… 　　イ．収益，費用 　　ウ．損益計算書と貸借対 　　　照表との関係 　2．取引 　　ア．取引の意義と種類 　　イ．取引の8要素と結合 　　　関係 　3．勘定 　　ア．勘定の意義と分類 　　イ．勘定記入法則 　　ウ．仕訳の意義 　　エ．貸借平均の原理 　4．帳簿 　　ア．主要簿（仕訳帳と総 　　　勘定元帳） 　　イ．補助簿…………………	……純資産と資本の関係 …（記帳内容の集計・把握）	

244

3　　級	2　　級	1　　級
5．証ひょうと伝票 　ア．証ひょう 　イ．伝票（入金，出金， 　　振替の各伝票） 　ウ．伝票の集計・管理		
第二　諸取引の処理 　1．現金預金 　ア．現金 　イ．現金出納帳 　ウ．現金過不足 　エ．当座預金，その他の 　　預貯金（複数口座を開 　　設している場合の管理 　　を含む） 　オ．当座預金出納帳 　キ．小口現金 　ク．小口現金出納帳	 カ．銀行勘定調整表 2．有価証券 　ア．売買，債券の端数利 　　息の処理 　イ．売買目的有価証券 　　（時価法）‥‥‥‥‥‥‥ 　ウ．分記法による処理	 ‥‥（約定日基準，修正受渡 　　基準） 　エ．貸付，借入，差入， 　　預り，保管 　オ．売買目的有価証券の 　　総記法による処理
3．売掛金と買掛金 　ア．売掛金，買掛金 　イ．売掛金元帳と買掛金 　　元帳 　4．その他の債権と債務等 　ア．貸付金，借入金 　イ．未収入金，未払金 　ウ．前払金，前受金 　オ．立替金，預り金 　カ．仮払金，仮受金 　キ．受取商品券‥‥‥‥‥ 　ク．差入保証金※ 　5．手形 　ア．振出，受入，取立， 　　支払‥‥‥‥‥‥‥‥‥	 エ．契約資産，契約負債※ ‥営業外支払(受取)手形※ イ．手形の更改（書換え）	 ‥‥発行商品券等

245

3 級	2 級	1 級
	ウ．手形の不渡 ┄┄┄┄┄	┄ 不渡手形の貸借対照表表示法
エ．電子記録債権・電子記録債務 オ．受取手形記入帳と支払手形記入帳 カ．手形貸付金，手形借入金 6．債権の譲渡 　ア．クレジット売掛金		
	イ．手形・電子記録債権の（裏書）譲渡，割引 ウ．その他の債権譲渡※	
		エ．買戻・遡及義務の計上・取崩
7．引当金 　ア．貸倒引当金（実績法） ┄┄	┄（個別評価※と一括評価，営業債権および営業外債権に対する貸倒引当金繰入額の損益計算書における区分）	┄（債権の区分，財務内容評価法，キャッシュ・フロー見積法）
	イ．商品（製品）保証引当金 ウ．退職給付引当金※ ┄┄┄	┄ 退職給付債務の計算
	エ．修繕引当金 オ．賞与引当金	
		カ．その他の引当金
	8．債務の保証	
9．商品の売買 　ア．3分（割）法による 　　売買取引の処理 ┄┄┄┄	┄（月次による処理） 　イ．販売のつど売上原価勘定に振り替える方法による売買取引の処理	
		ウ．総記法
エ．品違い等による仕入および売上の返品 ┄┄┄	┄ 仕入割戻	
		オ．仕入割引・売上割引
カ．仕入帳と売上帳 キ．商品有高帳（先入先出法，移動平均法） ┄┄	┄（総平均法） 　ク．棚卸減耗 　ケ．評価替	
		コ．売価還元原価法など
	10．様々な財又はサービスの顧客への移転	

3　　　級	2　　　級	1　　　級
	ア．一時点で充足される履行義務，一定の期間にわたり充足される履行義務 イ．検収基準・出荷基準・着荷基準※ ウ．役務収益・役務原価※	
		エ．割賦販売（取戻品の処理を含む） オ．工事契約
	カ．複数の履行義務を含む顧客との契約※ キ．変動対価※	
		ク．重要な金融要素 ケ．契約変更 コ．本人と代理人の区分 カ．その他の様々な財又はサービスの顧客への移転 11．デリバティブ取引，その他の金融商品取引（ヘッジ会計など）
12．有形固定資産 　ア．有形固定資産の取得 ‥‥‥	(a)　有形固定資産の割賦購入（利息部分を区分する場合には定額法に限る）‥‥‥‥	‥‥（利息部分を利息法で区分する方法）
	(b)　圧縮記帳※ ‥‥‥‥‥ （2級では国庫補助金・工事負担金を直接控除方式により記帳する場合に限る）	‥‥（積立金方式）
		(c)　資産除去費用の資産計上
イ．有形固定資産の売却	ウ．有形固定資産の除却，廃棄 エ．建設仮勘定	
オ．減価償却（間接法）‥‥‥ 　　（定額法）‥‥‥‥‥‥‥‥	（直接法） （定率法，生産高比例法）‥‥	‥（級数法など） カ．総合償却 キ．取替法
ク．固定資産台帳		

3　　　級	2　　　級	1　　　級
	13. 無形固定資産 　ア．のれん 　イ．ソフトウェア，ソフトウェア仮勘定※ 　　（2級では自社利用の場合に限る）…………… 　ウ．その他の無形固定資産 　エ．償却 　オ．固定資産台帳 15. 投資その他の資産 　ア．満期保有目的債券（償却原価法（定額法））…… 　イ．子会社株式，関連会社株式※ 　ウ．その他有価証券※…… 　オ．長期前払費用 17. リース取引※（注1） 　ア．ファイナンス・リース取引の借手側の処理（利子込み法，利子抜き法（定額法））……… 　エ．オペレーティング・リース取引の借手側の処理……………………… 18. 外貨建取引※ 　ア．外貨建の営業取引（為替予約の振当処理を含むものの，2級では為替予約差額は期間配分をしない）……………	受注制作のソフトウェア，市場販売目的のソフトウェア（見込販売収益および見込販売数量の見積りの変更を含む） 14. 固定資産の減損 （利息法） （保有目的の変更） 　エ．投資不動産 16. 繰延資産 （利息法，級数法） 　イ．ファイナンス・リース取引の貸手側の処理 　ウ．セール・アンド・リースバック取引など 貸手側の処理 （振当処理以外の為替予約の処理（独立処理），荷為替取引） 　イ．外貨建の財務活動（資金の調達・運用）

3 級	2 級	1 級
		に係る取引 19. 資産除去債務
20. 収益と費用 　受取手数料，受取家賃， 　受取地代，給料，法定福 　利費，広告宣伝費，旅費 　交通費，通信費，消耗品 　費，水道光熱費，支払家 　賃，支払地代，雑費，貸 　倒損失，受取利息，償却 　債権取立益，支払利息な 　ど ………………………………	研究開発費，創立費・開 業費など	
21. 税金 　ア．固定資産税など 　イ．法人税・住民税・事 　　業税※ …………………………	（課税所得の算定方法）	
ウ．消費税（税抜方式）	22. 税効果会計※ 　（2級では引当金，減価 　償却およびその他有価証 　券に係る一時差異に限る 　とともに，繰延税金資産 　の回収可能性の検討を除 　外） 23. 未決算	
		24. 会計上の変更および誤 　謬の訂正
第三　決算 　1．試算表の作成 　2．精算表（8桁） 　3．決算整理 　（当座借越の振替，商品 　棚卸，貸倒見積り，減価 　償却，貯蔵品棚卸，収 　益・費用の前受け・前払 　いと未収・未払い，月次 　決算による場合の処理※ 　など）……………………………	（棚卸減耗，商品の評価 　替，引当金の処理，無形 　固定資産の償却，売買目 　的有価証券・満期保有目 　的債券およびその他有価 　証券の評価替（全部純資 　産直入法），繰延税金資	（資産除去債務の調整， 　繰延資産の償却，その他 　有価証券の評価替（部 　分純資産直入法），時価 　が著しく下落した有価証 　券の処理，外貨建売上債 　権・仕入債務以外の外貨

3　　　　級	2　　　　級	1　　　　級
	産・負債の計上，外貨建売上債権・仕入債務などの換算，および製造業を営む会社の決算処理など）	建金銭債権債務および外貨建有価証券の換算，社債の償却原価法（利息法または定額法）による評価替など）
4．決算整理後残高試算表 5．収益と費用の損益勘定への振替 6．純損益の繰越利益剰余金勘定への振替		
	7．その他有価証券評価差額金※ （全部純資産直入法）………	……（部分純資産直入法）
8．帳簿の締切 　ア．仕訳帳と総勘定元帳 　　（英米式決算法） 　イ．補助簿 9．損益計算書と貸借対照表の作成 　（勘定式）……………………	……（報告式）※ 10．財務諸表の区分表示 11．株主資本等変動計算書※ 　（2級では株主資本およびその他有価証券評価差額金に係る増減事由に限定）………………………	……（左記以外の純資産の項目に係る増減事由） 12．財務諸表の注記・注記表 13．附属明細表(附属明細書) 14．キャッシュ・フロー計算書 15．中間財務諸表（四半期・半期), 臨時決算
第四　株式会社会計 1．資本金 　ア．設立 　イ．増資		
		ウ．減資 エ．現物出資 オ．株式転換 カ．株式償還 キ．株式分割
	2．資本剰余金 　ア．資本準備金	

3　　級	2　　級	1　　級
3．利益剰余金 　ア．利益準備金 　イ．その他利益剰余金 　　繰越利益剰余金	イ．その他資本剰余金※ 任意積立金	 税法上の積立金の処理
4．剰余金の配当など 　ア．剰余金の配当※	準備金積立額の算定 　イ．剰余金の処分※ 　ウ．株主資本の計数の変動※	分配可能額の算定
	6．会社の合併※	5．自己株式・自己新株予約権 7．株式交換・株式移転 8．事業分離等，清算 9．社債（新株予約権付社債を含む） 　ア．発行 　イ．利払 　ウ．期末評価（利息法，定額法） 　エ．償還（満期償還，買入償還，分割償還，繰上償還，コール・オプションが付されている場合の償還，借換） 10．新株予約権，ストック・オプション
	第五　本支店会計 1．本支店会計の意義・目的 2．本支店間取引の処理	
		3．在外支店財務諸表項目の換算
	4．本支店会計における決算手続（財務諸表の合併など）	（内部利益が付加されている場合）
	第六　連結会計 1．資本連結	（子会社の支配獲得時の資産・負債の時価評価，支配獲得までの段階取得，子会社株式の追加取得・一部売却など）
	2．非支配株主持分	

3　　　級	2　　　級	1　　　級
	3．のれん 4．連結会社間取引の処理 5．未実現損益の消去（2級では棚卸資産および土地に係るものに限る） 　ア．ダウンストリームの場合 　イ．アップストリームの場合 11．連結精算表，連結財務諸表の作成 ⋯⋯⋯⋯⋯	6．持分法 7．連結会計上の税効果会計 8．在外子会社等の財務諸表項目の換算 9．個別財務諸表の修正（退職給付会計など） 10．包括利益，その他の包括利益 連結キャッシュ・フロー計算書，中間連結財務諸表の作成（四半期・半期） 12．セグメント情報など
		第七　会計基準および企業会計に関する法令等 　1．企業会計原則および企業会計基準などの会計諸基準ならびに中小企業の会計に関する指針・中小企業の会計に関する基本要領 　2．会社法，会社法施行規則，会社計算規則および財務諸表等規則などの企業会計に関する法令 　3．「財務会計の概念フレームワーク」

（注1）　リース取引については，会計基準の改正の動向を踏まえ，将来的に出題内容や出題級の見直しを行う可能性がある。

付　録 ━━━━━━━━━━━━━━━━━━━━━━

簿記検定試験　１級／商 業 簿 記
問題・解答・解説

（１級会計学の問題・解答・解説は，下巻に収録しています）

〔日本商工会議所掲載許可済―禁無断転載〕

---

*　ここには日本商工会議所主催の簿記
検定試験，最近の問題・解答と解説を収
録してあります。なお，この解答例は，
当社編集部で作成したものです。

┌─簿記検定試験施行予定日─────────────────
│　第167回簿記検定試験　　2024年６月９日〈１～３級〉
│　第168回簿記検定試験　　2024年11月17日〈１～３級〉
└─────────────────────────────────

（制限時間　会計学とともに1時間30分）

注：解答はすべて答案用紙に記入して下さい。

問題（25点）

　日商株式会社の20X6年3月期（自20X5年4月1日至20X6年3月31日）における［Ⅰ］決算整理前残高試算表および［Ⅱ］期末整理事項等にもとづいて，以下の間に答えなさい。

［解答上の注意事項］

　1　計算の過程で端数が出る場合は，その都度千円未満を四捨五入すること。

　2　税効果会計は考慮外とする。試算表内の？については各自推定すること。

[Ⅰ]　決算整理前残高試算表

決算整理前残高試算表
20X6年3月31日

（単位：千円）

借　方　科　目	金　額	貸　方　科　目	金　額
現　金　預　金	54,620	支　払　手　形	75,500
受　取　手　形	88,000	買　掛　金	110,000
売　掛　金	122,000	未　払　金	1,500
商　品	87,779	仮　受　金	?
返　品　資　産	5,704	返　金　負　債	9,200
仮払法人税等	310,000	貸　倒　引　当　金	220
建　物	1,500,000	建物減価償却累計額	585,000
備　品	600,000	備品減価償却累計額	262,500
車　両　運　搬　具	?	車　両　購　入　手　形	307,995
土　地	2,369,000	資　本　金	2,460,000
長　期　貸　付　金	1,000,000	資　本　準　備　金	250,000
長　期　前　払　費　用	8,694	その他資本剰余金	89,000
自　己　株　式	99,680	利　益　準　備　金	157,000
売　上　原　価	6,614,680	繰越利益剰余金	667,000
販　売　費	575,995	売　上	?
一　般　管　理　費	431,190	受　取　利　息	30,000
減　価　償　却　費	60,000	為　替　差　損　益	7,583
支　払　利　息	320	固　定　資　産　売　却　益	2,000
	?		?

[Ⅱ]　期末整理事項等

1．期中に受取手形10,200千円を割り引いていたが，この取引については手取金を
仮受金で処理しただけで，未処理となっている。手形割引時の保証債務は手形額
面の2％で，保証債務の計上にあたっては割引前に設定していた同額の貸倒引当
金を取り崩すこととする。割引にあたっては3％の割引率が手形額面に対して適
用され，割引時に差し引かれた手取金が当座預金口座に入金されている。金利部
分を別処理しない方法で処理し，保証債務費用と貸倒引当金戻入は相殺する。

2．当社はX商品を他社からの注文にもとづいて販売するとともに，Y商品につい
ては販売後1か月の間は売価で返品を受け付けるという返品権を付して得意先に
販売している。変動対価については販売時に対価を見積って計上している。当社
が取り扱う商品はこの2種類のみである。棚卸減耗損と商品評価損については，
売上原価の内訳項目として処理する。

⑴　X商品の販売に関する資料

　　a　X商品の売上は5,553,620千円である。このうち，4,620千円については，翌年度引渡しの契約の締結時に手付金を受領した際に，誤って売上として計上していたことが判明したため，必要な修正を行う。なお，商品の仕入れと引渡しは未だ行われていないため，商品や売上原価の修正の必要はない。

　　b　X商品の期首商品棚卸高は74,800千円，期末商品棚卸高（原価）は73,200千円，当期に販売したX商品の売上高総利益率は22.5％である。試算表上の金額は実地棚卸を反映していない。実地棚卸高（原価）は72,850千円，実地棚卸高（正味売却価額）は71,970千円である。

⑵　Y商品の販売に関する資料

　　a　2月末に得意先にY商品125,000千円を返品権を付して現金で販売した。当社が得意先から受け取る対価は変動対価であり，120,000千円は返品されないものと見積もって処理していた。本日，返品期限につき，得意先から売価で4,550千円相当の商品が返品されてきたため，当座預金口座から代金を返済した。この返品分は試算表に反映されていない。なお，3月中に販売し，当期末時点で返品期限の到来していない分は売価で105,000千円で，このうち100,800千円は返品されないものと見積もっている。3月販売分については未だ返品されてきていない。期末に棚卸減耗損と商品評価損は生じていない。

　　b　前期に販売した商品のうち前期末時点で返品期限の到来していなかったY商品の売価は240,000千円（原価153,600千円）で，このうち228,000千円については返品されないものとして見積もって処理していた。当期に得意先から売価で10,800千円相当の商品が返品されてきたため，当座預金口座から代金を支払うとともに，当期に仕入れた商品とともに同じ利益率で販売している。当期に販売したY商品の売上高総利益率は38％である。Y商品の期首商品棚卸高は42,888千円（前年3月における返品見積分は含んでいない）である。

　　c　Y商品の販売にあたっては，当期はX商品の販売価額の25％増しで販売している。なお，Y商品の売上高総利益率および見積返品率は同一期間内では一定であるが，毎期異なっている。

3．買掛金のうち23,000千円（200,000ドル）は12月に海外から商品を仕入れた際のものである。当期の2月1日に4月30日を決済期日とする為替予約を行ったが，未処理である。なお，為替予約日の1ドルあたりの直物為替相場は120円，先物の為替相場は135円である。振当処理によることとし，為替予約差額の処理は月割で行う。

4．売掛金と受取手形の期末残高に2％の貸倒引当金を差額補充法により設定する。

5．当期の12月末に20X1年4月1日に取得した車両運搬具400,000千円（定額法，耐用年数5年，残存価額0）を下取りにし，下取価額22,000千円を頭金として買い

256

換えを行った。取得原価と下取価額との差額の支払に際しては，翌年1月末より毎月月末ごとに支払期日の到来する約束手形（券面額＠20,533千円）を18枚振り出している。なお，利息相当分については長期前払費用として処理している。試算表上の長期前払費用はすべてこのときに計上したもので，決算に至るまで変更は加えていない。決算にあたって利息の期間配分について級数法によって処理する。また，決算整理前残高試算表の車両運搬具は，すべて新たに取得した車両運搬具である。

6. 固定資産について以下の要領で減価償却を行う。

建　　物：定額法，耐用年数：40年，残存価額：取得原価の10%

備　　品：200%定率法，耐用年数：8年，残存価額0，保証率：0.07909，改定償却率：0.334

車両運搬具：旧車両と同じ方法によって，減価償却を行う（月割計算による）。

7. 保有する備品について決算整理時に減損の兆候が認められたため，調査したところ備品を使用し続けた場合の割引前将来キャッシュ・フローは残存耐用年数5年にわたって毎年50,000千円（耐用年数到来時の売却価値は0），将来キャッシュ・フローの現在価値を算定する場合の割引率が4%，当期末時点における正味売却価額が223,000千円であることが判明した。直接控除形式にもとづいて適切な処理を行う。

8. 期中に自己株式すべてを消却したが，この処理が未処理となっている。会社法および会社計算規則にもとづいて処理する。

9. 販売費の前払分が5,600千円あり，一般管理費の未払分が4,800千円ある。

10. 法人税，住民税及び事業税を575,000千円計上する。試算表上の仮払法人税等は中間納付額である。

問1　答案用紙の貸借対照表を完成しなさい

問2　次の設問(1)～(5)に答えなさい。なお，百分率については小数第2位を四捨五入すること（例：8.7%）。

(1)　20X6年3月期のY商品の見積返品率

(2)　20X6年3月期のX商品の売上総利益　　(3)　20X6年3月期の売上原価

(4)　20X6年3月期の売上高　　　　　　　　(5)　20X6年3月期の当期純利益

問1

貸 借 対 照 表

日商株式会社　　　　　　　　　　20X6年3月31日　　　　　　　　　　　　（単位：千円）

（資産の部）			（負債の部）		
Ⅰ 流 動 資 産			Ⅰ 流 動 負 債		
現 金 及 び 預 金		（　　　）	支 払 手 形		75,500
受 取 手 形	（　　　）		買 掛 金		（　　　）
貸 倒 引 当 金	（　　　）	（　　　）	未 払 金		（　　　）
売 掛 金	（　　　）		未 払 費 用		（　　　）
貸 倒 引 当 金	（　　　）	（　　　）	未 払 法 人 税 等		（　　　）
商 品		（　　　）	返 金 負 債		（　　　）
返 品 資 産		（　　　）	契 約 負 債		（　　　）
前 払 費 用		（　　　）	保 証 債 務		（　　　）
流 動 資 産 合 計		（　　　）	車 両 購 入 手 形		（　　　）
Ⅱ 固 定 資 産			流 動 負 債 合 計		（　　　）
有 形 固 定 資 産			Ⅱ 固 定 負 債		
建 物	1,500,000		車 両 購 入 手 形		（　　　）
減価償却累計額	（　　　）	（　　　）	固 定 負 債 合 計		（　　　）
備 品	（　　　）		負 債 合 計		（　　　）
減価償却累計額	（　　　）	（　　　）	（純資産の部）		
車 両 運 搬 具	（　　　）		Ⅰ 株 主 資 本		
減価償却累計額	（　　　）	（　　　）	資 本 金		2,460,000
土 地	2,369,000		資 本 剰 余 金		
有 形 固 定 資 産 合 計		（　　　）	資 本 準 備 金	（　　　）	
投資その他の資産			資 本 剰 余 金 合 計		（　　　）
長 期 貸 付 金	1,000,000		利 益 剰 余 金		
長 期 前 払 費 用		（　　　）	利 益 準 備 金	（　　　）	
投資その他の資産合計		（　　　）	その他利益剰余金		
固 定 資 産 合 計		（　　　）	繰越利益剰余金	（　　　）	
			利 益 剰 余 金 合 計		（　　　）
			株 主 資 本 合 計		（　　　）
			純 資 産 合 計		（　　　）
資 産 合 計		（　　　）	負 債 純 資 産 合 計		（　　　）

問2

(1)		％	(2)		千円	(3)		千円
(4)		千円	(5)		千円			

問1

貸 借 対 照 表

日商株式会社　　　　　　　　　　　20X6年3月31日　　　　　　　　　　（単位：千円）

（資産の部）			（負債の部）		
I 流 動 資 産			I 流 動 負 債		
現 金 及 び 預 金		（ 50,070 ）	支 払 手 形		75,500
受 取 手 形	（ 77,800 ）		買 掛 金		（ 114,000 ）
貸 倒 引 当 金	（ 1,556 ）	（ 76,244 ）	未 払 金		（ 1,500 ）
売 掛 金	（ 122,000 ）		未 払 費 用		（ 4,800 ）
貸 倒 引 当 金	（ 2,440 ）	（ 119,560 ）	未 払 法 人 税 等		（ 265,000 ）
商 品		（ 89,370 ）	返 金 負 債		（ 4,200 ）
返 品 資 産		（ 2,604 ）	契 約 負 債		（ 4,620 ）
前 払 費 用		（ 12,396 ）	保 証 債 務		（ 204 ）
流 動 資 産 合 計		（ 350,244 ）	車 両 購 入 手 形		（ 246,396 ）
II 固 定 資 産			流 動 負 債 合 計		（ 716,220 ）
有 形 固 定 資 産			II 固 定 負 債		
建 物	1,500,000		車 両 購 入 手 形		（ 61,599 ）
減価償却累計額	（ 618,750 ）	（ 881,250 ）	固 定 負 債 合 計		（ 61,599 ）
備 品	569,875		負 債 合 計		（ 777,819 ）
減価償却累計額	（ 346,875 ）	（ 223,000 ）	（純資産の部）		
車 両 運 搬 具	382,900		I 株 主 資 本		
減価償却累計額	（ 19,145 ）	（ 363,755 ）	資 本 金		2,460,000
土 地		2,369,000	資 本 剰 余 金		
有 形 固 定 資 産 合 計		（ 3,837,005 ）	資 本 準 備 金	（ 250,000 ）	
投資その他の資産			資 本 剰 余 金 合 計		（ 250,000 ）
長 期 貸 付 金		1,000,000	利 益 剰 余 金		
長 期 前 払 費 用		（ 305 ）	利 益 準 備 金	（ 157,000 ）	
投資その他の資産合計		（ 1,000,305 ）	その他利益剰余金		
固 定 資 産 合 計		（ 4,837,310 ）	繰 越 利 益 剰 余 金	（ 1,542,735 ）	
			利 益 剰 余 金 合 計		（ 1,699,735 ）
			株 主 資 本 合 計		（ 4,409,735 ）
			純 資 産 合 計		（ 4,409,735 ）
資 産 合 計		（ 5,187,554 ）	負 債 純 資 産 合 計		（ 5,187,554 ）

問2

(1)		4 ％	(2)	1,247,295千円	(3)	6,616,189千円
(4)	9,282,000千円		(5)	886,415千円		

解 説

問1 ［Ⅱ］期末整理事項等を順に処理していく。

1．手形割引に関する仮受金の修正

期中の処理

(借) 現 金 預 金	9,894	(貸) 仮 受 金	9,894

本来必要な処理

(借) 現 金 預 金	9,894	(貸) 受 取 手 形	10,200
~~保 証 債 務 費 用~~	~~204~~	保 証 債 務	204
貸 倒 引 当 金	204	~~貸倒引当金戻入~~	~~204~~
手 形 売 却 損	306		

⇩

決算時の修正

(借) 仮 受 金	9,894	(貸) 受 取 手 形	10,200
貸 倒 引 当 金	204	保 証 債 務	204
手 形 売 却 損	306		

①貸倒引当金＝保証債務費用＝10,200千円×2％＝204千円

②手形売却損＝10,200千円×3％＝306千円

2．商品売買の処理

(1) X商品の処理

売上の取り消し

(借) 売 上	4,620	(貸) 契 約 負 債	4,620

棚卸減耗損と商品評価損の計上

(借) 棚 卸 減 耗 損	350	(貸) 商 品	1,230
商 品 評 価 損	880		
売 上 原 価	1,230	棚 卸 減 耗 損	350
		商 品 評 価 損	880

①棚卸減耗損＝73,200千円－72,850千円（実地棚卸高）＝350千円

②商品評価損＝72,850千円－71,970千円（正味売却価額）＝880千円

(2) Y商品の処理

当期中の処理
（2月）（処理済）

(借) 現 金 預 金	125,000	(貸) 売 上	120,000
		返 金 負 債	5,000
(借) 売 上 原 価	74,400	(貸) 商 品	77,500
返 品 資 産	3,100		

①売上原価＝120,000千円×（1－38％）＝74,400千円

②返品資産＝5,000千円×（1－38％）＝3,100千円

260

<table>
<tr><td>当期中の処理
（3月）（処理済）</td><td>（借）現 金 預 金　105,000　（貸）売　　　　　上　100,800
返 金 負 債　4,200

（借）売 上 原 価　62,496　（貸）商　　　品　65,100
　　　返 品 資 産　2,604</td></tr>
</table>

①売上原価＝100,800千円×（1－38％）＝62,496千円

②返品資産＝4,200千円×（1－38％）＝2,604千円

<table>
<tr><td>決算時の修正</td><td>（借）返 金 負 債　5,000　（貸）現 金 預 金　4,550
売　　　　上　450

（借）商　　　品　2,821　（貸）返 品 資 産　3,100
　　　売 上 原 価　279</td></tr>
</table>

①返品期限到来による売上の計上（未返品分）＝5,000千円－4,550
千円＝450千円

②商品（返品額）＝4,550千円×（1－38％）＝2,821千円

③返品期限到来による売上原価の計上（未返品分）＝450千円×（1
－38％）＝279千円

《参考資料》

<table>
<tr><td>前期末の処理
（処理済）</td><td>（借）現 金 預 金　240,000　（貸）売　　　　　上　228,000
返 金 負 債　12,000

（借）売 上 原 価　145,920　（貸）商　　　品　153,600
　　　返 品 資 産　7,680</td></tr>
</table>

①前期原価率＝$\dfrac{原価153,600千円}{売価240,000千円}$＝64％

②売上原価＝228,000千円×64％＝145,920千円

③返品資産＝12,000千円×64％＝7,680千円

<table>
<tr><td>当期中の修正
（処理済）</td><td>（借）返 金 負 債　12,000　（貸）現 金 預 金　10,800
売　　　　上　1,200

（借）商　　　品　6,912　（貸）返 品 資 産　7,680
　　　売 上 原 価　768</td></tr>
</table>

①返品期限到来による売上の計上（未返品分）＝12,000千円
－10,800千円＝1,200千円

②商品（返品額）＝10,800千円×64％＝6,912千円

③返品期限到来による売上原価の計上（未返品分）
＝1,200千円×64％＝768千円

⑶ 売上と売上原価の推定

（ⅰ）X商品

　①X商品の売上＝5,553,620千円－4,620千円＝5,549,000千円

　②X商品の試算表上の売上原価＝5,549,000千円×（１－22.5％）

　　　　　　　　　　　　　　　＝4,300,475千円

　③X商品の売上原価＝4,300,475千円＋棚卸減耗損350千円＋商品評価損880

　　　　　　　　　　千円＝4,301,705千円

（ⅱ）Y商品

　④Y商品の試算表上の売上原価＝6,614,680千円－X商品売上原価4,300,475

　　　　　　　　　　　　　　　千円＝2,314,205千円

　⑤Y商品の純粋な当期売上原価＝2,314,205千円－前年度売上原価768千円

　　　　　　　　　　　　　　　＋当期売上原価（未返品分）279千円

　　　　　　　　　　　　　　　＝2,313,716千円

　⑥Y商品の前期分の売上＝768千円÷64％＝1,200千円

　⑦Y商品の売上＝2,313,716千円÷（１－38％）＋未返品の売上1,200千円

　　　　　　　　＝3,733,000千円

（ⅲ）X・Y商品合計

　⑧売上＝X商品5,549,000千円＋Y商品3,733,000千円＝9,282,000千円

　⑨売上原価＝X商品4,301,705千円＋Y商品2,313,716

　　　　　　＋Y商品前期売上原価768千円＝6,616,189千円

３．為替予約の処理

為替予約時の処理	（借）為替差損益　1,000　（貸）買　掛　金　4,000 　　　前払費用　3,000

決算時の処理	（借）為替差損益　2,000　（貸）前払費用　2,000

①仕入時の為替相場＝23,000千円÷200千ドル＝@115円

②買掛金＝200千ドル×（予約時先物為替相場@135円－取引日直物

　為替相場@115円）＝4,000千円

③為替差損益（直々差額）＝200千ドル×（予約時直物為替相場@

　120円－取引日直物為替相場@115円）＝1,000千円

④前払費用（直先差額）＝200千ドル×（予約時先物為替相場@135

　円－予約時直物為替相場@120円）＝3,000千円

⑤為替差損益（前払費用の当期費用化額）＝3,000千円×$\dfrac{2\,\text{カ月}}{3\,\text{カ月}}$

　　＝2,000千円

4．貸倒引当金の設定

(借) 貸倒引当金繰入	3,980	(貸) 貸 倒 引 当 金	3,980

①貸倒引当金残高＝試算表220千円－204千円＝16千円

②貸倒引当金要設定額＝（88,000千円－10,200千円＋122,000千円）

　　　×２％＝3,996千円

③貸倒引当金繰入＝3,996千円－残高16千円＝3,980千円

5．車両の買替えの処理

(1) 買替え時の
処理
（処理済）

(借) 車両減価償却累計額	320,000	(貸) 車　　　　　両	400,000
減 価 償 却 費	60,000	固定資産売却益	2,000
車　　　　　両	382,900	車 両 購 入 手 形	369,594
長 期 前 払 費 用	8,694		

①売却車両の減価償却累計額＝400,000千円×$\frac{4年}{5年}$＝320,000千円

②売却車両の減価償却費＝400,000千円÷５年×$\frac{9カ月}{12カ月}$＝60,000千円

③固定資産売却益＝下取価額22,000千円－帳簿価額（400,000千円

　　　　　－320,000千円－60,000千円）＝2,000千円

④車両購入手形＝＠20,533千円×18枚＝369,594千円

⑤新車両取得原価＝貸方合計（400,000千円＋2,000千円＋369,594千円）

　　　　　－（車両減価償却累計額320,000千円＋減価償却

　　　　　費60,000千円＋長期前払費用8,694千円）

　　　　　＝382,900千円

(2) 約束手形の決
済（処理済）

(借) 車 両 購 入 手 形	61,599	(貸) 現 金 預 金	61,599

①車両購入手形＝＠20,533千円×３枚＝61,599千円

(3) 決算時の
修正

(借) 前 払 費 用	5,796	(貸) 長 期 前 払 費 用	8,389
支 払 利 息	2,593		

長期前払費用＝8,694千円×$\frac{(1＋2＋3)}{(1＋18)×9}$≒305千円

支払利息＝8,694千円×$\frac{(18＋17＋16)}{(1＋18)×9}$≒2,593千円

前払費用＝8,694千円×$\frac{(15＋\cdots＋4)}{(1＋18)×9}$＝5,796千円

6．減価償却

（借）減 価 償 却 費	137,270	（貸）建物減価償却累計額	33,750
		備品減価償却累計額	84,375
		車両減価償却累計額	19,145

①建物減価償却費 ＝ （1,500,000千円 － 150,000千円）÷ 40年 ＝ 33,750千円

②備品減価償却費 ＝ （600,000千円 － 262,500千円）× 1 ÷ 8年 × 200%
$$= 84,375千円$$

※償却保証額 ＝ 600,000千円 × 0.07909 ＝ 47,454千円 ＜ 84,375千円

③車両減価償却費 ＝ 382,900千円 ÷ 5年 × $\dfrac{3カ月}{12カ月}$ ＝ 19,145千円

7．備品の減損処理

（借）減 損 損 失	30,125	（貸）備 品	30,125

①備品の帳簿価額 ＝ 600,000千円 － 262,500千円 － 84,375千円
$$= 253,125千円$$

②備品の割引前将来キャッシュ・フロー ＝ 50,000千円 × 5年
$$= 250,000千円 ＜ 253,125千円$$

③備品の使用価値 ＝ $\dfrac{50,000千円}{1.04}$ ＋ $\dfrac{50,000千円}{1.04^2}$ ＋ $\dfrac{50,000千円}{1.04^3}$

$$+ \dfrac{50,000千円}{1.04^4} + \dfrac{50,000千円}{1.04^5} = 222,591千円$$

④備品の使用価値222,591千円 ＜ 正味売却価額223,000千円

⑤減損損失 ＝ 帳簿価額253,125千円 － 正味売却価額223,000千円
$$= 30,125千円$$

8．自己株式の消却

（借）その他資本剰余金	89,000	（貸）自 己 株 式	99,680
繰越利益剰余金	10,680		

※自己株式を消却する場合は，まずその他資本剰余金を減額し，そ
れで賄いきれない場合は，その他利益剰余金（繰越利益剰余金）
を減額する。

9．販売費の繰延と一般管理費の見越

（借）前 払 費 用	5,600	（貸）販 売 費	5,600
一 般 管 理 費	4,800	未 払 費 用	4,800

10. 法人税，住民税及び事業税の計上

（借）法人税，住民税及び事業税	575,000	（貸）仮払法人税等	310,000
		未払法人税等	265,000

11. 繰越利益剰余金の算出

　　繰越利益剰余金＝借方合計5,187,554千円－繰越利益剰余金を除く貸方合計

　　　　　　　　　3,644,819千円＝1,542,735千円

問2

⑴　見積返品率＝$\dfrac{2月販売分125,000千円－2月実質販売分120,000千円}{2月販売分125,000千円}$

　　　　　　$×100＝4\%$

　※同年3月のデータを使用しても同様の見積返品率を求めることができる。

⑵　X商品売上総利益＝X商品売上高5,549,000千円－X商品売上原価4,301,705千円

　　　　　　　　　　＝1,247,295千円

　　　　X商品売上高＝5,549,000千円（問1の2．⑶①より）

　　　　X商品売上原価＝4,301,705千円（問1の2．⑶③より）

⑶　売上原価＝X商品売上原価4,301,705千円＋Y商品売上原価2,313,716千円

　　　　　　＋Y商品前期売上原価768千円

　　　　　　＝6,616,189千円

　　　　Y商品売上原価＝2,313,716千円（問1の2．⑶⑤より）

　　　　Y商品前期売上原価＝768千円（　　　　　〃　　　　　）

⑷　売上高＝9,282,000千円（問1の2．⑶⑧より）

⑸　当期純利益＝期末繰越利益剰余金1,542,735千円－（期首繰越利益剰余金

　　　　　　　667,000千円－自己株式消却分10,680千円）＝886,415千円

　　　　期末繰越利益剰余金1,542,735千円（貸借対照表より）

　　　　期首繰越利益剰余金667,000千円（決算整理前残高試算表より）

　　　　自己株式消却分10,680千円（問1の8．より）

（制限時間　会計学とともに 1 時間30分）
注：解答はすべて答案用紙に記入して下さい。

問題（25点）

　下記の［資料 1 ］および［資料 2 ］に基づいて，次の各問に答えなさい。なお，当社の各事業年度は，各年 3 月末日に終了する 1 年間である。計算過程で生じる千円未満の端数については，四捨五入して解答しなさい。

　問 1　当社の20X4年度（20X4年 4 月 1 日〜20X5年 3 月31日）の個別損益計算書を作成しなさい。

　問 2　当社の20X4年度末の個別貸借対照表における答案用紙に記載の各科目の金額を求めなさい。

決算整理前残高試算表　　　　　　（単位：千円）

現　　金　　預　　金	129,940	買　　　掛　　　金	83,000
売　　　掛　　　金	135,980	契　　約　　負　　債	19,500
仮　払　法　人　税　等	10,000	貸　倒　引　当　金	400
繰　　越　　商　　品	60,000	建物減価償却累計額	86,000
仕　　　掛　　　品	36,600	備品減価償却累計額	12,000
土　　　　　　　地	435,610	長　期　借　入　金	400,000
建　　　　　　　物	430,000	退　職　給　付　引　当　金	54,000
備　　　　　　　品	48,000	資　　　本　　　金	500,000
機　　械　　装　　置	12,000	資　本　準　備　金	100,000
ソ　フ　ト　ウ　ェ　ア	30,000	利　益　準　備　金	20,000
関　係　会　社　株　式	72,500	繰　越　利　益　剰　余　金	69,700
投　資　有　価　証　券	59,520	売上高─商品販売	820,000
繰　延　税　金　資　産	16,500	売上高─ソフトウェア開発	22,500
仕入高─商品販売	661,000	受　取　賃　貸　料	32,400
売上原価─ソフトウェア開発	19,200	受　取　配　当　金	8,300
給　　料　　手　　当	20,000	有　価　証　券　利　息	1,250
退　職　給　付　費　用	7,000	為　替　差　損　益	800
研　　究　　開　　発　　費	20,000		
一　　般　　管　　理　　費	10,000		
支　　払　　利　　息	8,000		
支　払　配　当　金	8,000		
	2,229,850		2,229,850

[資料2]　未処理事項および決算整理事項

1．当社は，商品について返品権付き販売を行っており，返品権が販売後1か月内に行使される場合であれば代金の全額を返金している。3月中の販売金額100,000千円が試算表において計上されている。このうち，10％が翌年度の4月中に返品されることが見込まれるので，売上高を減額するとともに返金負債を計上する。当社は，商品販売の処理方法として三分法を採用しており，期末商品棚卸高は65,000千円であった。返品資産の原価は，当期の原価率を見積もることによって算定する。

2．当社は，受注したソフトウェア開発についての収益認識を履行義務が充足されるにつれて行っており，進捗度は発生した原価に基づくインプット法によって見積もっている。試算表に計上されているソフトウェア開発に係る売上高および売上原価は，当期中にすべての履行義務の充足が完了したもののうち，当期中に充足した部分に相当する額である。また，同一の顧客に対する同一案件に係る契約資産と契約負債は相殺している。顧客各社との契約内容は，次のとおりである（金額単位：千円）。

顧客	取引価格	当期末まで の入金額	着手年月	完成年月	当初見積 総原価	前期末までの 発生原価累計額	当期末までの 発生原価累計額
X社	90,000	63,000	20X2年6月	20X4年10月	72,000	54,000	73,200
Y社	45,000	18,000	20X3年1月	20X5年4月	36,000	6,000	30,000
Z社	48,000	9,000	20X4年12月	20X6年3月	45,000	—	12,600

　　Z社との契約については，当初の見積総原価は45,000千円であったものの，当期末までに52,500千円となることが判明した。必要な受注損失引当金を計上する。受注損失引当金の繰入額は，売上原価に含める。

3．売掛金（返金負債との相殺後）および契約資産（契約負債との相殺後）の残高に対して，1％の貸倒引当金を差額補充法によって設定する。

4．有形固定資産につき，必要な減価償却を行う（金額単位：千円）。なお，月割計算による。

種類	取得月	取得原価	残存価額	耐用年数	償却方法等
建物（甲）	20X0年4月	250,000	0	20年	税法上の定額法
建物（乙）	20X1年4月	180,000	0	15年	税法上の定額法
備　品	20X3年4月	48,000	0	8年	税法上の200％定率法。改定償却率0.334，保証率0.07909とする。
機械装置	20X4年9月	12,000	0	5年	税法上の200％定率法。改定償却率0.500，保証率0.10800とする。

　　当期首より保有目的を賃貸目的に変更した土地146,410千円および建物（乙）180,000千円（取得原価）について，投資不動産勘定に振り替える。また，当期末において減損の兆候が判明し，建物（乙）の残存耐用年数が4年に見積もられるとともに，次年度より4年間にわたって29,282千円のキャッシュ・フローが各期末時点において生じると見積もられた。4年経過後の処分価額は，土地146,410千円（現在の簿価と同額）のみである。使用価値の算定に当たっては，割引率を年10％とする。

　　また，機械装置は，もっぱら新規事業の研究開発活動に使用する目的で取得したものである。

5．ソフトウェアについては，定額法によって減価償却を行っている（月割計算による）。試算表上のソフトウェアの一部は，取得原価33,600千円の20X2年7月1日より稼働している事務系の基幹システムであり，有効期間は5年と見積もられたものである。残額は，20X4年10月1日より稼働している販売支援システムであり，有効期間は3年と見積もられた。いずれも当期分の償却費を計上する。

6. 試算表上の投資有価証券は，米国企業が発行した社債（額面500千ドル，満期20X6年3月31日）を490千ドルで20X1年4月1日に取得したものである。当該保有社債については，満期保有目的の債券に分類し，償却原価法（定額法）を適用している。1ドル当たりの為替相場は，前期末において120円，当期中において125円，当期末において130円であった。必要な利息および為替差損益を計上する。

7. 前期末において退職給付債務の残高は150,000千円，年金資産の残高は90,000千円，未認識数理計算上の差異（年金資産の運用損によるもの）は6,000千円であった。当期に係る勤務費用5,000千円，利息費用4,500千円，期待運用収益2,700千円，数理計算上の差異の当期費用処理額1,000千円を計上する。なお，試算表上の退職給付費用は，当期中に支払った退職一時金および退職年金掛金の合計額である。

8. 当年度の法人税，住民税及び事業税は，28,000千円と見積もられた。なお，試算表上の仮払法人税等は，当年度中に中間納付した額である。

　　税効果会計を適用する。当期末において，一時差異は，貸倒引当金，受注損失引当金，減損損失累計額および退職給付引当金のみから生じるものとする。当期末において見積もられた一時差異解消年度の法定実効税率は30％であり，当社の繰延税金資産の回収可能性に疑義はないものとする。

9. 試算表上の支払配当金は，当期中に行った中間配当額である。なお，当該中間配当は，繰越利益剰余金から行ったものであり，中間配当に伴う準備金の積立てが未処理であった。

〔答案用紙〕

問1

損 益 計 算 書

（単位：千円）

売 上 高		営 業 外 収 益	
商 品 販 売 （　　　　　）		受 取 賃 貸 料　　32,400	
ソフトウェア開発 （　　　　　）		受 取 配 当 金　　8,300	
売 上 高 合 計 （　　　　　）		有 価 証 券 利 息 （　　　　　）	
売 上 原 価		為 替 差 益 （　　　　　）	
商 品 販 売 （　　　　　）		営業外収益合計 （　　　　　）	
ソフトウェア開発 （　　　　　）		営 業 外 費 用	
売 上 原 価 合 計 （　　　　　）		減 価 償 却 費 （　　　　　）	
売 上 総 利 益 （　　　　　）		支 払 利 息　　8,000	
販売費及び一般管理費		営業外費用合計 （　　　　　）	
貸倒引当金繰入額 （　　　　　）		経 常 利 益 （　　　　　）	
給 料 手 当　　20,000		特 別 損 失	
退 職 給 付 費 用 （　　　　　）		減 損 損 失 （　　　　　）	
減 価 償 却 費 （　　　　　）		特 別 損 失 合 計 （　　　　　）	
ソフトウェア償却費 （　　　　　）		税引前当期純利益 （　　　　　）	
研 究 開 発 費 （　　　　　）		法人税, 住民税及び事業税 （　　　　　）	
一 般 管 理 費　　10,000		法 人 税 等 調 整 額 （　　　　　）	
販売費及び一般管理費合計 （　　　　　）		法 人 税 等 合 計 （　　　　　）	
営 業 利 益 （　　　　　）		当 期 純 利 益 （　　　　　）	

問2 （単位：千円）

返 品 資 産 （　　　　　）
受 注 損 失 引 当 金 （　　　　　）
退 職 給 付 引 当 金 （　　　　　）
利 益 準 備 金 （　　　　　）
繰 越 利 益 剰 余 金 （　　　　　）

問1

損 益 計 算 書

(単位：十円)

売　　上　　高			
商 品 販 売	(	810,000	)
ソフトウェア開発	(	64,020	)
売 上 高 合 計	(	874,020	)
売　上　原　価			
商 品 販 売	(	648,000	)
ソフトウェア開発	(	59,220	)
売 上 原 価 合 計	(	707,220	)
売 上 総 利 益	(	166,800	)
販売費及び一般管理費			
貸倒引当金繰入額	(	1,080	)
給 料 手 当		20,000	
退 職 給 付 費 用	(	7,800	)
減 価 償 却 費	(	21,500	)
ソフトウェア償却費	(	8,080	)
研 究 開 発 費	(	32,000	)
一 般 管 理 費		10,000	
販売費及び一般管理費合計	(	100,460	)
営 業 利 益	(	66,340	)

営 業 外 収 益			
受 取 賃 貸 料		32,400	
受 取 配 当 金		8,300	
有 価 証 券 利 息	(	1,500	)
為 替 差 益	(	5,770	)
営業外収益合計	(	47,970	)
営 業 外 費 用			
減 価 償 却 費	(	12,000	)
支 払 利 息		8,000	
営業外費用合計	(	20,000	)
経 常 利 益	(	94,310	)
特 別 損 失			
減 損 損 失	(	85,590	)
特 別 損 失 合 計	(	85,590	)
税引前当期純利益	(	8,720	)
法人税, 住民税及び事業税		28,000	
法 人 税 等 調 整 額	(	△ 27,087	)
法 人 税 等 合 計	(	913	)
当 期 純 利 益	(	7,807	)

問2　(単位：千円)

返 品 資 産	(	8,000	)
受 注 損 失 引 当 金	(	3,420	)
退 職 給 付 引 当 金	(	54,800	)
利 益 準 備 金	(	20,800	)
繰 越 利 益 剰 余 金	(	68,707	)

271

解 説　（金額単位：千円）

1. 売　上　高　―　商　品　販　売　10,000　　　返　　金　　負　　債　10,000
　　売　上　原　価　―　商　品　販　売　721,000　　繰　　越　　商　　品　60,000
　　　　　　　　　　　　　　　　　　　　　　　　仕　入　高　―　商　品　販　売　661,000
　　　　繰　　越　　商　　品　65,000　　売　上　原　価　―　商　品　販　売　65,000
　　　　返　　品　　資　　産　8,000　　売　上　原　価　―　商　品　販　売　8,000
2. 売　上　原　価　―　ソフトウェア開発　24,000　　仕　　　　掛　　　　品　24,000
　　　　契　　約　　負　　債　10,500　　売　上　高　―　ソフトウェア開発　30,000
　　　　契　　約　　資　　産　19,500
　　　　売　上　原　価　―　ソフトウェア開発　12,600　　仕　　　　掛　　　　品　12,600
　　　　契　　約　　負　　債　9,000　　売　上　高　―　ソフトウェア開発　11,520
　　　　契　　約　　資　　産　2,520
　　　　売　上　原　価　―　ソフトウェア開発　3,420　　受　注　損　失　引　当　金　3,420
3. 貸　倒　引　当　金　繰　入　額　1,080　　貸　　倒　　引　　当　　金　1,080
4. 減　　価　　償　　却　　費　21,500　　建物減価償却累計額　12,500
　　　　　　　　　　　　　　　　　　　　　　　　備品減価償却累計額　9,000
　　　　投　　資　　不　　動　　産　146,410　　土　　　　　　　　地　146,410
　　　　投　　資　　不　　動　　産　180,000　　建　　　　　　　　物　180,000
　　　　建物減価償却累計額　36,000　　投資不動産減価償却累計額　48,000
　　　　減価償却費（営業外）　12,000
　　　　減　　損　　損　　失　85,590　　投資不動産減損損失累計額　85,590
　　　　研　　究　　開　　発　　費　12,000　　機　　械　　装　　置　12,000
5. ソ　フ　ト　ウ　ェ　ア　償　却　費　8,080　　ソ　フ　ト　ウ　ェ　ア　8,080
6. 投　資　有　価　証　券　250　　有　価　証　券　利　息　250
　　　　投　資　有　価　証　券　4,970　　為　　替　　差　　損　　益　4,970
7. 退　職　給　付　引　当　金　7,000　　退　職　給　付　費　用　7,000
　　　　退　職　給　付　費　用　7,800　　退　職　給　付　引　当　金　7,800
8. 法人税，住民税及び事業税　28,000　　仮　払　法　人　税　等　10,000
　　　　　　　　　　　　　　　　　　　　　　　　未　払　法　人　税　等　18,000
　　　　繰　延　税　金　資　産　27,087　　法　人　税　等　調　整　額　27,087
9. 繰　越　利　益　剰　余　金　8,000　　支　　払　　配　　当　　金　8,000
　　　　繰　越　利　益　剰　余　金　800　　利　　益　　準　　備　　金　800

1. 原価率＝（60,000千円＋661,000千円－65,000千円）/820,000千円＝0.8
　　見積返品（売価）＝100,000千円×0.1＝10,000千円
　　見積返品（原価）＝10,000千円×0.8＝8,000千円

2. 試算表の売上高（ソフトウェア開発，X社向け）＝90,000千円－90,000千円×
54,000千円/72,000千円＝22,500千円

　　試算表の売上原価（ソフトウェア開発，X社向け）＝73,200千円－54,000千円＝
19,200千円

　　進行基準適用分の売上高の追加計上：

　　　Y社分＝45,000千円×30,000千円/36,000千円－45,000千円×6,000千円/36,000

千円＝30,000千円

　　　Z社分＝48,000千円×12,600千円/52,500千円＝11,520千円

　進行基準適用分の売上原価の追加計上：

　　　Y社分＝30,000千円－6,000千円＝24,000千円

　　　Z社分＝12,600千円

　受注損失引当金＝（52,500千円－48,000千円）－（12,600千円－11,520千円）

＝3,420千円

3．当期末における売掛金残高（純額）＝135,980千円－返金負債10,000千円＝

125,980千円

　　当期末における契約資産残高（純額）：

　　　Y社分＝45,000千円×30,000千円/36,000千円－18,000千円＝19,500千円

　　　Z社分＝48,000千円×12,600千円/52,500千円－9,000千円＝2,520千円

　　売掛金（純額）および契約資産（純額）合計＝125,980千円＋（19,500千円＋2,520

千円）＝148,000千円

　　貸倒引当金＝148,000千円×0.01＝1,480千円

　　貸倒引当金繰入額＝1,480千円－400千円＝1,080千円

4．建物（甲）の減価償却費＝250,000千円÷20年＝12,500千円

　　備品の減価償却費＝（48,000千円－48,000千円×0.25）×0.25＝9,000千円

　　投資不動産の減価償却費（営業外）＝180,000千円÷15年＝12,000千円

　　投資不動産の簿価＝146,410千円

$$+\left(180,000千円-180,000千円\times\frac{3年}{15年}-12,000千円\right)=278,410千円$$

　　投資不動産の割引前将来キャッシュ・フロー＝29,282千円×4年＋146,410千円

＝263,538千円

　　簿価＞割引前将来キャッシュ・フロー　となるから，減損を認識する。

　　投資不動産の使用価値

$$=\left(\frac{29,282千円}{1.1}+\frac{29,282千円}{1.1^2}+\frac{29,282千円}{1.1^3}+\frac{29,282千円}{1.1^4}\right)+\frac{146,410千円}{1.1^4}$$

＝192,820千円

　　減損損失＝278,410千円－192,820千円＝85,590千円

5．試算表残高に占める事務系システムの簿価＝33,600千円×39月／（5年×12月）

＝21,840千円

　　試算表残高に占める販売支援システムの簿価＝30,000千円－21,840千円＝8,160

千円

　　事務系システムの償却費＝33,600千円÷5年＝6,720千円

　　販売支援システムの償却費＝8,160千円÷3年×6月/12月＝1,360千円

6．1年当たりの簿価加算額＝（500千ドル－490千ドル）÷5年＝2千ドル

投資有価証券の期首残高（試算表の残高）＝（490千ドル＋2千ドル×3年）×120円＝59,520千円

有価証券利息＝2千ドル×125円＝250千円

為替差益＝（490千ドル＋2千ドル×4年）×130円－（59,520千円＋250千円）＝4,970千円

7．退職給付費用＝5,000千円＋4,500千円－2,700千円＋1,000千円＝7,800千円

8．将来減算一時差異＝貸倒引当金1,480千円＋受注損失引当金3,420千円＋減損損失累計額85,590千円＋退職給付引当金54,800千円＝145,290千円

繰延税金資産＝145,290千円×0.3＝43,587千円

法人税等調整額＝43,587千円－16,500千円＝27,087千円

9．利益準備金積立額＝8,000千円×0.1＝800千円

①資本金500,000千円×$\dfrac{1}{4}$－（資本準備金100,000千円＋利益準備金20,000千円）

＝5,000千円

②支払配当金8,000千円×0.1＝800千円

①＞②　∴800千円

貸借対照表

現 金 預 金	129,940	買 掛 金	83,000
売 掛 金	135,980	返 金 負 債	10,000
契 約 資 産	22,020	未 払 法 人 税 等	18,000
繰 越 商 品	65,000	貸 倒 引 当 金	1,480
返 品 資 産	8,000	受 注 損 失 引 当 金	3,420
土 地	289,200	建物減価償却累計額	62,500
建 物	250,000	備品減価償却累計額	21,000
備 品	48,000	投資不動産減価償却累計額	48,000
ソ フ ト ウ ェ ア	21,920	投資不動産減損損失累計額	85,590
関 係 会 社 株 式	72,500	長 期 借 入 金	400,000
投 資 有 価 証 券	64,740	退 職 給 付 引 当 金	54,800
投 資 不 動 産	326,410	資 本 金	500,000
繰 延 税 金 資 産	43,587	資 本 準 備 金	100,000
		利 益 準 備 金	20,800
		繰 越 利 益 剰 余 金	68,707
	1,477,297		1,477,297

（制限時間　会計学とともに１時間30分）
注：解答はすべて答案用紙に記入して下さい。

問題（25点）

　日商株式会社の20X6年度（自20X6年４月１日至20X7年３月31日）における［Ⅰ］決算整理前残高試算表および［Ⅱ］期末整理事項等に基づいて，答案用紙の問に答えなさい。

［解答上の注意事項］

1　計算の過程で端数が出る場合は，その都度千円未満を四捨五入すること。
2　税効果会計は考慮外とする。試算表内の？については各自推定すること。
3　決算日の直物為替レートは１ドル138円である。

決算整理前残高試算表
20X7年3月31日

（単位：千円）

借　方　科　目	金　額	貸　方　科　目	金　額
現　　金　　預　　金	417,374	支　　払　　手　　形	359,000
受　　取　　手　　形	323,240	買　　　掛　　　金	489,000
売　　　掛　　　金	423,800	貸　倒　引　当　金	1,110
売買目的有価証券	?	建物減価償却累計額	445,500
繰　　越　　商　　品	588,000	備品減価償却累計額	86,719
未　　　着　　　品	1,355,400	資　産　除　去　債　務	27,022
仮　　　払　　　金	115,000	社　　　　　　　債	?
仮　払　法　人　税　等	61,000	退　職　給　付　引　当　金	169,250
建　　　　　　　物	900,000	資　　　本　　　金	1,717,000
機　　械　　装　　置	527,022	資　本　準　備　金	58,000
備　　　　　　　品	150,000	利　益　準　備　金	141,000
土　　　　　　　地	1,500,000	繰　越　利　益　剰　余　金	112,000
長　期　貸　付　金	250,000	一　　般　　売　　上	4,515,000
仕　　　　　　　入	2,633,500	未　着　品　売　上	1,677,500
販　　　売　　　費	860,000	役　　務　　収　　益	130,000
一　　般　　管　　理　　費	211,000	受　　取　　利　　息	4,687
手　形　売　却　損	87	為　替　差　損　益	380
		固　定　資　産　売　却　益	500
	?		?

[II]　期末整理事項等

1. 商品売買については，一般商品販売と未着品販売を行っている。

　(1)　一般商品販売における棚卸資産の評価方法は，売価還元法（正味値下げ額を除外せずに原価率を算定する方法）を適用している。商品期首棚卸高（売価）840,000千円，期中の原始値入額1,707,500千円，正味値上げ額947,500千円，正味値下げ額807,500千円，商品期末帳簿棚卸高（各自推定），商品期末実地棚卸高（売価）722,000千円である。なお，期中に掛けによる仕入戻し68,000千円，掛けによる仕入割戻し4,250千円があったが，この処理がまだ行われていない。

　(2)　一般商品販売とは別に，米国から輸入した商品について未着のまま販売を行っている。未着品販売に関する売上原価の算定は，期末に一括して仕入勘定で行っており，未着品の販売売価（3.(1)の保守点検サービス考慮前）は貨物代表証券の原価の25％増しである。期首における未着品の原価は60,000千円であ

276

る。なお，3月3日に600,000ドルの貨物代表証券を入手し，代金は全額掛けとしたが，この取引が未記帳となっている（この貨物代表証券については為替予約時の先物為替レートで換算する。3月3日の為替レートについては2．を参照のこと）。

2. 先の3月3日に加えて，買掛金には370,000ドル分の米ドル建買掛金が含まれている。この買掛金は2月25日の取引から発生したもので，3月3日の取引と同時にこれらの買掛金に対して為替予約を行っていたが，この為替予約の処理が未だ行われていなかった。決済は5月末日である。この為替予約については振当処理によることとし，為替予約差額の処理は月割りで行う。取引日と予約日の為替レートは次のとおりである。

	直物為替レート		直物為替レート	先物為替レート
取引日：2月25日	1ドル135円	取引日：3月3日	1ドル136円	1ドル142円

3. 当社は未着品販売について，当期から希望する顧客に対して，販売時に申し出た場合に限り，売価に20％の料金を追加することによって2年間にわたって保守点検を追加するサービスを開始した。

(1) 当期首に得意先A社が希望したため，未着品売上50,000千円に対して10,000千円の追加で2年間の保守点検サービスを提供することとした。12月1日に得意先B社も希望してきたため，未着品売上600,000千円に対して120,000千円の追加で同サービスを提供することとした。当期の当該サービスを希望したのはこの2社のみである。商品がA社には6月1日に，B社には2月1日にそれぞれ到着し，到着と同時に保守点検サービスを開始している。

(2) この保守点検サービスについては商品販売と別契約と判断し，いずれも受領した保守点検サービス料をすべて役務収益として計上していた。しかし，実質的に同一の契約に商品販売と2年間の保守点検サービスという2つの履行義務が含まれると判断されたため，修正の処理を行う。

(3) 得意先A社へ販売した商品の独立販売価格は50,000千円，同社への2年間の保守点検サービスの独立販売価格は15,000千円で，得意先B社へ販売した商品の独立販売価格は600,000千円，同社への2年間の保守点検サービスの独立販売価格は180,000千円である。なお，時間の経過にともなって履行義務を充足した保守点検サービスについては，月割計算によって収益を計上する。

4. 売買目的有価証券は，すべて当期中に取得原価12,500ドル（取得時の直物為替レートは1ドル130円である）で購入したものである。期末の時価は12,000ドルに値下がりしたため，評価替えを行う。

5. 売掛金と受取手形の期末残高に2％の貸倒引当金を差額補充法により設定する。なお，売掛金のうち65,280千円は480,000ドルの外貨建売掛金である。この外貨建売掛金に対しては為替予約は行っていない。

6．以下の要領で減価償却を行う。

　　建　　物：定額法，耐用年数40年，残存価額：取得原価の10％

　　備　　品：200％定率法，耐用年数 8 年，残存価額ゼロ，保証率0.07909，改
　　　　　　　定償却率0.334

　　機械装置：定額法，耐用年数10年，残存価額ゼロ

　なお，機械装置は，当期首に500,000千円で取得し，耐用年数10年，使用後の除
去費用40,000千円，取得時における割引率は年 4 ％と見積もってすでに使用を開
始している。決算にあたって調査したところ，除去費用は42,000千円に増加して
いることが判明したため，修正処理を行う。決算日時点における割引率は年 3 ％
である。期間10年で 3 ％と 4 ％の現価係数はそれぞれ0.74409，0.67556，期間 9 年
で 3 ％と 4 ％の現価係数はそれぞれ0.76642，0.70259である。

7．仮払金のうち96,000千円は，20X7年 1 月末日に債券金額100,000千円（1,000千
口）の社債を 1 口100円につき95円（裸相場）で買い入れて代金を経過利息ととも
に支払ったさいのものである。買入れた社債についてはすでに消却済みである。
この社債は20X4年 4 月 1 日に，債券金額400,000千円，払込金額（100円につき）
93.25円，発行口数4,000千口，償還期限20X9年 3 月31日，実効利子率：年2.66％，
クーポン利子率：年1.20％，利払日： 3 月31日の条件で発行したものである（社
債の債券金額と払込金額との差額はすべて金利の調整差額と認められるため，償
却原価法（利息法）を適用している）。決算にあたって，買入消却について適切に
処理する（クーポン利息と金利調整差額の償却は月割りで計算する）。加えて，未
償還の社債に対する利息を当座預金から支払うとともに，償却原価法により期末
評価を行う。

8．確定給付型の企業年金制度を採用している。期首退職給付債務は874,500千円，
期首年金資産は705,250千円で，当期掛金拠出額11,000千円と退職一時金8,000千円
は仮払金で処理してある。なお，年金基金からの退職金の支払額は4,250千円であ
る。当期の勤務費用は9,800千円，利息費用の利率は年 1 ％，長期期待運用収益率
は年 2 ％であり，実際運用収益と同額である。また，当期において数理計算上の
差異（不足額，借方差異）が6,000千円発生しており，この差異は当期から定額法
（平均残存勤務期間 8 年）で償却する。

9．販売費の前払分が49,600千円あり，一般管理費の未払分が27,800千円ある。

10．法人税，住民税及び事業税として132,500千円を計上する。

問1 20X6年度における損益計算書を作成しなさい。

<u>損 益 計 算 書</u>

自20X6年4月1日　至20X7年3月31日　　　　（単位：千円）

Ⅰ　売　　　　上　　　　高		（　　　　　）
Ⅱ　売　　上　　原　　価		
1　商 品 期 首 棚 卸 高	（　　　　　）	
2　当 期 商 品 仕 入 高	（　　　　　）	
合　　　計	（　　　　　）	
3　商 品 期 末 棚 卸 高	（　　　　　）	
差　　引	（　　　　　）	
4　棚　卸　減　耗　損	（　　　　　）	（　　　　　）
売上総利益		（　　　　　）
Ⅲ　販 売 費 及 び 一 般 管 理 費		
1　販　　　売　　　費	（　　　　　）	
2　一　般　管　理　費	（　　　　　）	
3　退　職　給　付　費　用	（　　　　　）	
4　貸 倒 引 当 金 繰 入	（　　　　　）	
5　減　価　償　却　費	（　　　　　）	
6　資 産 除 去 債 務 利 息 費 用	（　　　　　）	（　　　　　）
営　業　利　益		（　　　　　）
Ⅳ　営　業　外　収　益		
1　有　価　証　券　評　価　益	（　　　　　）	
2　為　　替　　差　　益	（　　　　　）	
3　受　　取　　利　　息	4,687	（　　　　　）
Ⅴ　営　業　外　費　用		
1　手　形　売　却　損	87	
2　社　　債　　利　　息	（　　　　　）	（　　　　　）
経　常　利　益		（　　　　　）
Ⅵ　特　　別　　利　　益		
1　社 債 買 入 消 却 益	（　　　　　）	
2　固　定　資　産　売　却　益	500	（　　　　　）
税 引 前 当 期 純 利 益		（　　　　　）
法人税，住民税及び事業税		（　　　　　）
当　期　純　利　益		（　　　　　）

問2 20X6年度の貸借対照表における次の(1)〜(5)の金額を求めなさい。

（単位：千円）

(1)買掛金	(2) 契約負債	(3) 資産除去債務	(4) 社債	(5)繰越利益剰余金

問1

損 益 計 算 書

自20X6年4月1日　至20X7年3月31日　　　　（単位：千円）

I	売 上 高		（ 6,162,115 ）
II	売 上 原 価		
	1　商 品 期 首 棚 卸 高	（ 648,000 ）	
	2　当 期 商 品 仕 入 高	（ 3,941,850 ）	
	合 計	（ 4,589,850 ）	
	3　商 品 期 末 棚 卸 高	（ 538,850 ）	
	差 引	（ 4,051,000 ）	
	4　棚 卸 減 耗 損	（ 7,050 ）	（ 4,058,050 ）
	売上総利益		（ 2,104,065 ）
III	販 売 費 及 び 一 般 管 理 費		
	1　販 売 費	（ 810,400 ）	
	2　一 般 管 理 費	（ 238,800 ）	
	3　退 職 給 付 費 用	（ 5,190 ）	
	4　貸 倒 引 当 金 繰 入	（ 13,850 ）	
	5　減 価 償 却 費	（ 88,772 ）	
	6　資 産 除 去 債 務 利 息 費 用	（ 1,082 ）	（ 1,158,094 ）
	営 業 利 益		（ 945,971 ）
IV	営 業 外 収 益		
	1　有 価 証 券 評 価 益	（ 31 ）	
	2　為 替 差 益	（ 230 ）	
	3　受 取 利 息	4,687	（ 4,948 ）
V	営 業 外 費 用		
	1　手 形 売 却 損	87	
	2　社 債 利 息	（ 9,773 ）	（ 9,860 ）
	経 常 利 益		（ 941,059 ）
VI	特 別 利 益		
	1　社 債 買 入 消 却 益	（ 1,970 ）	
	2　固 定 資 産 売 却 益	500	（ 2,470 ）
	税 引 前 当 期 純 利 益		（ 943,529 ）
	法 人 税, 住 民 税 及 び 事 業 税		（ 132,500 ）
	当 期 純 利 益		（ 811,029 ）

問2

（単位：千円）

(1)買掛金	(2) 契約負債	(3) 資産除去債務	(4) 社債	(5)繰越利益剰余金
504,540	160,385	29,637	291,583	923,029

解 説

問1 ［Ⅱ］期末整理事項等を順に処理していく。

1．商品売買の処理
(1) 一般商品売買の処理

　期中に掛けによる仕入戻しと仕入割戻しがあるので，まず，これらの処理を行う。その上で，一般商品売買における棚卸資産の評価方法については，正味値下げ額を除外して原価率を算定する売価還元法，すなわち売価還元原価法が適用されているので，以下の図表に示す原価と売価のインプットおよび売価によるアウトプットの関係から原価率を推定する。

| (借)買　　掛　　金 | 68,000 | (貸)仕 | 入 | 68,000 |
| (借)買　　掛　　金 | 4,250 | (貸)仕 | 入 | 4,250 |

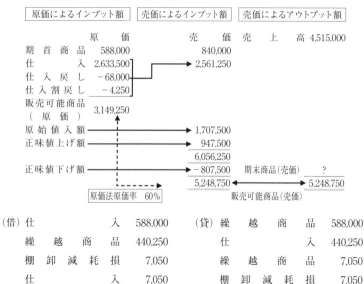

(借)仕	入	588,000	(貸)繰　越　商　品	588,000
繰　越　商　品		440,250	仕　　　　　入	440,250
棚　卸　減　耗　損		7,050	繰　越　商　品	7,050
仕	入	7,050	棚　卸　減　耗　損	7,050

商品期末帳簿棚卸高＝3,149,250千円－4,515,000千円×60％＝440,250千円

棚卸減耗損＝440,250千円－722,000千円×60％＝7,050千円

(2) 未着品売上の処理
① 貨物代表証券の入手

　貨物代表証券については為替予約時の先物為替レートで換算するという指示があるので，2．で示されている先物為替レート（1ドル142円）で換算する。

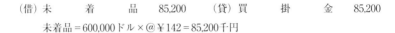

（借）未　　着　　品　　85,200　　（貸）買　　掛　　金　　85,200

　　　未着品＝600,000ドル×@￥142＝85,200千円

② 未着品の売上原価の処理

　　未着品売上から売上原価を推定し，期首の未着品の原価，未着品当期仕入高および貨物代表証券の未処理分との差額から，期末未着品の原価を推定する。

	未着商品			未着品売上
期 首 商 品	60,000	売 上 原 価	1,342,000	÷1.25
当 期 受 入 未 着 商 品	1,295,400			1,677,500
未 処 理 分	85,200	期末未着品	98,600	

（借）仕　　　　　　　入　1,440,600　　（貸）未　　　着　　　品　1,440,600
　　　未　　着　　品　　98,600　　　　　仕　　　　　　　入　　98,600

　　　未着品売上原価＝未着品売上÷1.25＝1,342,000千円
　　　仕入＝試算表における未着品1,355,400千円＋未処理分85,200千円
　　　　＝1,440,600千円
　　　期末未着品原価＝仕入1,440,600千円－売上原価1,342,000千円
　　　　＝98,600千円

２．外貨建買掛金の為替予約

　2月25日分（借）為　替　差　損　益　　　　370　　（貸）買　　掛　　金　　2,590
　　　　　　　　　前　払　費　用　2,220

　　　　　為替差損益＝（@136円－@135円）×370千円＝370千円
　　　　　前払費用＝（@142円－@136円）×370千円＝2,220千円

　3月31日　（借）為　替　差　損　益　　　740　　（貸）前　払　費　用　　　740

　　　　　為替差損益＝2,220千円×$\dfrac{1\text{カ月}}{3\text{カ月}}$＝740千円

３．取引価格の履行義務への配分と収益の計上

　　収益認識基準のもとでは，まず顧客との実質的契約を識別し，契約における履行義務を識別しなければならない。次に識別した契約における取引価格を算定して，この取引価格を履行義務に配分していく。そのため，A社とB社への未着品の販売と保守点検サービスは1つの契約として捉え，各履行義務に取引価格を配分しなければならない。その上で，一時点で履行義務を充足する未着品売上を計上する。一定期間にわたって充足する保守点検サービスについては，充足した分（当年度分）のみの売上を計上する。

(1) 20X6年度中の処理

20X6年度期中の処理
　6月1日の処理（A社）　（借）売　　掛　　金　60,000　（貸）未着品売上　　50,000
　　　　　　　　　　　　　　　　　　　　　　　　　　　役　務　収　益　　10,000
　2月1日の処理（B社）　（借）売　　掛　　金　720,000　（貸）未着品売上　600,000
　　　　　　　　　　　　　　　　　　　　　　　　　　　役　務　収　益　120,000

(2) 期末の修正処理

期末の修正処理
　6月1日の処理（A社）　（借）未 着 品 売 上　　3,846　（貸）契 約 負 債　13,846
　　　　　　　　　　　　　　　役 務 収 益　10,000

$$契約負債 = 60,000千円 \times \frac{15,000千円}{50,000千円 + 15,000千円} = 13,846千円$$

　2月1日の処理の修正　（借）未 着 品 売 上　46,154　（貸）契 約 負 債　166,154
　　　（B社）　　　　　　　　役 務 収 益　120,000

$$契約負債 = 720,000千円 \times \frac{180,000千円}{600,000千円 + 180,000千円} = 166,154千円$$

　当期分の収益の計上　（借）契 約 負 債　19,615　（貸）役 務 収 益　　19,615

$$6月販売分の売上への計上 = 13,846千円 \times \frac{10カ月}{24カ月} = 5,769千円$$

$$12月販売分の売上への計上 = 166,154千円 \times \frac{2カ月}{24カ月} = 13,846千円$$

役務収益 = 5,769千円 + 13,846千円 = 19,615千円

売上高 = （一般売上4,515,000千円 + 未着品売上1,677,500千円 + 役務収益130,000
　　　　千円）－（A社分3,846千円 + 10,000千円）－（B社分46,154千円 +
　　　　120,000千円）+ 当期計上役務収益19,615千円
　　　＝6,162,115千円

4．売買目的有価証券の期末評価

（借）売 買 目 的 有 価 証 券　　　31　　　（貸）有 価 証 券 評 価 損 益　　　31
12,000千ドル×@138円 － 12,500千ドル×@130円 = 31千円

5．貸倒引当金の設定

（借）売　　　掛　　　金　　960　（貸）為 替 差 損 益　　　960
　　　貸 倒 引 当 金 繰 入　13,850　　　　貸 倒 引 当 金　13,850
為替差損益 = 480,000ドル×@138円 － 65,280千円 = 960千円
貸倒引当金繰入 = （323,240千円 + 423,800千円 + 960千円）×2% － 1,110千円
　　　　　　　＝13,850千円

283

6．減価償却

(1) 建物

（借）減 価 償 却 費　20,250　　（貸）建物減価償却累計額　20,250

$$減価償却費 = \frac{900,000千円 - 90,000千円}{40年} = 20,250千円$$

(2) 備品

（借）減 価 償 却 費　15,820　　（貸）備品減価償却累計額　15,820

$$減価償却費 = （取得原価150,000千円 - 減価償却累計額86,719千円）\times \frac{1}{8年}$$
$$\times 200\% = 15,820千円$$

償却保証額 ＝ 取得原価150,000千円 × 保証率0.07909 ＝ 11,864千円

減価償却費15,820千円 ＞ 償却保証額11,864千円

(3) 機械装置

① 機械装置取得時の処理

（借）機　械　装　置　527,022　　（貸）現 金 預 金　500,000
　　　　　　　　　　　　　　　　　　　　資 産 除 去 債 務　27,022

資産除去債務 ＝ 除去費用40,000千円 × 0.67556 ＝ 27,022千円

② 決算時の処理

（借）減 価 償 却 費　52,702　　（貸）機械装置減価償却累計額　52,702
　　　資産除去債務利息費用　1,082　　　　資 産 除 去 債 務　1,082

$$減価償却費 = \frac{527,022千円}{10年} = 52,702千円$$

資産除去債務残高 ＝ 40,000千円 × 0.70259（9年，4％）＝ 28,104千円

資産除去債務利息費用 ＝ 28,104千円 − 27,022千円 ＝ 1,082千円

③ 見積りの変更の処理

（借）機　械　装　置　1,533　（貸）資 産 除 去 債 務　1,533

資産除去債務の増加額 ＝ 42,000千円 − 40,000千円 ＝ 2,000千円

資産除去債務 ＝ 2,000千円 × 0.76642（9年，3％）＝ 1,533千円

7．社債の償還

社債発行時	（借）現 金 預 金　373,000　（貸）社　　　　債　373,000
20X4年4月1日	$社債 = 400,000千円 \times \dfrac{93.25円}{100円} = 373,000千円$
20X5年3月31日	（借）社 債 利 息　9,922　（貸）現 金 預 金　4,800
	社　　　　債　5,122
	利払額 ＝ 400,000千円 × 1.2％ ＝ 4,800千円
	利息の配分額 ＝ 373,000千円 × 2.66％ − 4,800千円 ＝ 5,122千円

20X6年3月31日	（借）社 債 利 息	10,058	（貸）現 金 預 金	4,800
			社　　　債	5,258

利払額＝400,000千円×1.2％＝4,800千円

利息の配分額＝（373,000千円＋5,122千円）×2.66％－4,800千円
＝5,258千円

社債償還時の処理	（借）仮 払 金	96,000	（貸）現 金 預 金	96,000
社債償還時の本来	（借）社　　　債	95,845	（貸）現 金 預 金	96,000
の処理	社 債 利 息	2,125	社債買入消却益	1,970

社債の帳簿価額＝373,000千円＋5,122千円＋5,258千円
＝383,380千円

償還した社債の帳簿価額＝383,380千円×$\dfrac{1,000千口}{4,000千口}$＝95,845千円

社債利息＝95,845千円×2.66％×$\dfrac{10カ月}{12カ月}$＝2,125千円

現金預金＝100,000千円×$\dfrac{95円}{100円}$＋100,000千円×1.2％×

$\dfrac{10カ月}{12カ月}$＝96,000千円

社債買入消却益＝社債95,845千円＋社債利息2,125千円－
現金預金96,000千円＝1,970千円

決算時の処理	（借）社　　　債	95,845	（貸）仮　　払　　金	96,000
	社 債 利 息	2,125	社債買入消却益	1,970
	（借）社 債 利 息	7,648	（貸）当 座 預 金	3,600
			社　　　債	4,048

当座預金＝300,000千円×1.2％＝3,600千円

社債＝383,380千円×$\dfrac{3,000千口}{4,000千口}$×2.66％－3,600千円
＝4,048千円

8．退職給付引当金の設定

（借）退 職 給 付 費 用	5,190	（貸）退 職 給 付 引 当 金	5,190
退 職 給 付 引 当 金	19,000	仮　　払　　金	19,000

利息費用＝期首退職給付債務874,500千円×1％＝8,745千円

数理計算上の差異の当期償却額＝$\dfrac{6,000千円}{8年}$＝750千円

長期期待運用収益＝期首年金資産705,250千円×2％＝14,105千円

退職給付費用＝9,800千円＋8,745千円＋750千円－14,105千円＝5,190千円

仮払金＝11,000千円＋8,000千円＝19,000千円

9．費用と収益の繰延と見越および法人税等の計上

（借）前　払　費　用　49,600	（貸）販　　売　　費　49,600	
一　般　管　理　費　27,800	未　払　費　用　27,800	

（借）法　人　税，住　民　税 　　　及　び　事　業　税　132,500	（貸）仮　払　法　人　税　等　61,000	
	未　払　法　人　税　等　71,500	

〈編著者紹介〉

渡部裕亘（わたべ　やすのぶ）

昭和35年　中央大学商学部卒業，昭和40年　中央大学大学院商学研究科博士課程単位取得退学。昭和37年　中央大学助手，その後専任講師，助教授を経て，昭和52年教授，平成20年　名誉教授。著書に『テキスト初級簿記〔第2版〕』（共編著）『テキスト上級簿記〔第5版〕』（共編著），『簿記と仕訳』，『ファーストステップ簿記を学ぶ〔第2版〕』（編著）（以上，中央経済社），『簿記演習―勘定科目論―』（ビジネス教育出版社），『簿記演習講義〔第5版〕』（共著）（東京経済情報出版）などがある。

片山　覚（かたやま　さとる）

昭和40年　早稲田大学第一商学部卒業，昭和47年　早稲田大学大学院商学研究科博士課程単位取得，昭和47年　早稲田大学商学部専任講師，助教授を経て昭和61年　早稲田大学商学部教授，平成25年　早稲田大学名誉教授。著書に『現代会計研究』（共著）（白桃書房），『非営利組織体の会計』（共著）（中央経済社），『入門会計学（改訂版）』（共著）（実教出版）などがある。

北村敬子（きたむら　けいこ）

昭和43年　中央大学商学部卒業，昭和48年　中央大学大学院商学研究科博士課程単位取得退学。昭和45年　中央大学助手，その後専任講師，助教授を経て，昭和56年教授，平成28年　名誉教授。主な業績に『財務報告のためのキャッシュフロー割引計算』（共編著），『テキスト初級簿記〔第2版〕』（共編著），『テキスト上級簿記〔第5版〕』（共編著），『資本会計の課題』（共編著），『財務報告における公正価値測定』（編著），『会計研究者として活躍する女性たち』（編著）（以上，中央経済社）などがある。

検定簿記講義／1級商業簿記・会計学　上巻〔2024年度版〕

1956年5月20日	初版発行	
1965年3月15日	昭和40年版発行	
1974年3月25日	新検定（昭和49年）版発行	
1984年3月15日	検定（昭和59年）版発行	
1998年4月20日	新検定（平成10年）版発行	
2013年4月10日	検定（平成25年度）版発行	
2014年4月20日	検定（平成26年度・上巻）版発行	
2015年4月20日	検定（平成27年度・上巻）版発行	
2016年4月20日	検定（平成28年度・上巻）版発行	
2017年4月20日	検定（平成29年度・上巻）版発行	
2018年4月20日	検定（平成30年度・上巻）版発行	
2019年4月20日	検定（2019年度・上巻）版発行	
2020年4月15日	検定（2020年度・上巻）版発行	
2021年4月30日	検定（2021年度・上巻）版発行	
2022年4月30日	検定（2022年度・上巻）版発行	
2023年4月15日	検定（2023年度・上巻）版発行	
2024年4月20日	検定（2024年度・上巻）版発行	

編著者　渡　部　裕　亘
　　　　片　山　　　覚
　　　　北　村　敬　子

発行者　山　本　　　継

発行所　㈱中央経済社

発売元　㈱中央経済グループ
　　　　パブリッシング

〒101-0051
東京都千代田区神田神保町1-35
電　話　03（3293）3371（編集代表）
　　　　03（3293）3381（営業代表）
https://www.chuokeizai.co.jp
印刷／文唱堂印刷㈱
製本／誠　製　本㈱

© 2024
Printed in Japan

日商簿記検定試験　完全対応

最新の出題傾向に沿って厳選された
練習問題を多数収録

大幅リニューアルでパワーアップ！

検定 簿記ワークブック

◆1級〜3級／全7巻
■問題編〔解答欄付〕■解答編〔取りはずし式〕

◇日商簿記検定試験合格への最も定番の全7巻シリーズ。最近
　の出題傾向を踏まえた問題構成と，実際の試験形式による
　「総合問題」で実力を養う。

◇「問題編」には直接書き込める解答欄を設け，「解答編」は学
　習に便利な取りはずし式で解説が付いている。

◇姉妹書「検定簿記講義」の学習内容と連動しており，検定試
　験突破に向けて最適の問題集。

1級　商業簿記・会計学 上巻／下巻
　　　　　　　渡部裕亘・片山　覚・北村敬子〔編著〕

　　　工業簿記・原価計算 上巻／下巻
　　　　　　　岡本　清・廣本敏郎〔編著〕

2級　商業簿記　渡部裕亘・片山　覚・北村敬子〔編著〕

　　　工業簿記　岡本　清・廣本敏郎〔編著〕

3級　商業簿記　渡部裕亘・片山　覚・北村敬子〔編著〕

中央経済社